U0527927

本书系2019年度国家社科基金西部项目"我国运动项目协会内部治理研究"(19XTY004)研究成果

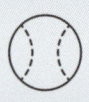

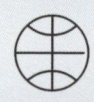

COMPARATIVE AND INTERNATIONAL SPORT LAW

比较与国际体育法系列

总主编 张春良

我国运动项目协会内部治理研究

A STUDY ON INTERNAL GOVERNANCE IN CHINA NATIONAL SPORTS FEDERATIONS

张春良 等 著

本书写作分工如下（以撰写章节先后为顺序）：

第一章：张春良　侯中敏

第二章：张春良　段营营

第三章：王　蒙

第四章：毛　杰

第五章：张春良　刘延鑫

图书在版编目（CIP）数据

我国运动项目协会内部治理研究 / 张春良等著.
厦门：厦门大学出版社，2024.11. -- （比较与国际体育法系列）. -- ISBN 978-7-5615-9573-2

Ⅰ. G808.22

中国国家版本馆 CIP 数据核字第 202469FJ45 号

责任编辑　李　宁
美术编辑　李嘉彬
技术编辑　许克华

出版发行　**厦门大学出版社**
社　　址　厦门市软件园二期望海路 39 号
邮政编码　361008
总　　机　0592-2181111　0592-2181406（传真）
营销中心　0592-2184458　0592-2181365
网　　址　http://www.xmupress.com
邮　　箱　xmup@xmupress.com
印　　刷　厦门集大印刷有限公司

开本　720 mm×1 020 mm　1/16
印张　15
插页　2
字数　262 千字
版次　2024 年 11 月第 1 版
印次　2024 年 11 月第 1 次印刷
定价　88.00 元

本书如有印装质量问题请直接寄承印厂调换

总　　序

　　庚子鼠年，风雨如晦。在这个非常时期，笔者牵头组织的"比较与国际体育法"系列丛书开启了它注定非常的生命旅程。

　　非常系列，非常特色。本丛书是在西南政法大学资助和国际法学院的支持下立项实施的，其初心是整合西南政法大学在国际法和体育法交叉领域的研究力量，开辟西南法学学派的新的学术增长点，铸就西南国际法研究的特色增长极。有史以来，西南政法大学即以其厚重的法学研究品质蜚声学界、饮誉天下。学界公认，歌乐出品，必是精品！毋庸讳言，基于地缘格局和情势变更的客观影响，西南学派的国际法研究虽时有亮点，但特色待彰。为破局西南国际法研究的特色之困，既需要国际法学科进行科学和前瞻性的顶层布局，也需要学科研究人员的厚积薄发，还需要支撑特色研究的特色实践有其规模化的长足发展。现在看来，这些条件业已成就。有学校和学院的统筹规划，有一批致力于国际体育法研究的学术新锐，更有中国在奥运会赛事举办上"梅开二度"的举国投入与实践，天时、地利、人和诸要素均已具足，启动西南学派"比较与国际体育法系列丛书"的建设，形成该领域研究的西南气象和特色适逢其时。因之，相比于传统法学研究而言，本套丛书作为非常系列，有其非常特色！

　　非常系列，非常使命。2020年2月28日，这是一个值得中国竞技体育界和国际法学界刻骨铭心的时刻。是日，有体育世界最高法庭之称的国际体育仲裁院一纸裁决，对中国当代泳坛天骄孙杨处以8年顶格禁赛处罚。针对个别运动员的个案处罚大惊小怪似有过于矫情之嫌疑，然而正如该仲裁裁决所指称的，运动员对规则的认知、事件的处理和责任的担当方面都是令该案仲裁庭感到"惊讶""印象深刻"的若干问题之一。这多少揭示了我国竞技体育圈在相当程度上属于"法治洼地"的令人不堪但可能足够客观的现状。也因此，知耻而后勇，本系列丛书还以借力法治促进中国体育从大国向强国转型、从法治洼地向法治高地提升作为不言而喻的使命和情怀。就此而言，本套丛书作为非常系列，有其非常使命。

非常系列，非常期待。体育是大众的实践，体育法却是小众的修行。这至少在当前之中国而言即是如此。体育法研究和实践在中国的小众化是与体育在中国作为大众实践不相符的，更是与正处于伟大复兴和崛起进程中的中华民族朝气蓬勃之气象不相称的。现代奥林匹克之父顾拜旦曾言："一个民族，老当益壮的人多，那个民族一定强；一个民族，未老先衰的人多，那个民族一定弱。"这是关于体育之于民族盛衰兴亡的意义之睿智断言：体育强，则民族强；体育弱，则民族弱。《体育颂》的作者以无上的热切和虔诚，将体育视为是"天神的欢娱，生命的动力"，是集美丽、正义、勇气、荣誉、乐趣、进步、和平和培育人类的沃地等万千美德于一身的存在。体育，既是世界的选择，也应是中华民族的选择，是各国人民通往真善美的"大乘"之道。可预期的是，体育应当也必然是伟大复兴后的中华民族不可或缺的生命实践和生活方式。遵循经济基础决定上层建筑这一从不过时的因果，体育强，则体育法盛。这也当是"比较与国际体育法"的时也、命也！有鉴于此，本套丛书作为非常系列，有其非常期待。

其实，本套丛书被定位为西南国际法研究的非常之"特色"，也反道出其处境的维艰，它不是主流也不是常态，这显然并非组织者的"野心"。以非常之态，走非常之道，最终归于法学研究和实践的常态和常道，这才是本丛书的"小目标"。

以此为序！

张春良

2020 年 4 月 17 日

重庆·众妙之门

2024 年 5 月 7 日，因事路过瑞士洛桑，特意驻足并访问了奥林匹克博物馆。在入馆后第一、二展厅之间看到了奥林匹克之父顾拜旦先生的雕像，在雕像左侧是几行简要的介绍："皮埃尔·德·顾拜旦——一位成就卓著的体育人、远见者和教育家——是奥林匹克运动会结构和奥林匹克主义背后的驱动力量。这力量致力于创设一种奠基于身心的和谐、奋斗的快乐、为完美和尊重他人而拼搏的生活方式；这力量仍然激励着奥林匹克运动。"阅之，难抑澎湃心绪。回首本丛书创设时之初心，为中国体育法治建设鼓与呼的雄心仍在。本丛书首部著作出版迄今已届四年，本书也是丛书系列的第四本，一年一书的节奏记载的是丛书作者们一步一个脚印和对中国体育法治建设的坚持。愿本丛书能唤起更多国人对体育法治的关注，并持续投身体育法治的建设，以此助力奥林匹克运动在法治的佑护下铿锵前行！

张春良

2024年5月21日

补记于爱丁堡卡尔顿山畔

序　言

　　运动项目协会在一国体育治理体系之中处于承上启下的枢纽地位,它是实现体育治理体系和治理能力现代化的基础单元。现阶段,我国各运动项目协会应充分发挥其社团法人自主、自治、自决的体育治理主体地位,发挥其在竞技体育、群众体育、学校体育、体育产业、反兴奋剂等方面的使命担当,为我国体育强国战略奠定坚实基础。自我国启动运动项目协会脱钩改革以来,如何实现协会与政府稳步脱钩、充分发挥其行业自律自治组织的功能一直是我国体育治理改革进程中的重点、难点、痛点和堵点,在当前时期内也必然是我国体育治理改革的焦点之一。要想从根本上解决这一具有体育治理进程中"卡脖子"的瓶颈难题,应当从问题本身出发,即对协会自身的内部治理机制与模式进行审视,深度透视和检讨各运动项目协会内部治理存在的问题,在此基础上对症下药,以善治为引领,实现运动项目内部治理的自我革命,才能为各运动项目协会的顺利脱钩、适应并胜任市场发展需求提供科学可行的改革对策。简而言之,体育强,则中国强;运动项目协会强,则体育强。健全的内部治理是我国运动项目协会由弱转强、独立健康成长的内因,聚焦这一关键点进行精准施策,以其他类似组织体的内部治理经验为旁鉴,就能够在运动项目协会改革发展聚焦这一难点进行突破,变内部治理的堵点为内部治理的支点。

　　基于此,本书遵循"现状梳理—问题诊定—经验借鉴—模型构建—改革方案"的研究思路对我国运动项目协会内部治理进行剖析并展开论证。除引言外,本书共分五章,根据其研究内容可别为现状篇、问题篇、经验篇、模型篇和改革篇。各章内容展述如下:

　　第一章现状篇,对我国运动项目协会内部治理的基本范畴和当前现状进行了较为系统的梳理。本篇首先从学理上厘定了我国运动项目协会的概念、性质、演变及类型等基本范畴。本书所指的运动项目协会主要是全国性单项体育运动项目协会,它们是中华全国体育总会和中国奥林匹克委员会的会员,同时也是代表中国加入国际单项体育协会的唯一合法组织,在法律地位上属于体育类、非营利的社团法人。其次,界定了运动项目协会内部治理的定义和法律渊源。我国运动项目协会内部治理是结构性的静态安排和制度规范动态运行的结合,从而形成各机构间权力分工与合作相互制衡的动态过程。治理过程中既要遵守宪法、法律、行政法规和地方性法规以及部门规章条例等正式法律渊源,又要遵守国内外相关协会章程、国际体育组织内部规范,以及国际体育社会的指南标准等非正式渊源。再次,对我国运动项目协会内部治理的机构设置和治理机制现状进行阐释。当前,各协会内部主要设置了权力机构、执行机构、监督机构、解纷机构以及专业委员会等分支机构,初步形成了较为完备的治理结构,并在章程中对各个机构的人员构成、产生方式、职权等作出制度安排。在治理机制方面,相对应地形成决策、执行、监督以及解纷机制,主要体现为议事制度、表决制度、内部自律机制、信息披露机制、纪律处罚规范以及内部仲裁规则等。最后,徒法不足以自行,同理,我国运动项目协会不是脱离外部环境的真空存在,不考虑外部环境与内部治理的辩证关系,运动项目协会就不可能独善其身,其内部治理改革就难以成行。因此,合法合理且科学有效的协会内部治理离不开外部环境的支持,两者实质上发展出相互补充、相互促进、相互渗透的关系,外部环境的内渗效应与内部治理的外溢效应相互交织,要么相互成就,要么相互抵消。

外部环境构成了我国运动项目协会内部治理改革的综合"文本"或"语境"。在这一看似缥缈实质具体的文本或语境之中,按其对我国运动项目协会内部治理的影响相关度,可分为规则环境、协政环境、司法环境、社会环境和国际环境等五大领域。除了上述体育治理的法律渊源所构成的规则环境之外,关于协政环境即运动项目协会与行政之间的关系,尚未形成行政放权与协会自立的自治型管理模式;关于司法环境即运动项目协会内部治理纠纷自决与外部仲裁和/或司法解纷之间,尚存在外部司法救济缺位或功能失灵,难以针对性地提供救济可能;关于社会环境即运动项目协会与民间群体之间的关系,呈现出利益相关者的监督不足与不力的现状;关于国际环境即我国运动项目协会与国际体育社会之间的关系,呈现出国际体育组织的相关程序与制度的诸多治理要求尚未得到有效承接,且国内与国际之间的良性互动格局尚未形成等现状。

第二章问题篇,由表及里地对我国运动项目协会内部治理的问题作出学理判定,力争达到把脉问诊的功效。以第一章现状梳理为基础,遵循一般寓于特殊、一域彰显全局的原理,通过选取我国部分运动项目协会为典型样本,以检讨典型个例内部治理中存在的问题,为归纳总结一般、普遍的运动项目协会内部治理问题奠定基础。样本主要选择了足球、篮球和排球三大球协会以及具有典型中国特色的武术项目协会。通过研究发现,样本协会不同程度地存在如下一些主要问题:内部监督管理机构和机制较为缺乏;行政观念、行政嵌入问题仍然突出;协会章程等制度规范未能得到有效贯彻落实;内部行政机构独大、权力机构虚置等问题较为突出。此外,足球协会还存在主体性质有待清晰、法人属性尚需厘清等问题。排球协会、武术协会则存在市场化程度不高,以及体制改革尚未完成等个性问题。为更精确分析问题,文章提出了内部治理的"四维分析框架",即分别从运动项目协会内部治理的理念定位、机构设置、制度设计、运行调控四个维度对各协会错综复杂的内部治理问题形成一个共同的理论化、系统化、具有可比性的分析框架,从上述四个维度对运动项目协会内部治理进行透视和"素描"。该四维分析框架也是贯穿全书始终的定性分析工具。具体而言,各运动项目协会存在的主要问题是,在理念定位方面,未能形成协会依法自治的理念并且专业指导不足。在机构设置方面,存在权力机构的职能缺弱、执行机构的职能一枝独大、监督机构缺失、解纷机构规则不明的问题。在制度设计方面,决策治理制度上下失序,且决策与执行机构功能错位、监督治理制度力小效微、解纷治理制度形同虚设。在运行调控方面,存在着章程决策难以落实、运行调控不独立的问题。上述问题的成因就在于存在诸多掣肘因素,通过深度分析,本书将其归纳为根本、内部、外部以及评估四项因素,从而为我国运动项目协会改革措施的精准制定奠定坚实基础。

第三章经验篇,对与运动项目协会类似的但不同类型的法人多样化内部治理进行穿透式解析,通过比较考察检讨其优劣利弊,为运动项目协会的内部治理改革提供经验借鉴。运动项目协会在总体上属于组织体的范畴,不同的组织体在性质和类型上具有不同的差异,按照与运动项目协会的性质和类型相关联的维度由近及远的视域,本部分分别对其他行业协会、国际单项运动项目协会、营利类法人、慈善类捐助法人、事业单位法人内部治理的经验进行考察研究。首先是商会类行业协会,其早期在内部治理中存在的问题主要包括但不限于:理事会职能弱化、内部监督职能虚化、服务职能的履行质效不佳。对此,商会主要通过完善人员任命机制、科学合理地搭建内部治理运行机制和完善监督责任机制等三大举措来应对内部治理的不足。对于律师协会,其内部治理相对较为完善,但仍然存在内设机构职能作用需要加强、法定职责还需进一步完善等问题。其改进经验是从顶层设计加强律协管理职能,制定行业规范和惩戒规则,履行律师业务培训和业绩考核等协会宗旨。对于国际足联、国际田联、国际拳联等多个国际单项体育协会的样本考察分析显示,其内部治理主要存在易滋腐败、利益相关者治理参与不足以及内部治理效率偏低等治理不善问题,并在治理实践中发生腐败案件,引发存在的合法性和治理的合理性危机。国际足联在"内部工作机制改革"中着力重新调整了各机构的权力划分、组建独立的权力检查机制,为集权与腐败织密织牢制度的牢笼。国际田联对此提出15项改革建议,注重强化审查和问责机制,致力于实现权力分配与制衡,致力于提升内部治理的专业化程度,培育内部治理中的道德诚信度,并提高治理的代表性和透明度。对于慈善类捐助类法人,其在信息公开透明度方面与提升社会公信力建设方面任重而道远,对此主要通过明确内部治理改革的指导原则、加强组织日常运行过程中的透明化建设、建立行之有效的绩效评价体系和注重专业人才培养和管理团队建设进行改革完善。对于事业单位法人类组织体之大学,主要存在行政化主导的运行模式、价值理念有待匡正、制度建设相对滞后、内部监督机制尚需发挥应有作用等问题。对此应当树立正确的大学治理价值理念,围绕校园章程构建有利于校园建设目标的内部治理架构;强化大学内部治理的人员配置的科学合理性并搭建运行高效的内部治理组织架构。公司作为我国法人的主要表现形式,其在性质和功能上与运动项目协会具有较大的差异。公司以营利为目的,强调效率,且非以特定行业自治主体、自律机构的面目出现,就此而言,公司是不同于各种行业协会的存在。公司位于组织体的逐利一端,运动项目协会等行业协会则位于组织体的公益一端。然而,公司作为组织体的一种形式,其内部治理也是各组织体内部治理中非常具有代表性模式,虽然其公益性弱,但其内部治理的效率性、纪律性和组织的完善度在组织体内部治理中具有典型价值,这也构成本书对其借鉴考察的依据。对于公司内部治理,存在股东会流于形式主义、董事会结构失衡、监事会监督功能失灵的弊病。公司内部治理效能提升的方案则主要是从决策与执行机构的运作机制、监督机构运作机制和执行者激励机制进行针对性改革。

第四章模型篇,立足其他类似组织体内部治理的经验借鉴,同时结合善治理念,探索运动项目协会内部治理的善治模型。正如柏拉图甄别世界万象而探寻各事物的"共相"理念,本书也致力于通过对各类组织体样本的内部治理的机制进行提炼,约取各组织体所共有的公约性的治理框架,形成类型化的内部治理"共相"即模型理念,这就是内部治理的善治理念及善治模型。善治是多方互动合作、良性循环治理的最佳状态,有助于提升运动项目协会内部治理的自治性、公平性、效率性、结构化、市场化和国际性要求。有别于现有研究,本书一方面立足四维分析框架对运动项目协会内部治理进行定性分析;另一方面不止于此,在此基础之上为更精确地描绘、比较和评价协会内部治理的善治度,还围绕定性分析的四个维度进一步致力于建立定量评价指标体系,分析在善治理念指导下,运动项目协会内部治理四个维度的延伸观测点及其量化设计。定性分析解决的是运动项目协会内部治理的善治向度问题;定量分析解决的是协会内部治理的善治程度或简称为善治度的问题。基于善治的特点及要求,对我国运动项目协会内部治理是否符合善治进行定性分析,可认为其主要存在如下问题:一方面,静态机制设置有所失当,即各运动项目协会内部治理规范的设立和机制的设置存在不同程度的合理性欠缺问题,尤其是在内部治理的必要披露或治理透明度方面,存在较为普遍的未能充分公开协会治理规范以保障利益相关者的知情权。此外,协会的机构设置未完全满足自治要求,较为缺乏独立运营的财务保障制度、固定资产管理制度以及外部机构审计制度。另一方面,在动态治理方面,与善治要求相比,尚存在如下差距:决策的民主化程度不足、执行制度运行不畅、对治理权力的切实有效的监督长期缺位。在定量分析方面,本书设立由若干指标构成的定量分析体系。该指标体系与四维分析框架的定性分析结合,通过四级指标的延伸与量化构建,即可在指标体系限定的条件下用以测算相关运动项目协会的"内部治理完善度指数"即善治度指数,作为"批判的武器",对运动项目协会内部治理的改革完善提供分析、评价、比较和完善等"武器的批判"。

第五章改革篇,以我国运动项目协会内部治理的现实问题为靶点,以相关的组织体内部治理经验为参考，以理想模型为目标，立足并结合中国体育强国与健康中国的战略规划，切实提出包括我国运动项目协会内部治理的任务书、路线图和时间表等在内的治理改革要略。针对我国运动项目协会外部环境的改革包括：一是应强调在规则环境层面增加配套的体育组织条例、修订完善相关的法律法规。二是在协政关系层面，应明确政府与协会之间既是合作的关系，又是指导与被指导、监督与被监督的相对独立的关系，同时需要对微观的机构、职能、财产和人员关系进行清晰的区隔。三是，在司法环境层面，应着重明确体育仲裁机构、商事仲裁机构与劳动仲裁机构之间的管辖分工，理清运动项目协会外部仲裁机构与其内部解纷机制之间的衔接关系，对体育司法审查、体育司法诉讼、体育调解制度进行改革和补强。四是，在社会环境方面，应对政府监督内容进行重构，并完善社会监督途径。五是，在国际环境层面，应注重国内和国际治理的双向融合，平衡兼顾国际治理优秀经验的中国化以及中国治理高质量经验的国际化。

针对我国运动项目协会内部治理的改革，应以衡量善治度的思维分析框架和指标体系为指引，一是在理念设定方面，应着重强调各运动项目协会的内部治理改革遵循自治化、法治化、民主化、透明度、权力制衡以及良好秩序为治理理念。二是在机构设置方面，强化人事改革、加强会员（代表）大会建设，厘定执行机构的名称、人员及职权，设置独立、专业的监督机构，建立内部解纷机构以贯彻落实体育自治。三是在制度设计方面，提高决策的透明度、专业度，并制定决策工作细则和决策比例制度；对监督机构的地位、组成人员、任职资格、职权、处罚动议权等进行制度化规定，强化内部治理中监督元素与力量的存在；设立体育仲裁法庭或类似的内部自律性解纷制度，按照法治精神与正当程序标准对其产生方式、人员组成、管辖范围、管辖权冲突协调制度进行构建和持续完善。四是在运行调控方面，具体是由各个机构通过分工与合作以落实职权的规定；确保运行过程中的独立地位，消除体育行政部门对协会设立与退出的影响；巩固人事去行政化成果和财务去行政化成果。

没有切实可行的方案，再美好的愿景都只是空中楼阁。围绕我国运动项目协会内部治理改革的目标，尤其需要强化方案的可行性和落地的可操作性，为此本书依托体育强国战略、体育发展"十四五"规划等纲领性指引性文件，细化设置具有实效的改革任务书、时间表和路线图。展言之，在改革任务方面,我国运动项目协会内部治理改革的任务可分为三个阶段性的目标,即直接目标是实现基于善治的自治,实质目标是保障多元主体的权益,长远目标是实现体育强国。在此基础上可考虑如下改革的时间表:在2025年完成所有运动项目协会的实质性脱钩;2025年至2030年,完成运动项目协会从形式自治到实质自治的过渡和发展;2030年至2035年,协会各内部治理指标上都达到良好及其以上的治理水准,实现内部治理体系和治理能力的现代化,即真正的善治。在改革的具体路线图方面,可通过同时落实、一体推进的改革路线方式,形成法治推进、多线整合的路线图。此改革要略尽可能为各运动项目协会内部治理的改革提供具有现实基础和可操作性的指引。

圣者言,无冥冥之志者,无昭昭之明;无惛惛之事者,无赫赫之功。中国体育强国和法治中国的梦想光辉灿烂,然不积跬步无以至千里,体育强国、法治中国的落地最终还得落实到切实的当下,转化为实际的行动。我国运动项目协会内部治理的改革无疑是当前中国体育治理进程中重要的一环、关键的一招,而且还是具有战术和战略双重意义的决定性的一招。锚定这一关键环节,立冥冥之志,用惛惛之事,踔厉奋发、勇毅前行,我国运动项目协会内部治理改革必定能成就赫赫之功,中国体育强国之梦必将绽放昭昭之明。

目 录

引 言 ………………………………………………………………… 1

第一章　我国运动项目协会内部治理的现状梳理 …………… 3
　一、我国运动项目协会内部治理的基本范畴 ………………… 3
　二、我国运动项目协会内部治理的机构设置 ………………… 20
　三、我国运动项目协会内部治理的治理机制 ………………… 27
　四、我国运动项目协会内部治理的外部环境 ………………… 31

第二章　我国运动项目协会内部治理的问题诊定 …………… 50
　一、我国运动项目协会内部治理的样本检讨 ………………… 51
　二、我国运动项目协会内部治理的四维分析 ………………… 73
　三、我国运动项目协会内部治理的问题成因 ………………… 86

第三章　我国运动项目协会内部治理的比较考察 …………… 94
　一、组织体视域下运动项目协会的内部治理 ………………… 96
　二、我国其他行业协会的内部治理 …………………………… 102
　三、国际运动项目协会内部治理的样本考察 ………………… 110
　四、法人类组织体内部治理的样本考察 ……………………… 122
　五、可供改革借鉴的关键评价要素 …………………………… 137

1

第四章　我国运动项目协会内部治理的善治探索 ………………… 143
　　一、运动项目协会内部善治理念及其引入 ………………………… 144
　　二、基于善治理念的内部治理定性分析 …………………………… 150
　　三、基于善治理念的内部治理定量评价 …………………………… 155
　　四、运动项目协会内部治理的善治要求 …………………………… 167

第五章　我国运动项目协会内部治理的改革要略 ………………… 172
　　一、我国运动项目协会的外部环境改革 …………………………… 172
　　二、我国运动项目协会内部治理的四维改革 ……………………… 194
　　三、完善运动项目协会内部治理的规划建议 ……………………… 214

引 言

党的十八大明确提出要改进社会治理方式,创新社会治理体制,激发社会组织活力。此后,我国相关部门接连颁布关于行业协会脱钩改革的方案及行政意见,为相关社会组织的脱钩要求、组织定位以及自身建设提供依据。作为我国社会主义建设全面深化改革的总体目标,国家治理体系和治理能力的现代化对各行业治理提出了与时俱进的改革要求。以运动项目协会为代表的行业协会是行业治理的制度支点。因此,对于行业内部治理的现代化改革而言,行业协会改革是无法绕开的一个重点环节。如何实现行业协会作为独立主体的常态化管理,特别是实现与政府之间的职能分离,达到协会运行与行政管理体制脱钩的改革目标,是国家治理体系与治理能力现代化的重要内容。在体育治理领域,作为行业协会之一的运动项目协会与行政机关的脱钩既是大势所趋,也是改革的重难点。

党的二十大报告在"新时代新征程中国共产党的使命任务"中明确将体育强国、健康中国并列为2035年的总体奋斗目标。无论是促进健身活动在全国公民群体中的普及、青少年群体身体素质的增强,还是竞技体育产业的发展,都离不开运动项目协会的体系支撑功能。换言之,运动项目协会内部治理的优化,是实现体育强国战略的基本前提以及体育治理体系和治理能力现代化的应有之义。唯有在其内部形成科学治理,运动项目协会方能充分发挥其引导体育活动开展、推动体育产业建设的组织职能,最终实现我国国家治理体系和治理能力现代化的总目标。

在上述背景下,深化我国运动项目协会内部治理尤其具有承上启下的体育治理枢纽意义。一方面,它承接着协会外部的各种力量,特别是体育行政、群众、国际组织等方面的管理、监督与业务指导,此为承上;另一方面,它又对内扮演着行业自律自治的角色,此为启下。因此,如何优化我国运动项目协会内部治理,深度推进内部治理的改革问题,关系到中国体育治理体系和治理能力现代化、法治化和国际化,也支撑着体育强国目标的实现。

围绕这一研究目的,本书的创新主要体现在如下三个层面:

(一)学术思想层面的创新

首先,确立体育协会的系统治理观。运动项目协会内部治理构成体育治理和组织治理两大相续治理谱系的基石,是通盘激活我国体育总体治理、推进我国体育治理体系和治理能力现代化的点睛之笔,应在系统治理观下统筹设计运动项目协会内部治理的改革方案。

其次,确立体育协会的辩证治理观。内部治理之道既在内部治理之内,也在内部治理之外。"反者道之动。"内部治理的问题,病根不只在内部,还在于外部问题的内部化。要言之,内、外部治理是一体两面、相互转化的关系,内部治理具有外溢效应;外部治理则具有内渗效应,应一体考虑,并行配套推进。一方面,厘定运动项目协会与其他主体的权界,才能明确内部治理的权能范围;另一方面,外部主体对内部治理既可能是倒逼和侵蚀,也可能是校正与归位,应辩证转化外部主体的合理力量,以外部治理的内渗效应助推内部治理的善治度提升。

(二)学术观点层面的创新

首先,运动项目协会内部治理的改革,是方案设计的技术问题,也是与外部的权界区分与对接的本质问题。其次,应建立融法治、德治和传统协会治理智慧与经验于一体的中国特色运动项目协会内部治理方案。最后,行政外部放权和协会内部治理不是单向,而是互为因果,为避免"一放就乱、一管就死"的局面,二者必须同步推进。这是"不谋全局者,难谋一域;不谋万世者,难谋一时"的马克思主义唯物辩证法的必然要求。

(三)研究方法层面的创新

首先,本书通过学术脉理和协会样本的双线研究,分析各组织体内部治理的"最大公约数",为运动项目协会内部治理提供可通约的善治模型。其次,本书建构定性和定量相结合的内部治理善治度评估方法,开创性地提出了四维分析框架,并在此基础之上首次探索提出了内部治理善治度指标体系,据此可对运动项目协会内部治理进行量化计算,测算其内部治理的善治度指数,指出问题并为问题的解决提供指引。

第一章

我国运动项目协会内部治理的现状梳理

纵观中外学术研究路径,对于目标研究对象过往沿革的明晰梳理都是找寻其中弊病痛点的前置必要条件,对于某一问题的基础理论研究或是现实实践研究都需要对研究对象的发展轨迹有着清晰的认知和掌握。鉴往知来,对于当前运动项目协会内部治理所存在的发展问题也应首先以国内体育组织的发展历史与现状作为研究基点,梳理其成长脉络和核心难题,为后续针对性的问题解决框架和思路提供可供回顾的参考依据。因此,本部分将首先对运动项目协会内部治理的基本范畴进行界定,确定其外部环境,并从规则与实践的角度分析现有内部治理的机构设置与运行机制现状,最终形成对于我国运动项目协会内部治理的现状研究。

一、我国运动项目协会内部治理的基本范畴

(一)我国运动项目协会的基本内涵

1.运动项目协会的概念及法律地位

概念的厘定是研究展开的基石框架,性质的定位则是研究得以正确展开的基本逻辑。关于运动项目协会的概念,目前在学界和实践中有多种称谓或表述。除本书所采用的运动项目协会这一名称外,还存在以下几类称呼:体育社会团体(体育社团)、体育社会组织(体育组织)、国际/全国性/地方性单项体育协会、单项运动协会等。这几种名词表述在我国的立法、条例、相关章程等

规范中交错存在,形成了复杂也略显混乱的关联,它们所指代的组织类型是否相同、是否可以替换使用,需要从其文义解释、适用语境、限定范畴和基本性质出发进行讨论。

(1)何谓体育社会团体

体育社会团体也被称为体育社团。社团,全称社会团体,是指由一群具有显著共同特征或是一群因相同爱好而汇集一起形成的互益组织。我国于1998年修订的《社会团体登记管理条例》是最早对社团的定义进行阐述的文件,现行的2016年版条例延续了这一定义,均规定在第2条第1款:"本条例所称社会团体,是指中国公民自愿组成,为实现会员共同意愿,按照其章程开展活动的非营利性社会组织。"《中华人民共和国民法典》(以下简称《民法典》)对于"社会团体"的规定同样延续了上述定义,规定社会团体是"基于会员共同意愿,为公益目的或会员共同利益等非营利目的设立的组织",同时进一步明确"社会团体"属于非营利法人,即不得将社会团体在日常运行中所取得的利润以任何形式分配给社会团体相关出资人、设立人及会员,进一步明确了社会团体中的法人地位。[①] 体育社团作为社团的下位概念,自然是符合上述条例中社团的定性。有学者依据上述《社会团体登记管理条例》,将体育社团表述为:"体育社团是公民自愿组成,自主管理,为实现会员共同意愿,按照其章程以体育运动(或活动)为目的的非营利性社会组织。"[②]该解释目前也得到学界的广泛认可和采纳。在明确名词的具体含义之后,还应进一步厘定其根本性质,以期通过性质的限定将体育社团与其他类型的社团相区分。

根据上述"社会团体"的定义,体育社团的基本性质可以概括为三点,分别是自愿性、非营利性和组织性。其中,自愿性强调公民组成社会团体的决定是通过协商等自愿的方式而作出的;非营利性是指社会团体不得从事营利性活动;组织性则明确了社会团体所应具备的基本条件和应尽的义务和责任,社会团体的组织性要求成立社会团体应当具备一定人数的会员、名称和相应的组织机构,有固定的办公场所和住所,与所开展的社会业务和活动相匹配的专职工作人员、资产和日常活动经费来源,有能力独立承担民事责任,据此才能构成相对完整的组织,对内实施管理、对外开展活动并独立承担责任。

---

① 参见《民法典》第87条、第90条。
② 黄亚玲:《论中国体育社团——国家与社会关系转变下的体育社团改革》,北京体育大学2003年博士论文。

(2)何谓体育社会组织

体育社会组织或体育组织在范畴层面涵盖了体育社会团体。通过上述定义来看,社会团体是以自愿性为前提、以会员共同意愿为目标、根据会员共同制定的章程展开活动的非营利性社会组织。根据条文的文义解释,可以认为社会团体是社会组织中具有自愿性、非营利性以及组织性的一部分组织,除了社会团体之外,社会组织还应当包括其他性质的组织。我国民政部颁发的《社会组织评估管理办法》第 2 条规定:"本办法所称社会组织是指经各级人民政府民政部门登记注册的社会团体、基金会、民办非企业单位。"通过该项条款,可以确定社会组织的范畴不仅仅局限于社会团体这一种组织形式,基金会、民办非企业单位也属于社会组织的范畴之中。由此,在使用体育社会组织时,应当根据语境的不同判断其所指向的组织类型。此外,《中华人民共和国体育法》(2022 年修订)(以下简称《体育法》)[1]将"体育社会团体"的章名修改为"体育组织",此前的法律文本虽然将"体育社会团体"作为章节名称,但在具体条文中使用的仍然是"体育组织"。此次新法作出调整,一方面体现出法律文本的一致性与严谨性;另一方面,该章节下包括中华全国体育总会、中国奥林匹克委员会、体育科学社会团体、全国性单项体育协会(National Sports Federations, NFS)、单项体育协会、青少年体育俱乐部、社区健身组织自治性体育组织等多类组织。因此,使用范畴较大的"体育组织"更具有合理性。

(3)何谓单项体育协会

关于国际、全国和地方单项体育协会,我国《体育法》、《"十四五"体育发展规划》以及各类体育协会章程均明确使用"单项体育协会"这一概念。但关于单项体育协会的定义,上述官方法律文本中均未作出规定。对此,仍然需要通过文义解释进行梳理。根据《词语大词典》的规定,"协会泛指有共同利益的人的组织,也指目的在于加快实现成员共同关心的某一目标的组织"[2]。基于此定义,我国有学者对单项运动协会的概念给出解释,其认为单项运动协会是以非营利性为基本运作模式的群众自愿参与的组织,其成立目的旨在促进某一

---

[1] 《中华人民共和国体育法》(2022 年修订)已由中华人民共和国第十三届全国人民代表大会常务委员会第三十五次会议于 2022 年 6 月 24 日修订通过,自 2023 年 1 月 1 日起施行。

[2] 王同亿:《词语大词典》,三环出版社 1990 年版,第 381 页。

项体育运动的发展。①"协会"的定义与"社团"的定义具有较大相似性，可以认为单项体育协会在定位和范畴上属于体育社团，是体育社团的重要组成部分，其基本任务和宗旨在于维护体育协会当中的会员整体利益并为该领域做出正向推动。关于单项体育协会的性质可以通过各个单项体育协会的章程加以明晰。当前各个全国性单项体育协会的章程中都明确表示，协会是一种全国性、行业性、非营利性的社会组织，是具有独立法人资格的社会团体。与全国性单项体育协会不同的是，地方单项体育协会以及国际单项体育协会在性质上分别属于地方性和国际性，以国际篮球联合会为例，在其章程第1条至第3条中规定，国际篮协是全世界篮球运动的唯一主管机构，即具有国际性，同时是受瑞士法律管辖，组织方式获得法律地位的非营利性组织。因而国际、全国性、地方性单项体育协会是具有同一性质的非营利性组织，只是在组织范畴、适用法律等方面存在不同。

（4）何谓运动项目协会

本书所指"运动项目"与上述"单项体育"具有重合之处，均是指足球、篮球、排球、体操等运动形式，对于管理全国性范畴的、依据不同运动形式组建而成的协会既属于全国性单项体育协会的范畴，又是本书所指的运动项目协会。另外，作为全国性单项体育协会的上级协会，即中华全国体育总会，我国《体育法》明确其是团结各类体育组织和体育工作者、体育爱好者的群众性体育组织，因而在性质上属于全国性的、运动性的非营利性组织，同属于运动项目协会的类型之一。由于全国性单项体育协会均属于中国奥林匹克委员会的委员，中国奥林匹克委员会是具有法人资格的、以发展体育和推动奥林匹克运动为任务的全国性、非营利性体育组织，因而同样属于本书所指的运动项目协会。

综上所述，在我国范围内，体育社团、体育组织、单项体育协会与运动项目协会之间的关系可参见图1-1。

从图1-1可以看出，在范畴或所涵盖组织类型方面，体育组织＞体育社团＞运动项目协会＞单项体育协会，根据研究主题的限制，本书以运动项目协会为研究对象，在具体研究分析中主要聚焦国内的全国性单项运动项目协会，适当兼及国际单项运动项目协会进行借鉴参考性研究。

---

① 周驰：《我国单项运动协会实体问题》，载《体育科学研究》2010年第4期，转引自李启迪：《我国全国性单项运动协会改革与发展研究》，北京体育大学2011年博士论文。

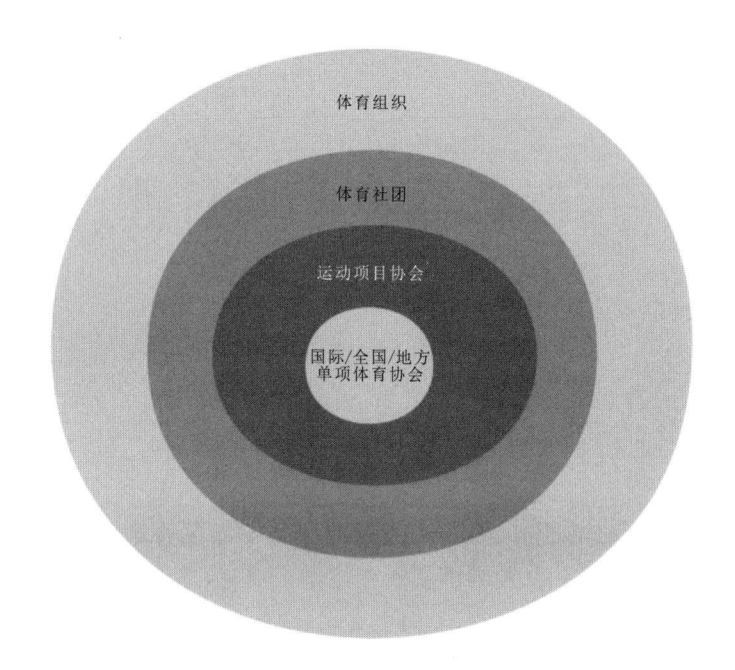

图 1-1 运动项目协会及相近组织关系图

全国单项体育协会是运动项目协会中最具有代表性的体育社团。它是以协会运动的普及与提高为目标,是中华全国体育总会和中国奥林匹克委员会的会员,同时也是代表中国加入国际单项体育协会的唯一合法组织。在法律地位上属于体育类、非营利性的社团法人。关于其性质,除了非营利性这一重要特性外,自治性也是其区别于其他体育组织的本质特性。具体而言,我国运动项目协会的性质可归纳为以下几点:

(1)组织性

全国单项体育协会是为了满足公共利益或公共目的需要而设立,被"组织起来"的集合体,具有正式注册的合法身份。这意味着其必须有规定章程、代表机关和执行机关。只有专门设有章程和决策机关,才可以称其被组织起来了,才具备了组织性。反观非法人类的合伙这一集合体,无论是有一定权利能力的民事、商事合伙,还是无权利能力的社团,在组织结构上都较为松散,不具备合一严密的组织架构和章程约束,也因此在绝大多数大陆法系的现行民法典中,都使用非主体这种形式来区别于具有较强组织性的法人主体概念。

(2)民间性

民间性与行政性相对应,其意在强调与政府机构相分离,独立于政府,其既不能是政府的执行机关,又不能在人员任命等人事、财政方式上受控于或来源于政府。在早期阶段,由于运动项目协会与政府部门之间呈现出隶属关系,使得其也同时表现出一般行政机构所具有的通病,例如专业能力不足、工作效率低下、对于自下而上的合理诉求难以满足等,背离了所期待的其作为对政府失灵与市场失灵的有益补充的功能期许。当下运动项目协会改革的目标之一就是要与政府切实脱钩,在制度上必须加快去行政化。

(3)非营利性

非营利性也可称之为非逐利性或非利润分配性,旨在强调该类组织所获取的利润,只能用于完成组织的公益使命,而不能在组织成员之间进行利润分配。虽然组织成员对于物质财产可以享有公开使用权,但这种公开使用的出发点也仅仅是为了组织的目标与使命的达成,而绝不能是为了组织成员的私人利益。故而,在非营利性组织中,其组织成员不能主张享有剩余利益索取权。对此,《民法典》第87条第1款就专门作了规定,非营利法人是指为公益目的或者其他非营利目的成立,不向出资人、设立人或者会员分配所取得利润的法人。由此可见,是否分配所得利润是判断营利法人的根本性标准依据,向出资人、设立人或者会员分配利润的即营利法人。这是相对于那些以逐利为目的的体育类公司或法人组织而言的,它们以追求利润为目标,间接实现公益目的。

(4)自治性

所谓自治性,即强调组织自身能控制好自己的活动,能够实现自我决策、自我管理、自我负责,在资金来源、人事任免、财产所有、发展规划、战略决策与部署以及执行上都能够依照协会章程独立实施或进行,而不受控于任何外部实体。当下之所以强调公私协同、多元主体参与社会治理,正是缘于在政府之外的民间自治组织具有的独特作用,可以在职能上作为政府部分的关键补充,但此种职能的充分发挥建立在民间性自治组织的独立性和自主性之上,因此如何保证这些服务型组织能够独立、自主地处理内部事务和开展相关工作是促进其发展的核心要务。① 这也是当前运动项目协会进行改革的主要理据。

(5)志愿性

所谓志愿性,旨在强调成员的加入目的在于为组织服务的行为活动与管

---

① 方巍:《非政府组织的志愿性与专业性抉择——杭州市儿童自闭症康复机构的个案研究》,载《社会科学》2018年第3期。

理中,出于自身的意愿和选择,带有志愿参与成分,不能是命令控制性或者带有强制性的行为。作为志愿性的单词"voluntary",其在实质上更加关注的是行为者的志向、意愿,而不简简单单是"自愿的"的问题,还必须是经过慎重思考后做出选择的行为。亚当·斯密在其著述中就曾指出其观察到人性有无私奉献的一面,认为这种奉献行为普遍存在于人类社会生产生活的各个方面。社会中的个体并非都是理性利己的"经济人",也是利他的社会人。[1] 这与《道德经》中"以其无私成其私"的辩证思维非常接近。[2] 现实社会中当中的公共服务极大程度上因为有自愿性质的利他行为而得到弥补和完善,此种行为以公民个体为基本单位,以社会组织为群聚现象,他们共同通过无偿或有偿的,直接或间接的社会捐赠、在自愿的前提下提供公共服务,无论是个体还是社会集体行为,核心都是在个人福利之外仍然紧切关注他人所具有的福利。其所提供的服务、物资都是志愿的。[3] 如行会或商会中的某个企业付出成本,去帮助并提供公共物品或服务时,其行为就是志愿性的。并且,志愿性也被认为是非营利社会组织最为突出的属性。

(6)运动相关性

所谓运动相关性,是指运动项目协会主要是与运动,特别是竞技运动相关的。此一特性使其区别于其他类型的行业协会。根据国务院此前发布的《全国性行业协会商会脱钩改革名单》,除了与运动相关的协会之外,还存在大量的由不同业务主管单位管理的各种类型的行业协会,例如由科技部主管的与科技相关的协会、由交通运输部主管的与交通运输相关的协会。不同类型的协会将依据不同的脱钩政策、方案、期限以及路线图进行实体化建设,因此运动相关性是运动项目协会的独特性标志。

2.我国运动项目协会的历史演变

(1)新中国成立前运动项目协会的雏形

我国运动项目协会的最早雏形产生于1924年第三届武昌全国运动会期间,为了能够更好地管理运动员的参赛资格、审定运动会的整体流程和规则、

---

[1] [英]亚当·斯密:《道德情操论》,蒋自强等译,商务印书馆2018年版,第99、107页。

[2] 参见《道德经》第七章:"天地所以能长且久者,以其不自生,故能长生。是以圣人后其身而身先,外其身而身存。非以其无私耶?故能成其私。"

[3] 孙卓华:《公共服务创新——志愿性服务的逻辑与实现》,载《理论视野》2017年第6期。

评审运动员成绩、解决裁判性问题并在全国推广和组织相关活动,经全国各地区体育联合会代表的提议,"中华全国体育协进会"于同年在南京东南大学正式成立,其宗旨是推展全民体育、发扬业余运动精神、提高运动技术水准、加强国际体育联系。其成员全部由中国人组成,董事会成员共 15 人,其中张伯苓担任董事长,王正延担任名誉会长。这也是我国第一个真正意义上的运动协会,中国体育自此拥有了自主权。[1] 自其成立后,无论是国内或者国外的体育赛事,都发挥了较为积极的作用。例如在该协会的组织和筹措下,我国成功参与了 1948 年的第十四届伦敦奥运会,在中国体育参赛史上留下了不可磨灭的一笔。

(2)新中国成立后运动项目协会的产生

新中国成立后,为了适应国内新环境的背景,经团中央讨论及组织后,在"全国体育工作者代表大会"上,将新中国成立之前发挥巨大作用的"中华全国体育协进会"改组为"中华全国体育总会"[2],并组建了"中华全国体育总会筹备委员会"。

中华全国体育总会的成立大会于 1952 年 6 月 20 日至 24 日召开,大会上完成了对主席、副主席以及委员的选举,并声明中华全国体育总会是代表中华人民共和国的唯一的体育组织,并且是唯一能够参加国际奥林匹克委员会(International Olympic Committee,IOC,以下简称国际奥委会)及其活动的合法代表,确立了其在国内体育领域的领导性地位。[3] 并在 1952 年 11 月 15 日,成立了由贺龙兼任中华人民共和国体育运动委员会主任的"中央人民政府体育运动委员会",简称国家体委。

考虑到参与国外竞赛的迫切需要,中华全国体育总会陆续加入了诸如国际排球联合会(Federation International de Volleyball)、国际田径联合会(International Association of Athletics Federations)等国际性单项体育协会组织,同时为了满足国内对于运动赛事组织管理以及对外交往、竞赛的需求,先后成立了多个全国性单项运动协会组织。从新中国成立之初至 1956 年年底,

---

[1]　李启迪:《我国全国性单项运动协会改革与发展研究》,北京体育大学 2011 年博士论文。

[2]　谭华:《体育史》,高等教育出版社 2005 年版,第 274～393 页。

[3]　熊晓正、钟秉枢:《中国体育 60 年》,北京体育大学出版社 2010 年版,第 11～13 页。

出现了国内运动项目协会成立的第一个峰值,中国篮球协会、中国排球协会、中国自行车协会等 15 个运动项目协会均在此期间成立。

但受连续三年的自然灾害的影响,在 1959 年至 1961 年间,没有一家运动项目协会成立,出现了运动项目协会建立的第一个低谷期,运动项目协会的发展在这一阶段出现了停滞。随着自然灾害结束后的经济好转,全国各项工作陆续复苏,对于国民社会文化生活的恢复也重新提上了议程,国家体委开始计划将各项体育事项逐步恢复正常工作秩序。1963 年,国家体委召开了全国群众体育工作会议,会议要求进一步组织开展体育活动,强化民众参与。1964 年,中华体育总工会组织召开了全国职工体育工作座谈会,进一步强调了要在党委组织的领导下,由各企事业单位的工会作为牵头代表,配合国家体委将职工体育活动重新展开。1964 年,出现了全国性单项运动协会建立的第二个高潮,共有 8 个全国性的运动项目协会在这一年成立,展现出生机满满的发展之势。[1]

"文革"时期,体育协会工作再次陷入低谷。"文革"结束后,百废待兴,体育相关工作亟须恢复和重建,体育相关从业者也需要得到正名。在十一届三中全会召开的这两年间,体育领域得到了应有的正名。1977 年,由王猛担任国家体委核心小组组长,县级以上的各级体委均得到了重建和补充,体育领域也逐渐得到了恢复。

3.我国运动项目协会的类型划分

限于篇幅,需要明确的是本书所研究的运动项目协会主要是指与奥运会相关的全国性单项竞技体育协会。毫无疑问,此类协会也是我国运动项目协会中最具代表性的样本。通过对运动项目协会的类型进行划分,可以明确不同类型的协会应设置不同的改革模式以及路线图,也有助于明确各类型的协会共存与个性问题。

目前根据中国奥林匹克委员会官方网站所公布信息,我国体育总会所属的全国性单项体育协会共 36 家,国际单项体育联合会(International Sports Federations,IFs)共 34 家。[2] 一般而言,国际单项体育联合会通常是冬夏两季奥运会涉及项目的管理机构,各个国家设立单项体育协会作为其正式会员,以

---

[1] 王名、刘国翰、何建宇:《中国社团改革》,社会科学文献出版 2001 年版,第 77 页。
[2] http://www.olympic.cn/sports/union/domestic/,最后访问日期:2024 年 5 月 17 日。

便发展、改善该项运动,参与相关国际比赛并遵守法规、规定以形成良好的运动项目发展环境等。通过对比可以发现,我国的全国性单项体育协会与国际单项体育联合会之间并不是一一对应的关系(详见表1-1)。其中既有国际单项体育联合会针对的项目而我国国内尚未设置的,也有我国针对一些项目自行设置的全国性单项体育协会。因此,各运动项目协会所受到的外部治理环境将会不同。

表 1-1　NFs 与 IFs 对应表

全国性单项体育协会(NFs)	国际单项体育联合会(IFs)
中国汽车摩托车运动联合会	
中国橄榄球协会	
中国棒球协会	国际棒球联合会
中国极限运动协会	
中国轮滑协会	
中国空手道协会	
中国曲棍球协会	国际曲棍球联合会
中国武术协会	
中国皮划艇协会	国际皮划艇联合会
中国赛艇协会	国际赛艇联合会
中国游泳协会	国际游泳联合会
中国击剑协会	国际击剑联合会
中国冰球协会	国际冰球联合会、世界冰壶联合会
中国跆拳道协会	世界跆拳道联合会
中国柔道协会	国际柔道联合会
中国排球协会	国际排球联合会
中国射箭协会	
中国手球协会	国际手球联合会
中国台球协会	
中国摔跤协会	国际摔跤联合会

续表

全国性单项体育协会(NFs)	国际单项体育联合会(IFs)
中国拳击协会	国际业余拳击协会
中国铁人三项运动协会	国际铁人三项联盟
中国羽毛球协会	羽毛球世界联合会
中国举重协会	国际举重联合会
体操运动管理中心	国际体操联合会
中国网球协会	国际网球联合会
中国乒乓球协会	国际乒乓球联合会
中国田径协会	国际田径联合会
中国垒球协会	国际垒球联合会
中国马术协会	
中国帆船帆板运动协会	国际帆船联合会
中国现代五项运动协会	国际现代五项和冬季两项联盟[①]
中国足球协会	国际足球联合会
中国射击协会	国际射击联盟、国际射击运动联合会
中国自行车运动协会	国际自行车联盟
中国篮球协会	国际篮球联合会
	国际滑雪和单板滑雪联合会
	国际滑冰联盟
	国际无舵雪橇联合会
	国际有舵雪橇和平底雪橇联合会
	国际冬季两项联盟[②]

[①] 国际现代五项和冬季两项联盟(International Modern Pentathlon and Biathlon Union,简称 UIPMB)成立于1948年,1969年由于增加了冬季两项活动改为现名。该组织总部设在摩纳哥。中国现代五项与冬季两项协会于1981年7月加入该联盟。

[②] 国际冬季两项联盟(International Biathlon Union,简称 IBU),于1993年7月2日在英国伦敦的希思罗创立。其总部设在奥地利萨尔茨堡。

对于运动项目协会的分类,常见的分类标准是根据是否为奥运项目来进行区分。属于奥运项目类的协会,其在发展过程中多承担着"为国争光"的职能和目标,"奥运备战""反兴奋剂制度完善"是其改革的重点内容。在改革进程中,要做好试点改革、脱钩不托管工作,强化其在群众体育、体育文化中的功能,从而循序渐进地对奥运项目协会内部治理进行完善。对于非奥运项目协会,其改革步伐相较于奥运项目协会更大,由协会承接原对应的运动项目中心的职能并按照社会组织的体制机制运作,凡可以交由协会承担的事务完全交给协会。

在脱钩改革背景下,改革的难易程度通常与运动项目的市场化程度呈正相关,据此可以分为市场化程度较高和市场化程度较低两种类型。前者主要包括足球、篮球、乒乓球、羽毛球等,此类运动项目的群众性基础高,受关注度高,容易走上市场并以职业化发展为道路。后者主要是群众性基础较低的项目,其改革的初期目标应当是"重推广,重普及,多引导",鼓励更多的群众参与进来并反过来促成更为健康的组织协会。[1] 例如中国击剑协会、体操协会等。

按照改革模式的不同进行区分,运动项目协会可分为三种类型[2]:第一,中国足协改革模式。该模式下的协会主要是中国足球协会(以下简称中国足协),其特点是在脱钩改革进程中,由中央直接牵头,通过制定顶层设计以及配套制度进行改革。协会在组织体系上与国家体育总局脱钩,赋予协会后续对内部组织架构调整、整体目标制定、财务及人事管理、对外事务处理的权利。[3] 第二,参照行业协会、商会类的脱钩模式。根据国务院办公厅发布的全国性行业协会商会脱钩改革名单,目前除中国足协外的运动项目协会均属于行业协会商会类脱钩模式类型。其特点在于,脱钩改革要实现机构、职能、资产财务、人员管理等事项分离。其中尤为重要的是要做好协会内部的党建工作,构建完善规范的党务处理机制和管理机制、贯彻党的思想,将党的组织覆盖度和工作覆盖度进一步扩大,以期形成更好的协会内部作风。[4] 第三,部分奥运项目

---

[1] 杨丽芳:《我国单项运动协会体制改革研究》,载《南京体育学院学报》2015 年第 6 期。

[2] 刘东锋、姚芹、杨蕾等:《全国性单项体育协会改革:模式、问题与对策》,载《上海体育学院学报》2018 年第 4 期。

[3] https://www.thecfa.cn/gzzg/index.html,最后访问日期:2024 年 5 月 17 日。

[4] 参见《行业协会商会与行政机关脱钩总体方案》。

协会以功能优化为目标的改革模式。主要包括篮球、排球、自行车、滑冰、击剑等奥运项目协会,其特点在于"做实不脱钩""以改革强备战,以备战促改革"。此种改革模式进一步强调协会在奥运会备战以及国家队建设当中的重要性,期望通过改革进一步发挥协会的专业性,从而降低垂直化管理带来的效率成本。

(二)我国运动项目协会内部治理的基本内涵

1.何谓治理

治理一词历史来源已久,其英文所对应的单词为governance,最早可追溯至古希腊文和古拉丁文,是指政府的行为方式,常常用于在国家政治、公共事务管理之中,表达一种主动性的控制、操纵行为。但自20世纪90年代以来,"治理"被赋予了新的内涵和应用范畴,在社会的经济、文化等方方面面变革运动之中都有其应用之处。[1] 治理的应用,尤其集中在政府或国家无法有效发挥主导作用,需要由非营利组织共同行动时出现。[2]

联合国全球治理委员会于1995年发表研究报告《我们的全球伙伴关系》(Our Global Neighborhood),其中对治理的本质概念和特征给出了权威和公认的定义。该报告认为治理是各种公共的或私人的个人和机构管理其共同事务的诸多方式的总和,是使相互冲突的或不同的利益得以调和并且采取联合行动的持续的过程。治理有四个特征:(1)治理不是一整套规则,也不是一种活动,而是一个过程;(2)治理过程的基础不是控制,而是协调;(3)治理既涉及公共部门,也包括私人部门;(4)治理不是一种正式的制度,而是持续的互动。[3]

从词性上来看,"治理"作为动词,本身就是一个动态的过程。从公共管理的视阈来认识治理,就是一种"结构+过程"。所谓的治理结构,包含架构和制度两个方面,是治理主体权责的现实表现。治理需要制度规范和架构来作为

---

[1] 俞可平:《论国家治理现代化》,社会科学文献出版社2014年版,第18页,转引自王家宏、蔡朋龙:《国家治理视阈下全国性单项运动协会改革与发展的现实审视与推进策略》,载《成都体育学院学报》2018年第6期。

[2] 程昔武:《非营利组织治理机制研究》,中国人民大学出版社2008年版,第63页。

[3] The Commission on Global Governance, *Our Global Neighborhood: The Report of the Commission on Global Governance*, Oxford University Press, 1995, pp.2-3.转引自孙吉胜:《当前全球治理与中国全球治理话语权提升》,载《外交评论》2020年第3期。

基础要件支撑,在治理的过程中,由利益相关者在条框中参与到各个环节之中。

2.何谓运动项目协会内部治理

运动项目协会作为非营利组织的类型之一,其治理方式需要符合非营利组织的治理范畴。非营利组织的治理具有整体性、针对性、前瞻性、协调性、公众性这五种特性。其中整体性表明非营利性组织的治理涉及方方面面,既需要处理内部架构之间的关系,也需要处理组织之间及其他组织之外的关系,强调以整体的眼光看待组织需要执行的职能内容;针对性表明非营利性组织的治理内容更加关注于组织本身的工作内容和相关政策,而不是一些琐碎的日常事务;前瞻性则要求非营利性组织需要时刻思考其成立的使命愿景和长期战略,以减少因非营利性而造成的掣肘;协调性是指非营利性组织需要统筹资源、人力、计划之间的平衡,形成有广泛内部认可的价值观和基础准则;公众性则体现了非营利性组织的法定义务,体现了其区别于其他营利性组织在职能行使和运作当中的根本性目的区别,即非营利性组织需要时刻思考如何通过有效的治理方式来更好地给社会带来价值和意义。[1]

非营利组织的有效治理依托于合理的组织结构和相应机制的设立,即组织的内部治理机构及机制的有效设立和运转。一般而言,非营利组织的内部治理主要由会员代表大会、理事会、监事会、秘书处等机构组成,以机构间的职责配置与权力的分权与制衡制度为机制,共同推动非营利组织内部的有效运转。此外,组织治理的外部环境也对其有着举足轻重的影响,鉴于非营利性组织的特殊使命,组织之间、利益相关者之间千丝万缕的联系都让相互之间的协同治理显得格外重要,而其中最重要的部分便是建立在良好法治环境基础上的有效的政府监管以及来自利益相关者的监督。[2] 内部治理与外部治理的结合共同指向非营利组织特殊使命的实现和社会责任的承担。

综上,同时结合相关文献研究[3],本书所指的"运动项目协会内部治理"即协会内部利益相关者根据权责划分所形成的结构性制度安排,而其内部治理

---

[1] 杨团、葛道顺:《和谐社会与慈善事业》,社会科学文献出版社2007年版,第198～199页。

[2] 刘春湘:《非营利组织治理结构研究》,中南大学出版社2007年版,第36～37页。

[3] 李福华:《大学治理的理论基础与组织架构》,教育科学出版社2008年版,第17～18页。

的架构包括内部治理结构和内部治理过程。具体而言,运动项目协会内部治理架构主要包括协会内部的权力、执行、监督、解纷等机构以及由这些机构运作产生的相互制衡的运行机制。①

(三)我国运动项目协会内部治理的法律渊源

在我国,法律渊源通常指法的效力来源,即法的表现形式。不同立法机构制定的法律具有不同的效力和地位,法律渊源即各种规范性法律文件的总称。②

美国学者博登海默认为,所谓正式渊源是那些具有明确文本形式以及权威性的法律文件,包括宪法、行政命令、自治或半自治组织的规章、条约协议、司法先例等,而非正式渊源是指那些尚未在正式法律文件中得到权威性、未形成明文阐述和体现的材料,如正义标准、衡平法、公共政策、道德信念、习惯法等。③ 我国学者同样认为法律渊源有正式和非正式之分,但关于其具体含义和范畴与博登海默的观点有不一致之处。

我国学者一般认为,正式渊源通常又称直接渊源,指国家各级各类立法机构制定的具有不同效力的成文法律,包括宪法、法律、行政法规、地方性法规、自治法规以及规章等,是具有法律权威的法律规范文件。④ 非正式渊源通常又称间接渊源,指非由立法机构制定、但得到国家认可的,由国家赋予其法律效力的规范性文件,包括公共政策、法律原理、判例等,⑤即不具有法律权威的规范。

本书认可广义的法律渊源概念,认为运动项目协会内部治理的法律渊源既包括正式渊源也包括非正式渊源。前者是指规范运动项目协会内部治理的具有强制性的成文法律,主要包括宪法、法律、行政法规、地方性法规、部门规章等。后者则是指国家制定法以外的,不具有国家强制力但能够产生社会实

---

① 戴红磊:《中国体育社会组织治理研究》,大连理工大学2016年博士论文。
② 付士平:《非正式行政法渊源的效力适用规则研究》,https://www.chinacourt.org/article/detail/2003/12/id/94579.shtml,最后访问日期:2024年2月1日。
③ [美]博登海默:《法理学:法律哲学与法律方法》,邓正来译,中国政法大学出版社1999年版,第413页。
④ 马驰:《法律认识论视野中的法律渊源概念》,载《环球法律评论》2016年第4期。
⑤ 万斌:《法理学》,浙江大学出版社1988年版,第231页。

效的法律规范，①这主要包括协会章程、项目规则、规程、守则、准则、条例、规定、指南、意见等。② 在塑造运动项目协会内部治理秩序方面，前者主要是体现为一般的共性治理，因此也是相对宏观的治理；后者则体现为具体的更具实效的个性治理，因此也是相对微观的针对性治理。职是之故，作为运动项目协会的章程、内部规范等更具有直接的治理功效。

当前，关于运动项目协会的内部治理，我国没有专门的法律法规予以规范，相关法律依据散见于以《宪法》为最高渊源、以《体育法》为基本渊源的由各级各类法律文本构造的渊源体系之中。主要归纳为以下内容：

1.宪法

《宪法》是我国的根本法，是治国安邦的总章程，是党和人民意志的集中体现，具有最高的法律效力。我国《宪法》规定了公民享有结社自由，为运动项目协会的成立提供了法律依据。此外，《宪法》第 21 条第 2 款特别规定："国家发展体育事业，开展群众性的体育活动，增强人民体质。"《体育法》（2022 年修订）第 1 条明确："为了促进体育事业，弘扬中华体育精神，培育中华体育文化，发展体育运动，增强人民体质，根据宪法，制定本法。"由此可以看出《宪法》是体育法的立法依据，也是其他体育立法的依据。③

2.法律

运动项目协会作为独立的运作组织能够独立自主地进行内部治理，首先是由于其作为社会团体法人所拥有的基本权利。④ 在法律体系中，《体育法》《民法典》是有关运动项目协会内部治理的最核心的两部立法。《民法典》主要是通过主体类型及其法律性质定位的角度进行规范；《体育法》则是法律体系中最直接的规范依据。根据《民法典》的规定，运动项目协会作为社会团体法人，具有民事权利能力与民事行为能力，享有民事权利并独立承担民事义务。例如，协会享有设立会员代表大会等权力机构、理事会等执行机构的权利与义

---

① 罗豪才、宋功德：《软法亦法：公共治理呼唤软法之治》，法律出版社 2009 年版，第 417 页。

② 黄亚玲：《我国单项体育协会改革的软法之治》，载《体育科学》2020 年第 2 期。

③ 马宏俊主编：《体育法导论》，中国政法大学出版社 2021 年版，第 11 页。

④ 罗思婧：《我国体育行业自治及其法律规制重构》，载《北京体育大学学报》2017 年第 3 期。

务。其次是由于法律的明确授权,[1]根据《体育法》的规定,全国性单项体育协会是依法登记的体育社会组织,代表中国参加相应的国际单项体育组织,负责相应项目的普及与提高,制定相应项目技术规范、竞赛规则、团体标准,规范体育赛事活动,从而赋予运动项目协会进行内部治理的主体能力与权力。

3.行政法规等规范性文件

《行业协会商会与行政机关脱钩总体方案》(以下简称《脱钩总体方案》)、《国务院办公厅关于成立行业协会商会与行政机关脱钩联合工作组的通知》、《以运动项目管理中心和单项体育协会改革为突破口,深化体育管理体制改革的方案》等是运动项目协会内部治理改革的顶层设计依据。在运动项目协会的改革方面,中国足协作为第一个脱钩改革对象,国家相关部门相继颁布多个专项性文件予以指导,包括《中国足球改革发展总体方案》《中国足球协会调整改革方案》《中国足球中长期发展规划(2016—2050年)》《全国足球场地设施建设规划(2016—2020年)》等。

在运动项目协会具体开展内部治理的过程中,以民政部、国家体育总局为主要的管理主体。民政部是我国行业协会的登记管理部门,负责制定行业协会成立的政策和规章,确保行业协会的活动符合法律法规的要求,主要发布《社会团体登记管理条例》《全国性行业协会商会章程示范文本》等协会运行规定,有助于规范协会的有序发展。民政部还与其他部委联合制定有关财政、税收、政府购买服务等方面的文件,例如《民办非企业单位印章管理规定》《政府购买服务管理办法》等,从而为运动项目协会的发展提供多方位的支持与指导。国家体育总局是我国运动项目协会的业务主管部门,其颁布的文件主要是《全国性体育社会团体管理暂行办法》,并已发布《关于体育总局事业单位工作人员专职到实体化改革奥运项目协会工作相关事宜的通知》,颁布了《全国性体育社会团体负责人任职管理办法》《全国性体育社会团体人力资源管理办法》,[2]为当前运动项目协会的脱钩改革涉及的人员分配等重大问题提供规范指导。此外,由国家体育总局起草的《中国体育仲裁委员会组织规则(征求意

---

[1] 韦志明:《论中国足协行业规范的法源地位》,载《天津体育学院学报》2015年第3期。

[2] 徐成龙、陈帅源:《深化改革背景下全国性单项协会外部治理机制现状、问题及对策》,载《湖北体育科技》2020年第9期。

见稿)》和《体育仲裁规则(征求意见稿)》正在面向社会征求意见,未来通过并生效后将为运动项目协会的自治性纠纷解决提供规则保障。

运动项目协会内部治理的权责和义务还体现在相关条例中,《反兴奋剂条例》为体育社会团体设置了反兴奋剂义务;《全民健身条例》规定单项体育协会应当推广体育项目、调动全民健身活动并为全民健身活动提供义务性支持和有效引导。

4.协会章程等非正式法律渊源

协会章程作为反映会员意志的自治法,对协会内部治理机构和机制运行作出集中且细致的规定。具体内容包括协会的性质、宗旨、业务范围;会员资格、权利及义务;组织机构的职权及运行机制;人员的产生与罢免;章程的修改与终止等程序性规定。

除了国内的章程之外,由于各个全国性单项体育协会均作为唯一代表中国的国际单项体育联合会会员和亚洲单项体育联合国会员,因此其会员身份要求协会遵守国际和区域体育联合会的章程,例如中国足协应遵守国际足联和亚洲足联章程的有关规定,以及与协会运行相关的《国际足联纪律准则》《国际足联道德准则》《球员身份与转会规则》等《国际足联法律手册》中所涵盖的内容。

此外,由于国际体育运动呈现金字塔形式的结构管理体制,作为塔基的国内单项体育协会还应当遵守国际奥委会这一最高机构制定的《奥林匹克宪章》、世界反兴奋剂机构(World Anti-Doping Agency,以下简称 WADA)制定的《世界反兴奋剂条例》、国际标准和技术文件、最佳实施模式及指南等。

二、我国运动项目协会内部治理的机构设置

(一)机构设置总论

对于社会组织,为了保证其稳定性并且能够发挥特定的功能,需要具备一套严密的内部结构。纵览全球的社会组织构成实践,关于非营利性的协会内部治理结构主要分为与政府结构趋同的结构以及与企业趋同的结构,在一定程度上,二者相互学习,双方都存在依据权力和职能的组织机构划分,且各机

构间存在着某种监督制衡关系。① 运动项目协会作为一个独立且专业化的组织,其内部治理结构亦应如此。一般而言,健全的运动项目协会内部治理结构可概括为"3+X"的模式,这个"3"是所有运动项目协会内部治理的三大基本机构,不论其名称如何,其功能的设置与分置是不可或缺的,这就是会员大会(权力机构)、理事会(执行机构)和监事会(监督机构)。在这些通用的三大机构的基础之上,不同的运动项目协会通常还会根据具体情况设置内部的纪律委员会、仲裁委员会或其他类似的机构(解纷机构),以及各种专业或咨询委员会等。通过这种结构安排和功能设置可实现各主体间的分权制衡和协调配合。具体而言,运动项目协会内部治理机构根据职能的不同,分别划分为最高权力机构、执行机构、监督机构以及分管不同专业事项的分支机构。在人事任免、内部监督方面体现出权力制衡的关系,在各自职权行使等方面则体现出机构间分工与合作的关系。

针对一般性的运动项目协会内部结构,本章以下内容将分别阐述上述机构在协会内部治理中的具体职能与设置现状。

(二)协会权力机构

依据《全国性行业协会商会章程示范文本》以及各个运动项目协会章程的规定,会员代表大会是协会的最高权力机构。我国运动项目协会的会员以单位会员为主,个人作为协会会员的情形较少。此外,对于个人会员的范围未作实质性限制。会员均享有参加会员代表大会的权利。根据章程的规定,会员代表大会的职权主要包括以下几个方面:(1)制定和修改章程;(2)选举和罢免主席、副主席、理事会等成员;(3)审议工作报告、发展规划、专项报告、财务报告以及下一年度财务计划和预算;(4)指定审计机构,进行财务审计;(5)制定会费标准;(6)吸收会员入会,暂停、取消和开除会员资格;(7)决定协会分支机构、办事机构和其他所属机构的设立、变更和终止;(8)决定协会的更名、终止事宜以及其他重大事宜。

关于会员代表大会的召开,通常规定为每届 4 年,每年至少召开 1 次。中国田径协会则规定会员代表大会每届 5 年,每 5 年召开 1 次。在召集和筹备方面,以中国足协为代表的协会规定由执委会召集;以中国篮球协会为代表的协会规定由秘书处召集和筹备。在提前通知方面,足协的规定较为细致,对可

---

① 戴红磊:《中国体育社会组织治理研究》,大连理工大学 2016 年博士论文。

能遇到的情况都有了预案和程序性规定,除了要求在大会召开30日前书面通知会员外,对于遇特殊情况通知时间不足30日的,需要由执委会即大会召集人员对原因进行说明。而对于临时代表大会的召开要求,篮协规定如果满足执委会或1/3以上会员代表提议,则可临时召开会员代表大会。临时会员代表大会在召开时优先由大会主席主持,对于因特殊情况无法主持的,由临时代表大会提议方推举一名负责人来进行主持工作。

关于会员代表大会的决议,对于制定和修改章程、决定本会终止等重大事项,须经到会会员代表2/3以上同意;其他选举、罢免、制定或修改会费标准等一般性决议,须经到会会员代表1/2以上投票通过。

在针对全国性单项运动项目协会的研究和调查当中,针对权力机构的设立和职能这一内容,经研究的运动项目协会在内部组织结构上都设有会员代表大会,都能够遵循协会章程按规定进行换届。但是在会议召开方面,有些运动项目协会在其官方网站的公告中及时发布了会员代表大会召开情形,有些则未能查询到相关公告。

(三)协会执行机构

通过对现行的协会章程进行统计,当前运动项目协会的执行机构主要存在两种类型,一类是理事会,另一类是执委会,但二者在职责承担方面具有一致性,主要是在会员代表大会闭会期间领导本会开展工作,对会员代表大会负责。为方便表述,本书在此使用与《全国性行业协会商会章程示范文本》相一致的表述,即理事会是运动项目协会的执行机构。其功能发挥的主要内容包括:

(1)关于理事会的构成以及会议召开,要求人数不得超过会员代表的1/3,且不能来自同一会员组织。理事会每年至少召开一次会议,情况特殊的,也可采用通讯形式召开。

(2)关于理事会的职权,主要包括执行会员大会的决议;选举和罢免理事长、副理事长、秘书长;筹备召开会员大会;向会员大会报告工作和财务状况;决定会员的吸收和除名;决定设立办事机构、分支机构、代表机构和实体机构;决定副秘书长,各机构主要负责人的聘任;领导协会各机构开展工作;制定内部管理制度;决定其他重大事项。

(3)关于理事会的职能,可分为对内、对外两个方面。对内管理运动项目协会内部事务、决定其发展方向;对外代表运动项目协会,与外界发生业务关系。除代表运动项目协会的职能外,理事会的外部职能还包括:募集资金,资金来源包括理事本人的捐赠,从理事会成员和其他个人处获得的捐赠,从政府、企业和基金会获得资金或者以低于市场价格获得的物品和服务等;为协会建立良好的社会资源网络,提高协会的公信力;做好危机预案,应对运动项目协会发展过程中遭遇的非常问题等。理事会的内部职能包括战略规划和日常事务管理两个方面。其中,战略规划包括确定运动项目协会的宗旨和发展方向,制订协会发展的计划;日常事务管理主要涉及选拔运动项目协会管理者和执行层如秘书长,管理协会财务和具体服务项目等。[1]

虽然所有运动项目协会都拥有着理事会这样的常务事务处理机构,但是由于现行体制下理事会的成员多为兼职,即都拥有多个职位,无法把全部的精力投入整个运动项目协会的日常事务当中,因此,在运动项目协会中都会设置专门的负责人,包括主席1名,副主席1至2名,秘书长1名。

主席、秘书长不得兼任其他社会团体的主席、秘书长职务;主席和秘书长不得由同一人兼任,并且不得来自同一会员组织。其中,主席是协会的法定代表人。其职责主要是主持会员代表大会,召集和主持理事会;检查决议的落实情况;向会员代表大会、理事会报告工作;向理事会提名副主席、秘书长、分支机构负责人等人选;指导、监督秘书处、分支机构工作;主持主席办公会议,决定秘书处、分支机构提出的重要事项;行使本章程和理事会授予的其他职权。

秘书长则采用聘任制,一般可行使以下四项职权:(1)主持办事机构开展日常工作,组织实施年度工作计划;(2)协调各分支机构、代表机构、实体机构开展工作;(3)提名副秘书长以及各办事机构、分支机构、代表机构和实体机构主要负责人,交理事会或常务理事会决定;(4)决定办事机构、代表机构、实体机构专职工作人员的聘用。

(四)协会监督机构

运动项目协会监事会就是运动项目协会的内部监督机构。监事会是由会员(代表)大会设立的监督机构,负责监督运动项目协会所开展的业务活动及财务管理,对会员(代表)大会负责,并报告工作。由于民政部早期颁布的《社会团体章程示范文本》没有关于设立监事会的规定,因此很多主流运动项目如

---

[1] 郁建兴、周俊、张建民等:《全面深化改革时代的行业协会商会发展》,高等教育出版社2014年版,第122页。

中国足协等并未特别设置监事会或者类似的内部监督机构。这种机制特征使得对于理事会、秘书处的运行缺乏监督。《中国篮球协会章程》在这方面的工作较为完善，设立了监事会并明确其职责，切实发挥监事会的监督作用。此处关于监督机构设置的内容主要参考2021年1月1日起正式施行的《中国篮球协会章程》，该章程对监事会的职权、监事的产生和任免以及监事会的会议规则进行了详细介绍。

1.监事的任免

监事的产生应遵循严格的程序和方法。监事由(常务)理事会提名，会员(代表)大会选举产生，且不得由协会的负责人、执委会等人员兼任，其罢免则依照产生程序。监事候选人的人选及其资料履历需要向全体会员公示，并在时间上要求尽可能地提前以确保协会内部会员能够充分了解监事候选人以确保在投票时作出合理的决定。无记名投票和差额选举制是在监事选举时通常采用的方式，差额的比例由运动项目协会章程规定。在投票原则上，会员(代表)大会选举监事，应有到会代表人数的过半数参加投票，则认定此次选举具有效力。监事候选人获得参加投票代表的1/2以上票数始得当选监事。如果监事候选人得票均未达到1/2时，则需进行多轮投票，直到最终选举出符合规定的监事人选。

2.监事会的职权

监事会通常情况下可行使以下职权：(1)列席执委会会议，并对决议事项提出质询或建议；(2)对负责人、执委执行本会职务的行为进行监督，对严重违反本会章程或者会员代表大会决议的人员提出罢免建议；(3)检查本会的财务报告，向会员代表大会报告监事的工作和提出提案；(4)对负责人、执委、财务管理人员损害本会利益的行为，要求其及时予以纠正；(5)向行业管理部门、登记管理机关以及税务、会计主管部门反映本会工作中存在的问题。

(五)协会解纷机构

这里的协会解纷机构也是广义上的概念，它不仅包括狭义上的纠纷解决机构，还包括协会内部设立的纪律处罚机构，即对违反协会管理规范者进行处罚的机构。通常情况下，协会内部纠纷是基于对纪律处罚机构作出的处罚不服而引起的管理者和被管理者之间的纠纷。通过考察我国奥运项目类以及非奥运项目类体育协会章程，其内部纠纷解决机制之设立模式可概括为三类：第一类是单设纪律委员会。采取此种机构设立模式的协会包括中国举重协会、中国柔道协会、中国跆拳道协会等。其中,中国柔道协会还将反兴奋剂工作纳入纪律委员会中,形成"纪律和反兴奋剂委员会"。

第二类是同时设立纪律委员会和仲裁委员会。采取此种机构设立模式的协会在具体方式上又分为两种:一是分立方式,中国足协是唯一将纪律委员会和仲裁委员会分别设立的协会;二是合并方式,中国网球协会也是唯一将纪律委员会和仲裁委员会合二为一的设立为"纪律仲裁委员会"的机构。

第三类是未常设任何纠纷解决委员会。一些体育协会在其章程中没有设立常设性的内部纠纷解决机制,但在相关比赛规则中设立了临时性的解纷机构,如中国篮球协会就在中国男子篮球甲A联赛中设有纪律处罚机构和规范。但必须指出和明确的是,此类纠纷解决机制是局部或非常设性的,并非协会层面的常设性纠纷解决机制,无法对协会的日常运作提供全面保障。当然,从发展角度看,很多协会章程赋予其权力机构及其执行机构依照规范新设分支机构或专门委员会的职权,这就为纠纷解决功能的专门化、独立化和实体化提供了可能。然而,就现有的机制建设看,大多数体育协会在其章程中未设立任何专门和常设的纠纷解决机构。[①]

除了上述三种类型之外,中国篮球协会、中国信鸽协会、中国台球协会还设立了民主协商和内部矛盾解决机制,如发生内部矛盾不能通过协商解决的,可以通过调解、诉讼等途径依法解决。

(六)协会其他机构

依据2001年民政部第23号令《社会团体分支机构、代表机构登记办法》第2条规定:"社会团体的分支机构,是社会团体根据开展活动的需要,依据业务范围的划分或者会员组成的特点设立的专门从事该社会团体某项业务活动的机构。分支机构又可称分会、专业委员会、工作委员会、专项基金管理委员会等。"当前各类运动协会的专项委员会大多数由以下几类组成:教练员委员会、裁判员委员会、青少年委员会、新闻委员会、器材委员会、运动员委员会、全民健身委员会等。除了中国足协明确对各个专业委员会的细则、活动开展情况进行网上公开以外,大多数协会仅仅在其官方网站中列明委员会名称,至于具体工作事项的开展情况并未进行公开。

[①] 张春良:《体育协会内部治理的法治度评估——以中国足协争端解决机制为样本的实证考察》,载《体育科学》2015年第7期。

1.专业委员会的目标

运动项目协会中的专业委员会旨在推动体育项目的全面发展和提高。一方面,该委员会致力于在遵守国家宪法、法律法规和政策的基础上,确保所有活动的合法性和规范性。另一方面,委员会以促进本行业产品技术及服务水平的进步为核心目标,通过专业化的管理和创新,推动技术革新和服务优化,以满足日益增长的市场需求和提高国际竞争力。

此外,专业委员会作为运动项目协会中最能体现协会功能优势的组织形式,承担着引领行业发展、制定行业标准、推动行业交流与合作的重要职责。它通过整合行业资源,加强内部协调,促进各利益相关方的合作,以实现行业的整体利益最大化。同时,该委员会还致力于提升运动项目的社会影响力和普及度,通过举办各类赛事和活动,增强公众对运动项目的认知,不断提升他们的兴趣,培养运动文化,推动全民健身运动的开展。通过这些措施,专业委员会旨在实现运动项目协会的可持续发展,为国家的体育事业做出积极贡献。

2.专业委员会的组建及职权

专业委员会实行委员制。组建委员会前,先由筹委委员、专家、总会领导等提名推荐,听取有关地方协会意见,协商产生本专业委员会,委员数量根据各行业专业的情况而定,一般为15～30人。委员会届满,由上届委员会提出改选方案,包括委员人数更新比例,拟更换的主委、副主委名单等,由本协会理事会或总会的秘书处负责在本届委员中进行通讯预选的通告,并根据选举结果征求有关方面意见,推举出新委员会人选,经理事会或总会审核批准后成为下届委员会委员;每届委员会改选,委员更新的比例应不低于1/3。

各专业委员会或其他分支机构主任依据运动项目协会章程规定行使具体职权。其职权主要包括:主持本专业委员会或其他分支机构的各类会议,组织拟订年度工作计划、年度经费计划、年度工作总结;组织实施本专业委员会或其他分支机构的主任会议决议及工作计划;向所属运动项目协会(常务)理事会汇报工作,向本专业委员会或其他分支机构委员通报情况;完成所属运动项目协会交办的其他任务。

3.专业委员会的任务

专业委员会及分支机构的职责、任务及工作规则应依据所属运动项目协会章程及相关规定制定,报所属运动项目协会(常务)理事会批准后执行。一般而言,运动项目协会专业委员会或其他分支机构的任务包括如下六个方面:

加强相关专业领域的沟通、交流与合作,促进行业发展,增强行业凝聚力;维护会员合法权益,反对不正当竞争行为,制定行规行约,形成促进行业健康发展的自律协调机制;研讨产业与市场发展,积极提出相关政策建议;开展技术交流,培训和咨询服务;接受委托统计行业数据,进行经济运行分析及参与制定相关行业标准;承办其所属运动项目协会交办的事项或负责所属运动项目协会的某项职能工作。

三、我国运动项目协会内部治理的治理机制

内部治理机制是指在治理过程中各种治理手段或方法相互渗透的内在原因及其规律性体现,它存在于制度、功能、环境等不同层面,涵盖了决策、执行、监督等各个方面。[1] 协会要想实现组织目标,必须以完备的内部治理结构为基石,并通过有效的内部治理机制才能保障组织运行。[2] 此处将集中对运动项目协会的决策、执行、监督、纠纷解决机制等多个方面进行梳理。

(一)决策治理机制

决策治理机制涉及决策权在组织内部利益相关者之间的分配格局,主要通过会员代表大会的议事制度、表决制度加以实现。

在议事制度方面,其程序可以总结如下:提案—审议—列入议程—大会讨论并表决—通过议程。具体而言,首先,由协会会员或理事会(执委会)成员提出会员代表大会提案,并以书面形式提交秘书处。其次,由执行机构审议决定提交会员代表大会的议案,并向大会提出建议。随后,提案由理事会(执委会)列入会员代表大会议程。最后,在会员代表大会上根据表决制度对议案进行表决,若符合表决程序,则通过议程。

上述议事程序一定程度上体现了民主议事原则。运动项目协会政策和工作的权威性与会员和市场的认同息息相关,因此健全的民主机制能够保证运动项目协会广泛的代表行业利益,从而进一步扩大会员的覆盖面,并提高自身凝聚力。通过组织化途径,寻找利益获得关系的互补性,使需求通过机制得到

---

[1] 戴红磊:《中国体育社会组织治理研究》,大连理工大学2016年博士论文。
[2] 王志文、张瑞林:《全国性单项体育协会脱钩后内部治理的完善——基于中国足协的实证考察》,载《天津体育学院学报》2020年第2期。

有效的满足。① 民主议事决策治理机制要求运动项目协会坚持民主化,做出的重要决策和工作应及时向会员或会员代表公开,广泛听取会员意见,接受会员监督,使合法利益有制度化的表达渠道,运动项目协会所作出的决策应符合会员的要求,为会员所接受并加以执行。

在表决制度方面,协会规定每个会员只有一票表决权,即"一人一票"的投票表决制度,这也是确保决策公正和平等的一种常见做法。鉴于协会会员既有单位又有个人,因此对于单位会员,章程规定此类会员应指定一名代表行使表决权。对于投票表决方式,会员只有直接出席会议才能行使表决权,并且不得以信函或其他委托方式投票;在实际行使表决权时,可以采用无记名投票、举手(举牌)表决或记名投票的方式。对于表决权的通过条件,一般而言,应获得与会会员超过半数通过;但在修改章程议程中,应经与会会员 2/3 以上投票赞成后方可通过。

综合而言,运动项目协会章程关于决策治理机制的规定符合协会人合性、民主性的特征。

(二)执行治理机制

执行机构在协会治理中发挥着核心作用。良善决策只有在被执行时才能发挥其价值,执行能力是行动力的体现,对于个人和组织而言,行动力和执行能力都是非常重要的素质和能力,在行业协会中缺乏执行能力就意味着缺乏竞争力,因此构建高效合理的执行治理机制对于行业协会的发展至关重要。根据协会章程规定,执行工作主要由两类机构施行,一类是理事会,另一类是日常办事机构,两者同样通过议事制度和表决制度发挥执行治理效能。

在议事制度方面,理事会每年至少召开 1 次会议,且会议应有 2/3 以上成员出席方能召开。如主席认为有必要或有超过半数执委会成员提议,可召开会议。由此可见,在会议召开方面,理事会的开展次数相对较少,并且依据其职权的规定,主要负责协会领导、审议重大报告、决定负责人等重大事项,对于日常管理事项,理事会则较少涉入。在日常运行方面,通常由主席或秘书长在理事会闭会期间负责召开办公会议,决定协会日常重要工作的机制。

在表决制度方面,理事会作出的决议,必须经半数或 2/3 以上出席会议的

---

① 徐家良:《制度创新与运行机制:非营利组织再造》,载《北京行政学院院报》2007年第2期。

理事通过,理事会的决议或议案,也应当采取"一人一票"的投票表决形式;但对于主席办公会议或秘书长会议,可采取多数原则通过的方式。

(三)监督治理机制

监督治理机制是指"各利益相关者为保证公司目标的达成,针对组织经营成果、行为或决策所进行的一系列客观公正的审核、监察与督导的行为"[1]。借鉴公司监督治理的实践,运动项目协会监督治理机制是对协会进行监督的内部规范和外部约束及其运行的体系,它是保证运动项目协会其他机制健康有序运行的制约性机制。换言之,其是自律和他律的结合。监督机制作为独立于权力机构和执行机构的制度设计,通过对运动项目协会运作行为的监督,来保障全体会员的利益和组织目标的实现。需要说明的是,这里的监督治理机制,主要指运动项目协会的内部监督,包括内部自我监督以及外部披露监督。

1.内部自律机制

运动项目协会内部自我监督主要包括监事会监督、理事会监督和组织内部规章制度对违规行为的监督三个方面。首先,监事会是由会员(代表)大会选举产生的、对理事会和秘书处等执行机构行使监督权的专门机构,它通常以对组织财务活动的监督为重点,确保理事和秘书长正确有效地行使职权,对于违反法律法规、组织章程及损害组织利益的行为,监事会有权要求纠正。其次,由理事会代为行使监督权。我国多数运动项目协会目前都未设监事会或监事,在其协会章程中,往往指明由理事会承担监事会所拥有的监事职权。最后,组织通过完善内部规章制度强化自身监督。目前,运动项目协会都设置较为完备的规章制度,如组织的战略管理、人力资源管理、志愿者管理、财务管理、信息资源管理、筹款管理等,通过这些制度,使协会能够有效地规范组织的远端程序和员工的行为,从而有效地预防和控制理事及秘书长等执行高层滥用职权及违规行为,以保证组织运作程序的公开透明,赢得社会的信任。

2.外部信息披露

信息披露机制是内部监督机制的一部分,同时也是外部监督机制的内部基础,故本章将其独立于内部自我监督,单独说明。

信息披露机制具体针对的是运动项目协会利益相关各方信息掌握的不对

---

[1] 李维安、武立东:《公司治理教程》,上海人民出版社2003年版,第53页。

称性,通过在运动项目协会内部构建起信息披露机制,可以让外部监督主体及时掌握协会运行状况,以发现疑点提出质询。目前,运动项目协会信息披露的方式可分为两种:一种为运动项目协会主动公开信息;另一种为运动项目协会依申请公开相关信息。[1]

运动项目协会主动公开信息可以采用编发信息刊物、年度报告,组件并及时更新协会网站等形式,由此可以促使运动项目协会系统定期向社会公众提供最基本、最关键的信息,为会员、政府和社会公众所获得并利用。

运动项目协会依申请公开相关信息,此时公开的信息往往为更深层次的信息,目的是以最经济有效的方式针对不同群体的需要公开不同方面的信息。具体而言,政府、企业和普通民众在了解运动项目协会业已公开的信息基础上,仍需获取进一步的信息时,可以向运动项目协会提出申请,由运动项目协会根据其不同需求提供相应的信息,该方式可降低不同群体为捕捉信息所发生的成本。

(四)解纷治理机制

近年来,随着全面依法治国、全面依法治体的迅速推进,公民权利意识不断增强、体育改革发展中解纷维权需求不断增长,对全国性单项体育协会建立内部解纷机制的需求越来越多。按照纠纷的起因,整体可以分为两类:第一类是针对赛场活动的技术仲裁规范,以及其裁决或复议的最终决定导致的纠纷。第二类则是由于被认为违反全国性单项体育协会规定,对受到纪律处罚不服而产生。其中第二种情况占纠纷事件的主要比例,而针对这一类纠纷的解决关键通常是以协会的纪律与处罚规范为重要参考依据。登录各大协会的官网并查阅其章程,可以看到橄榄球、棒球、曲棍球、跆拳道、手球、拳击、铁人三项、举重、现代五项、足球、篮球共11个全国单项体协在这方面制定的相关规范文件。这类文件通常使用纪律准则、纪律准则和处罚规定、纪律处罚准则、违规处罚标准、纪律条例等多种不同的名称,还有文件从兴奋剂处罚、赛场行为规范、赛风赛纪管理等方面进行规范。[2]

---

[1] 金燕华、陈冬至:《我国行业协会信息公开制度探讨》,载《中国行政管理》2008年第7期。

[2] 于善旭:《建立我国体育仲裁背景下完善体育行业协会内部解纷制度的探讨》,载《体育学刊》2022年第2期。

通过对设置有纠纷解决机构的协会进行分析,目前仅中国足协和中国篮协分别制定了《仲裁委员会工作规则》,对受案范围、原则、机构、程序等作出规定,为仲裁委员会的运行提供制度规范。

通过以上对全国单项运动项目协会的文本内容梳理和制定情况调研,已可管中窥豹,对目前全国各单项体协的内部制度章程建设有了基本的认知,并可以发现其中可以改善的空间相对较大。具体而言,当前全国单项体协在内部解纷制度方面在协调性和实际应用性上仍不能很好适应依法治体和维权解纷需要,其中的一些显著问题仍不能得到有效解决。特别是在国家体育总局推进建设中国体育仲裁委员会的背景下,各运动项目协会还需要着力理顺内部解纷治理机制与外部仲裁解纷机制之间的关系,实现有分工、有制约的纠纷治理。

四、我国运动项目协会内部治理的外部环境

(一)外部环境的内渗与内部治理的外溢

应当指出,公司治理是目前有关组织体治理较为完善的模式,我国相关立法和公司治理的实践在内部治理方面都较为成熟、科学和领先。尽管公司治理与运动项目协会内部治理存在性质上的差异,但它们作为"治理"范畴下的不同分类,仍然共享着有关治理的共性元素。因此,对治理机制的考察可将公司治理作为参照的辅助线,作为非营利组织项下的运动项目协会治理机制也就可以从公司治理机制的相关成果中得到有益的借鉴并立足自身治理的特性进行个性化发展。组织治理机制的考察必须由内部治理和外部环境两个部分共同组成才能做到视角上的完整和饱满,这是坚持"全局与一域"系统思维的要求。其中运动项目协会内部治理通常强调各个权力机关之间的权力分配与制衡关系,表现为协会的权力、执行、监督、纠纷解决机构与相对应的决策、执行、监督、解纷机制之间的协调。具体是由会员代表大会、理事会、监事会、秘书处、办事机构以及分支机构等制度和机构的运作组成。运动项目协会组织治理明确不同机构内部治理的职责、权利与义务,理顺相互之间的关系,反映决策、执行、监督三方面权力相互合作与相互制约的实际情况。运动项目协会外部环境是指协会在实现组织目标过程中,与政府、企业、其他社会组织、非会员单位等利益相关者之间的关系协调和运作。运动项目协会外部环境处于外

部治理之中,主要包括协会与政府的关系、与司法机关的关系、与社会的关系以及与其他上下级协会的关系等。毫无疑问,外部治理环境对于运动项目协会内部治理具有重要的制约或引导作用;反之,运动项目协会内部治理也具有治理的外溢效应,并通过若干运动项目协会内部治理的微观功效反向塑造外部治理,促进外部治理环境的优化。

对于运动项目协会而言,其作为非营利性组织,由于具有"无所有者"和"非分配约束"的特征,无利益驱使和效率提高的竞争动力机制,缺乏营利性组织所具有的能力评估指标建设,内外治理的联动结合就显得尤为重要。[①] 两者对协会的健康运行和发展是同等重要的,片面强调任何一方都会使行业协会发展走弯路甚至使改革脱离正确轨道而走上畸形发展的道路。[②] 因此,应当认识到,内部治理与外部治理是相辅相成、相互促进、相互依赖的关系,都是为了实现组织的有效管理和可持续发展。但是两者在逻辑层次上存在着一定的差异,[③]优良的外部治理环境是运动项目协会自由、独立发展的基石,并能够促使内部治理结构趋向于合理和完备,[④]能够为运动项目协会内部治理获得更多的资源和社会影响力,[⑤]内部治理则是外部治理环境的延伸与深化。

关于内外部治理的具体内容,随着协会改革定位与追求价值的不同,两者的具体内容也会随之相应变动。无论如何,对运动项目协会的治理内容进行界定,都需紧密围绕五个核心要素来开展工作,通过深刻理解以下要素的内容,能够对运动项目协会内外部治理的整体概念和框架以及二者的区别之处有更为清晰的认知。

要素一:明确运动项目协会的成立要义。运动项目协会成立的目的和使命都是为运动协会内部会员提供相应的行业服务,保证会员的合法权益不受到侵害,同时作为中间媒介,同政府沟通,为政府提供决策依据,进而为整个社会服务。

要素二:明确运动项目协会的章程内容。协会应依托具有一定公信力和公认度的章程制度来约束行业从业人员的行为。一方面在章程中对协会性

---

① 张明:《非营利组织的治理机制研究》,暨南大学2008年博士论文。
② 黎军、李海平:《行业协会法人治理机制研究》,载《中国非营利评论》2009年第1期。
③ 张明:《非营利组织的治理机制研究》,暨南大学2008年博士论文。
④ 戴红磊:《中国体育社会组织治理研究》,大连理工大学2016年博士论文。
⑤ 徐家良:《行业协会组织治理》,上海交通大学出版社2014年版,第161页。

质、法律地位进行界定以明确协会的合法性与自治范围,另一方面对各类机构的职权、义务进行清晰划分以寻求权力制衡,实现良善治理。

要素三:明确运动项目协会的层级关系和内部结构。在民政部发布的《社会团体章程示范文本》中,可以理解为运动项目协会内部治理和管理体制的规范性意见是:运动项目协会实行会员(代表)大会、理事会或常务理事会、秘书长三级体制,并以专业委员会作为补充。运动项目协会会员(代表)大会为最高权力机关,选举产生理事会。有的规模比较大的运动项目协会再由理事会产生常务理事会。运动项目协会设置秘书处、办事机构和专业委员会。运动项目协会会长(理事长)或秘书长是协会的法定代表人,行使在会员(代表)大会闭会期间的日常决策权。运动项目协会的职能,一部分是会员让渡其权利,另一部分则是政府授权,如此,通过会员赋权或政府赋权界定和规范协会内部各种委托代理关系,明确职能界限,从而建立一套特殊有效的治理结构。

要素四:强化协会内部的自治和自律。运动项目协会内部治理强调的是自治和自洽,要求整个行业人员拥有一定的从业素质基础,能够自觉地践行原则,按照行业规范和标准去执行。

要素五:完整的服务内容和服务群体。对于运动项目协会而言,基本且主要的服务内容是在运动项目协会注册的会员,在工作当中不断倾听会员的实际需求,提供优质服务,保持和会员之间的良好互动,并且作为会员的法益代表去维护会员的切身利益。运动项目协会的服务内容总体上来说,包括为会员服务、为政府服务和为社会服务三个方面,其所占比例,由运动项目协会自行决定。有些运动项目协会,既为会员也为政府和社会提供相应服务;有些运动项目协会仅为会员提供服务,较少为政府和社会提供服务;有些运动项目协会仅为会员和社会提供服务,较少为政府提供服务。尽管有不同的服务形式与服务内容,但服务的特性没有变化。

五个要素是内外部治理的基石和协会运行的内在机理,其中:内部治理着重强调协会内部的自治和自律,旨在以专业性、自觉性达成协会良性发展的目标;而外部治理则强调协会的社会性和公益性,从另一种视角为协会的治理提供补充和保障。内外部治理相互作用,共同践行协会治理五个要素的基本内容。

(二)外部环境的历史变迁

1.实体化改革:"中心+协会"改革模式

自改革开放以来,全国各行业"放权"政策的施行对体育同样产生了一定的启发和影响。1986年,国家体委发布的《关于体育体制改革的决定(草案)》对我国的体育体制进行改革,共制定了53条具体改革措施。本次改革的主要目标有三个:第一,通过制定体委组织法,确立各级政府和企事业单位的责任和义务;第二,理顺体委和各方面的关系,恢复和建立行业系统的体育协会,各行业、系统的体育由其主管部门负责,各级体委加强统一领导、协调和监督;第三,转变体委职能,加强宏观指导,充分发挥体育总会和各种体育协会的作用。本次改革是体育体制驱动社会力量自发发展体育的首次改革尝试,表明了国家对体育改革的重视,但自《关于体育体制改革的决定(草案)》发布以来,出现了明显的运行不畅,究其原因在于我国仍旧是"政府选择体育体制",体育社团话语权仍旧微弱。[1] 但本次改革为全国性单项运动协会的实体化改革提供了理论和舆论铺垫。

协会实体化的进一步探索和改革始于1988年国家体委尝试将协会和机构建构成为责任、权利和义务三者统一的实质性主体,改变现有的一些徒有其名而无其实的运动项目协会现状,并通过上层体育行政部门的顶层设计和引导,将一些群众基础较好、经济条件较为成熟的运动协会转变成为纯体育社团性质的实体组织。[2]

1992年邓小平发表的南方谈话和党的十四大的顺利召开,不仅是中国实现由计划经济体制向社会主义市场经济体制变革的起始点,同样也为体育领域的大变革提供了先进的思想准备和有益的土壤条件。1992年6月,中国足协在北京红山口召开全国足球工作会议,被誉为中国足球领域的"遵义会议",此次会议决定把足球作为中国体育改革的突破口,奠定了中国足球职业化的发展方向,确立了以足协实体化和组建职业足球俱乐部为中心的改革具体内容,为后续一系列协会实体化的改革拉开了序幕,是体育运动项目协会改革的历史丰碑。[3] 1992年11月中旬,国家体委召开会议,学习邓小平同志南方谈话和党的十四大报告内容,此次会议的主题为探讨体育改革,因为会议地址是在广东省中山市,也被业界称为体育"中山会议"。

---

[1] 熊晓正、钟秉枢:《中国体育60年》,北京体育大学出版社2010年版,第173~174页。

[2] 国家体委联合调查组:《解放思想积极探索推进体育协会制的改革——全国性单项运动协会实体化改革试点情况的调查》,载《体育文史》1995年第1期。

[3] 陈晴、吕万刚、宋广成:《中国足球运动百余年梳理与当代反思》,载《武汉体育学院学报》2018年第9期。

1993年4月召开的全国体委主任会议,通过了《国家体委关于深化体育改革的意见》,提出要"加快运动项目协会实体化步伐,建立具有中国特色的协会制","使运动项目协会成为责权利相统一、全面负责本项目管理的实体,逐步形成以单项运动协会为主的运动项目管理体制"。[①]《国家体委关于深化体育改革的意见》还包括《关于运动项目管理实施协会制的若干意见》等5个配套文件,系统而又务实地分析了当前运动项目协会以及当前体育运动的管理现状,阐明了实体化改革的必要性,为实体化改革的路径、步骤、阶段制定了详细的方案并作了解读。《国家体委关于深化体育改革的意见》和有关配套文件的颁布,使得国家对于协会实体化改革的总目标有了清晰且一致的认识,我国实体化改革步伐渐入正轨。

有了《国家体委关于深化体育改革的意见》的明确指导和路径指引后,协会实体化改革也就更加有的放矢,走上了改革的快车道。按照国务院机构改革的要求,1994年3月4日经中央机构编制委员会批准,国家体委成立乒乓球管理中心,并在此之后成立了冬季运动项目管理中心,还有航空无线电模型、射击射箭、自行车、摩托运动、水上、足球、网球、武术、棋类、登山、拳击、桥牌等12个运动项目管理中心和社会体育指导中心,与有关41个单项运动协会实行合署办公。这是国家体委首次设立"运动项目管理中心"这种兼具事业单位性质同时又具有普通运动项目协会常设办事处形式的体育运动项目管理组织,是体育体制改革中的一大亮点。

运动项目管理中心的设置在一定程度上实现了运动项目管理的去行政化,由过往的直接管理变为间接管理,期望通过运动协会的管理层面依托于对应的运动项目管理中心,而在针对运动的群众化、市场化运作推广和国际交流上依靠具体的运动协会实现预期的目标。

"中心+协会"的运作模式耦合度非常高,同生同源,共同运作,学界称之为"一套班子,两块牌子",抑或是所谓的"中心+协会"的同构模式。运动项目管理中心与其负责的运动项目之间的对应关系可以分为两种情况:一种是若干个全国性单项运动协会共同隶属于同一个运动项目管理中心,形成了一对多的结构关系;另一种是一个全国性单项运动协会专属于一个运动项目管理中心,中心的组织结构和协会的组织结构基本是重合的,形成了一对一的关

---

① 国家体育总局:《中华人民共和国体育法规汇编1993—1996》,新华出版社1997年版,第18页。

系。综上所述,在组织层级架构上,二者相互交叉并行运作。

2.行政脱钩改革:协会自治

"中心+协会"的同构模式在一段时间内发挥了巨大的作用,主要表现在两个方面:一方面,集中力量办大事的方式解决了社会资源不足、组织能力较弱、对于有限人力物力资源利用效率不高的弊病,这种模式是时代发展的必然趋势,拥有时代合理性,是国家政府机构在体育领域取得阶段性成功的体制性创新,使得群众对于体育的认知和接受度广为提升,为体育事业打下了良好的群众基础,有着可圈可点的重大意义。另一方面,中心与协会同构的模式在国际交往中也起到了令人瞩目的成效,由于中心所具备的政府属性和协会所具有的社会属性的有机协作,我国增进了与国际奥委会、国际单项体育联合会、亚奥理事会、国际体育记者协会等国际体育组织及其领导人的友好关系。国际奥委会全会、亚奥理事会代表大会、世界体育大会、国际体育记者协会代表大会等,成为中国体育重要的国际活动平台,为我们推进高层次、全方位的多边体育外交提供了新的机遇。

新的时代站在新的历史岔路口,同构模式耦合度过高,资源配置不均衡,组织结构职能定义模糊的问题已经成为社会民众参与体育事业发展积极性的严重掣肘,致使我国集中力量办大事的优势无法得到充分发挥。因此国家开始尝试针对运动项目协会和政府之间存在的问题提出"脱钩"这一思路。

党的十六届四中全会通过的《中共中央关于加强党的执政能力建设的决定》中提出,要"发挥社团、行业组织和社会中介组织提供服务、反映诉求、规范行为的作用,形成社会管理和社会服务的合力"。2008年党的十七大报告要求"健全政府职责体系,完善公共服务体系",特别指出要整合社会管理和公共服务部门。党的十八届三中全会通过的《中共中央关于全面深化改革若干重大问题的决定》中提出"正确处理政府和社会关系,加快实施政社分开,推进社会组织明确权责、依法自治、发挥作用",要求"限期实现协会商会与行政机关真正脱钩"。这些决定为单项协会进一步深化改革确立了新的目标和任务。这些政策方针的颁布以现状为依据,为全国性单项运动协会的未来改革目标指明了方向和思路。

2015年7月,中共中央办公厅、国务院办公厅联合印发了《行业协会商会与行政机关脱钩总体方案》,明确指出"改革开放以来,随着社会主义市场经济体制的建立和完善,行业协会商会发展迅速,在为政府提供咨询、服务企业发展、优化资源配置、加强行业自律、创新社会治理、履行社会责任等方面发挥了积极作用"。中国足协、中国篮协分别于2015年和2017年先后完成实体化改革,并由社会人士担任协会负责人,对其他各类单项体育协会铺开改革之路起到了示范和引领作用。据统计,2015—2017年全国行业商业协会共进行了3批脱钩试点工作,其中体育协会分别为14家、5家和9家,国家体育总局所辖的多数单项体育协会被纳入脱钩试点范围。① 截至2018年,脱钩试点协会3批共28家已完成22家,纳入奥运项目协会实体化改革的28家主要负责人已调整完毕。②

2019年6月,国家发展改革委、民政部、中央组织部等又联合印发了《关于全面推开行业协会商会与行政机关脱钩改革的实施意见》,再次明确了行业协会商会脱钩任务与时间表,要求按照去行政化原则,全面实现行业协会商会与行业机构脱钩。2020年,按照国家体育总局整体部署和时间节点要求,各单项体育协会要全面完成实体化改革,部分单项协会将直接在第一线参与、指挥备战东京奥运会。③

毋庸置疑,全国性单项运动协会脱钩已是大势所趋,依托单项运动协会内部治理的方式成为脱钩后的主要工作。④ 2021年10月,国家体育总局发布了"十四五"体育发展规划》,将坚持全面深化改革,完善社会办体育的体制机制,增强体育内生动力,激发体育发展活力,形成体育发展新模式作为基本原则。

3.外部环境历史变迁的路线图

通过对我国运动项目协会内部治理的外部环境历史变迁进行梳理,可以发现协会与政府的关系是外部环境发展的核心,也是牵制协会自身定位与其他主体之间关系的前提。因此,有关协会外部环境历史变迁的路线图实际上

---

① 张旭、王政、周铭扬:《我国体育协会的脱钩问题研究》,载《体育成人教育学刊》2019年第1期。

② 杨桦:《体育改革:成就、问题与突破》,载《体育科学》2019年第1期,转引自陈丛刊、谢佳杨、纪彦伶:《新中国成立以来我国单项体育协会的发展变迁及启示》,载《体育成人教育学刊》2021年第1期。

③ 《人民日报聚焦奥运备战:科学应对新挑战,协会改革变动力》,https://3g.163.com/dy/article/FHRHO30Q0514R9P4.html,最后访问日期:2024年5月17日。

④ 黄亚玲、郎玥、郭静:《深化改革背景下全国性单项体育协会治理机制研究》,载《北京体育大学学报》2020年第2期。

※我国运动项目协会内部治理研究

是规制政—协关系的政策文件变化图(详见图 1-2)。

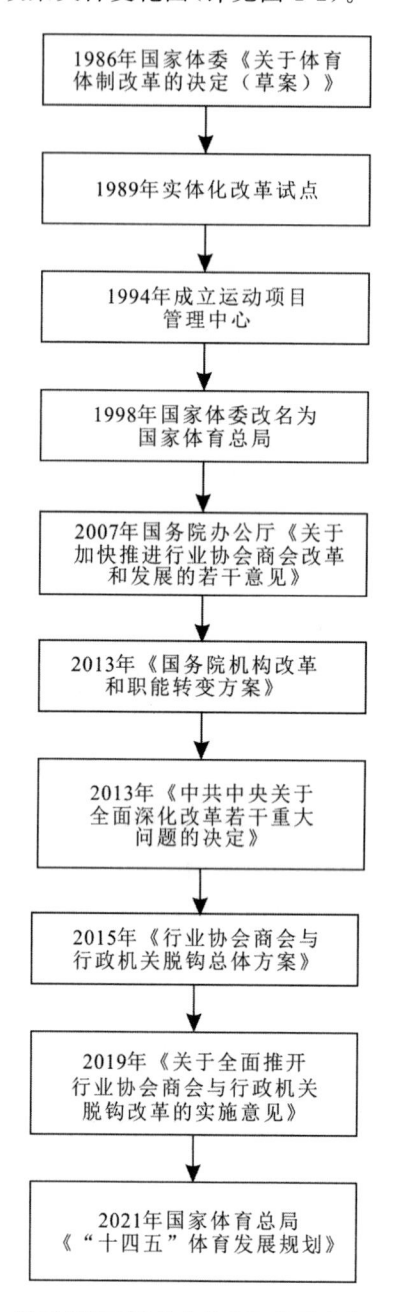

```
1986年国家体委《关于体育
体制改革的决定（草案）》
         ↓
1989年实体化改革试点
         ↓
1994年成立运动项目
管理中心
         ↓
1998年国家体委改名为
国家体育总局
         ↓
2007年国务院办公厅《关于
加快推进行业协会商会改革
和发展的若干意见》
         ↓
2013年《国务院机构改革
和职能转变方案》
         ↓
2013年《中共中央关于
全面深化改革若干重大
问题的决定》
         ↓
2015年《行业协会商会与
行政机关脱钩总体方案》
         ↓
2019年《关于全面推开
行业协会商会与行政机关
脱钩改革的实施意见》
         ↓
2021年国家体育总局
《"十四五"体育发展规划》
```

图 1-2 我国运动项目协会外部环境历史变迁路线图

从图1-2可以看出,协会自产生走向发展以来,共面临了两次重大外部环境的变迁。第一次是协会脱虚向实,由虚化向实体化的变革,将一些有名无实的运动项目协会转化为责、权、利相统一的机构,使其成为纯社团性质的社团实体,即在性质上属于社团法人。但最终的改革成果形成了"运动项目管理中心＋单项体育协会"的同构模式,中心既是国家体育总局的事业单位,又是协会的常设机构,管理中心和运动项目协会耦合度非常高,同生同源,在人员构成以及实际运行过程中出现"一套班子,两块牌子"的情形。此种模式下,政府放权程度不高,协会的自治权力不足,无法发挥市场带动发展的作用。

因此,第二次实体化改革再次启动,此次改革主要是对"中心＋协会"的同构模式进行转变,故而也称之为脱钩改革。在本次改革过程中,国家相关机关通过颁行一系列顶层设计与配套制度对脱钩改革进行指导,并采用试点与全面铺开的手段进行循序渐进的改革,从而为协会创造了权责分明的外部环境。

(三)外部环境的具体构成

通说认为,治理机制分为内部治理机制和外部治理环境机制两大部分。内部治理机制与法人治理的结构和机制相类似;而外部治理环境机制则更多作为内部治理的补充面或监督面而存在,当组织内部出现较为明显的错误决策或是经营失误且无法通过内部监督机制及时纠错时,可以通过一些组织外部的能力,对组织内部的管理者起到一定的约束作用,外部治理环境机制通常由社会民众、利益共同体等非内部会员构成,可以极大程度地起到查缺补漏的作用,并能够驱使协会朝向正确的方向发展。体育治理体系的完善有赖于外部环境与内部治理的有机统一,二者是体育治理体系不可分割的联合体,共同构成了运动项目协会运行和治理的版图。因此,确定外部治理环境的现状和运行机制是明确内部治理机制的必经之路和应有之义。

当前,利益相关者理论作为广义的公司治理理论,常被用于运动项目协会等社会团体的治理研究。根据该理论,与运动项目协会发展存在关联的主要包括决定运动项目协会发展的上层建筑之法律法规等规则、对协会产生与存在实施管理的政府机关、影响协会运行中内外纠纷解决的司法环境、对协会运行实施监督的外部监督机构以及国际奥运会等赛事影响下与国际运动接轨的国际体育组织治理机制等(详见图1-3)。

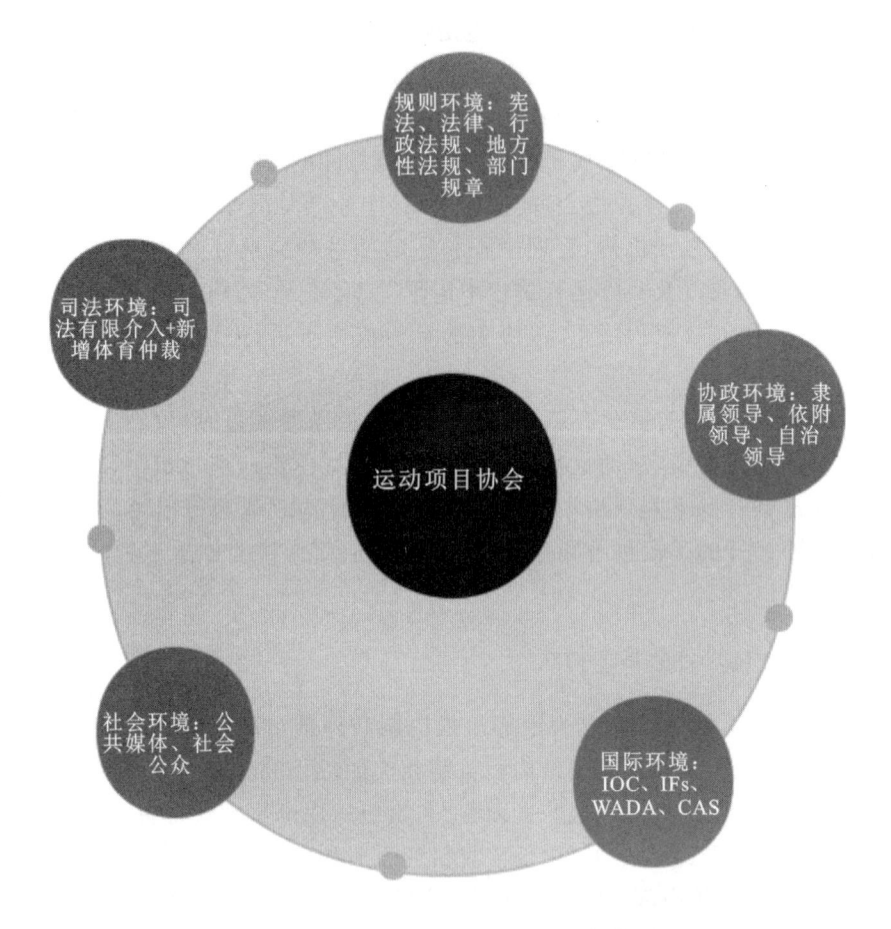

图 1-3　我国运动项目协会外部环境构成图

1. 规则环境

(1) 宪法

宪法是国家的根本大法,是治国安邦的总章程,适用于国家全体公民,在规定公民基本权利与义务的同时,也对政府组织、企业组织与社会组织的职责与使命作出规定。《中华人民共和国宪法》第35条规定:"中华人民共和国公民有言论、出版、集会、结社、游行、示威的自由。"该条明确表明中华人民共和国公民有结社的自由。凡符合中国宪法和法律的规定,并履行一定的法律程序而组成的社会团体,都受到国家的保护。运动项目协会是由会员组成的社会团体,结社自由对运动项目协会而言极为重要,是运动项目协会成立的基础。

(2)法律

当前,由全国人民代表大会及其常务委员会通过的与运动项目协会有关的法律主要包括以下几类:一是运动项目协会的产生及成立需要遵守的法律,包括《民法典》有关法人的规定、《体育法》有关体育组织的规定;二是运动项目协会运行过程中需要遵守的法律,包括《民法典》有关合同编的规定、《劳动法》《劳动合同法》《仲裁法》等。当前,司法部正在积极推进《仲裁法》的修订工作,根据全国人大公布的征求意见稿,将为体育仲裁提供明确的法律依据,有助于运动项目协会的纠纷解决及公正发展。

(3)行政法规

行政法规是由国务院制定的规范性文件,由国务院常务会议审议通过,是国家行政机关体系中最高级别的规范性文件,体现出较强的政策性。行政法规的效力仅次于宪法和法律,高于地方性法规、规章,其目的是对法律内容进行具体细化,以进一步指导和管理国家各项行政工作。目前,由国务院发布的与运动项目协会关系密切的行政法规,主要是《社会团体登记管理条例》。该《条例》集中对运动项目协会的登记机关、成立条件、变更注销、监督管理、处罚情形等重要内容作出规定。

(4)地方性法规

地方性法规的效力范围主要及于有关地方的运动项目协会。目前,深圳市在探索社会组织立法方面走在全国前列。[①] 深圳市人大常委会结合特区实际情况制定《深圳经济特区行业协会条例》,对行业协会的设立、变更、注销、内部治理、监督管理等作出明确规定。此外,深圳市民政局相继颁布《深圳市社区社会组织登记与备案管理暂行办法》《深圳市社会组织评估管理办法》,为当地的行业协会发展提供指导。

(5)规章

在指导运动项目协会产生与发展的规章制度层面,以民政部、国家体育总局为主要的制定主体。民政部是我国行业协会的登记管理部门,负责制定行业协会成立的政策和规章,确保行业协会的合法性和规范性运作。除上述提

---

① 王世强:《社会组织法律法规与政策》,首都经济贸易大学出版社2017年版,第11页。

及的登记管理方面的条例,民政部还在2021年制定了最新的《全国性行业协会商会章程示范文本》,以促进规范协会的有序发展。此外,民政部还与其他部委联合制定有关财政、税收、政府购买服务等方面的文件,例如《民办非企业单位印章管理规定》《政府购买服务管理办法》等,从而为运动项目协会的发展提供多方位的支持与指导。国家体育总局是我国运动项目协会的业务主管部门,负责协调区域性和发展多元化的公共服务和体育体制改革,推行全民健身。其颁布的文件主要是《全国性体育社会团体管理暂行办法》,并已发布《关于体育总局事业单位工作人员专职到实体化改革奥运项目协会工作相关事宜的通知》,颁布了《全国性体育社会团体负责人任职管理办法》以及《全国性体育社会团体人力资源管理办法》,[①]为当前运动项目协会的脱钩改革涉及的人员分配等重大问题提供规范指导。国家发展改革委、民政部、中央组织部、中央编办、中央和国家机关工委、外交部、财政部、人力资源和社会保障部、国资委、国管局联合印发《关于全面推开行业协会商会与行政机关脱钩改革的实施意见》,规定了脱钩改革的总体要求、脱钩主体和范围以及改革具体任务。国家体育总局牵头拟定的《中国体育仲裁委员会组织规则(征求意见稿)》和《体育仲裁规则(征求意见稿)》分别对体育仲裁委员会的组织运行程序、仲裁审理过程规范作出首次规定,为未来体育纠纷的解决提供重要的治理支持。

2.协政环境

协政环境,就是运动项目协会与政府,特别是与体育行政机关之间的关系。这一关系将对运动项目协会内部治理产生深远和根本的影响。我国运动项目协会是通过自上而下的方式建成的,通常由政府牵头组织指导,因此在源头上便有着协会与体育行政部门同构的现实背景,在工作内容和决策上对政府有着较强依赖。纵观全国单项运动项目协会的发展道路,经历了协会成立、协会实体化改革发展、协会脱钩改革发展三个阶段,政府在协会的绝大部分发展时间内都发挥了不可忽视的作用。

(1)协会成立时期:直隶型管理

协会成立初期的目的较为单一,通过成立协会以满足参与国际体育赛事的要求,并以此为契机通过体育参与到国际交流当中。在当时的历史背景和目的要求下,通过借鉴苏联既有的体育模式,形成了以计划经济体制为背景,

---

① 徐成龙、陈帅源:《深化改革背景下全国性单项协会外部治理机制现状、问题及对策》,载《湖北体育科技》2020年第9期。

高度集中、行政管理主导型的中国体育领导体制。鉴于成立目的的限制，运动项目协会作为国家对外政策的工具，由国家自上而下地设立从而缺少民间性。此一阶段的协会，其运行结构与机制设置完全依赖于政府，缺乏自主创新、开拓生存资源等能力，仅仅充当或扮演了政府下属机构的角色。[①]

(2)协会实体化时期:依附型管理

改革开放以后，我国的计划经济体制逐渐向社会主义市场经济体制转变，民间组织的规模不断壮大，开展活动的范畴不断扩展。中国政府确立了双重分层管理体制，以管理民间组织。市场经济取向的改革，启动了民间组织发展的经济动力。此种变化使得社团以往严重依赖于政府的资源不再成为卡口，也直接导致了二者之间角色的变化，打破了社团完全从属的关系格局。运动项目协会等社会组织也逐渐与政府相解耦，并逐渐在社会公益事业中崭露头角，显现出举足轻重的作用。但即便如此，社团在体制等级、组织架构、运作网络、社会信任等方面依然存在体制依赖。"政府主动推动"仍然稳坐协会发展决策权的头把交椅，协会仍然依附于政府领导。

随着"中心+协会"发展模式的出现，运动项目管理中心既作为事业单位又作为相关单项运动协会的常设办事机构，仍然具备强烈的行政色彩。作为法定代表人的运动项目管理中心并不是真正具有独立法人地位的实体，但由于其与政府体育管理部门之间没有严格清晰的组织界限，甚至在组织架构上完全套用了行政科级制度与级别，因此看似脱离政府行政机构的运动项目管理中心仍然与政府同属同源，从根本上来讲仍然是一个行政组织机构，在内部运行和人事任免上高度合一，经常性地会出现一人多兼、一人多部的现象，这一问题在某种程度上不仅没有减轻协政的耦合联系，还为协政之间牵引了千丝万缕的联系。协会仍然作为从属方，不具备独立性和自治性，徒有合法地位而无权力之实。[②]

(3)协会脱钩改革时期:自治型管理

不可否认的是"中心+协会"的管理模式在改革之初使我国在体育领域的发展取得了空前卓越的成就，但随着时代的发展和体育运动目标的变化，所暴露出来的问题也越来越多，为了巩固体育领域的现有成就并促进体育运动项目协会健康持续地发展，2013年国家体育总局决定对18个全国性单项运动

---

① 汪流:《全国性体育社团发展研究》，载《体育文化导刊》2009年第8期。
② 张伟:《我国体育社会组织治理结构分析》，载《体育学刊》2017年第4期。

协会进行改革试点,促使其与行政机关、事业单位彻底脱钩,变成纯社团的性质。区别于西方国家在改革上的方式和过程,我国通常是由政府牵头主导,各方通力协作,互为依托、互为补充,最终使改革落到实处。基于此共性认知,党的十六届四中全会审议通过的《中共中央关于加强党的执政能力建设的决定》提出,要"发挥社团、行业组织和社会中介组织提供服务、反映诉求、规范行为的作用,形成社会管理和社会服务的合力"。党的十八届三中全会审议通过的《中共中央关于全面深化改革若干重大问题的决定》提出"正确处理政府和社会关系,加快实施政社分开,推进社会组织明确权责、依法自治、发挥作用",要求"限期实现行业协会商会与行政机关真正脱钩"。这些决定无疑为脱钩过程当中政府和协会之间的角色和关系作了清晰的定性,使运动项目协会成为社会化、市场化的拥有自治权的社会组织。

3.司法环境

这里的司法环境是广义上的"司法"环境,在体育运动领域主要包括两种类型:一是体育仲裁,二是涉及体育运动的狭义上的司法。司法是依法治体的重要环节,法院对体育争议行使管辖权是一个国家司法主权的重要体现。在体育领域中司法应如何介入,介入的范围、介入的程度在长时间以来都是极具争议的焦点问题。[①] 此前的《体育法》(2016年修正)第32条规定:"在竞技体育活动中发生纠纷,由体育仲裁机构负责调解、仲裁。"但自法律颁布以来我国实际上未能形成仲裁制度,也并未成立体育仲裁机构。在此情况下,纠纷当事人转而寻求司法救济。但由于体育自治的特性以及《体育法》第32条的规定,对于协会内部的纪律性处罚等因竞技体育活动引发的纠纷,司法实践中,法院大多以不具有管辖权为由驳回起诉,例如辽宁省高级人民法院此前就针对职业足球运动员与大连超越足球俱乐部有限公司就俱乐部运动员工作合同纠纷一案作出民事裁定,认为该案纠纷"属于在竞技体育活动中发生的纠纷",因此以法院不具有管辖权驳回起诉。[②]

[①] 有代表性的论述可参见袁杜娟:《论司法介入内部体育纠纷解决的思考》,载《河北法学》2013年第7期;宋军生:《论体育行业自治与司法管辖》,载《体育科学》2012年第5期;赵毅:《自治的黄昏?——从我国法院裁判考察司法介入体育的边界》,载《体育与科学》2015年第5期;韦志明:《论体育行业自治与法治的反思性合作——以中国足球协会为中心》,载《体育科学》2016年第4期。

[②] 参见辽宁省高级人民法院(2021)辽民申538号再审民事裁定书。

此外，第32条第2款还规定，"体育仲裁机构的设立办法和仲裁范围由国务院另行规定"。但根据2000年通过的《中华人民共和国立法法》，仲裁制度只能以"法律"的形式进行立法，法律只能由全国人大及其常委会制定，并且司法制度事项不得由全国人大及其常委会授权给国务院进行立法。[①]因此，仲裁制度作为"司法制度事项"，不得由国务院进行制定。加之我国此前的《仲裁法》在受案范围中未涵盖体育仲裁，因此专门的体育仲裁机构长期处于缺位状态，使得体育纠纷发生后当事人出现求告无门、无法可依的局面。

最新修订的《体育法》中新增"体育仲裁"专章，对体育仲裁的范围、体育仲裁委员会的设立、体育仲裁庭、内部救济、申请期限、裁决效力、裁决的撤销、裁决的执行以及仲裁特别程序等问题进行了纲领性和原则性规定。[②] 其中明确规定由"国家建立体育仲裁制度"，"国务院体育行政部门依照本法组织设立体育仲裁委员会，制定体育仲裁规则"。当前，国家体育总局已经根据《体育法》的授权起草了《中国体育仲裁委员会组织规则（征求意见稿）》和《体育仲裁规则（征求意见稿）》，前者为建立符合我国实际的体育仲裁委员会治理结构以及现代化体育仲裁制度体系提供依据；后者对科学合理的仲裁程序作出保障，同时通过合理安排，确保体育仲裁与民商事仲裁、劳动仲裁相衔接，体育仲裁与司法监督、保障相适应。借此可以改变以往法律冲突的局面，为体育领域的自治性、高效性纠纷解决提供可能。

4.社会环境

英国经济学家亚当·斯密最早在《国富论》中就指出："同行的经营者，他们很少聚集到一起，他们谈话的内容，就算是为了消遣，也是以用阴谋诡计抬高价格，或共谋来损害社会告终。"[③]因而对协会的外部监督显得尤为重要。具体到运动项目协会这一主体，除政府作为主要监督主体以外，社会是运动项目协会的主要监督主体。

---

① 参见《立法法》第7条至第9条。
② 《新修订的体育法增设"反兴奋剂"等四个专章补齐制约体育事业发展制度短板》，载《法治日报》2022年6月28日。
③ 刘大洪、李华振：《政府失灵语境下的第三部门研究》，载《法学评论》2005年第6期。

党的二十大报告强调"以人民为中心"、"人民至上"的国家治理理念,这同样是我国运动项目协会内部治理改革应坚持的根本遵循。社会监督是人民切入我国运动项目协会内部治理的重要途径,也是运动项目协会监管体系的有机组成部分。运动项目协会社会监督是指由国家公共权力机关以外的组织和公民对运动项目协会活动的合法性和有效性进行不具有直接法律效力的监督。运动项目协会接受社会监督的依据是来自对运动项目协会社会责任的追问。运动项目协会社会责任的正当性理据主要有四个:一是从运动项目协会自身而言,运动项目协会主动承担社会责任有利于获得社会公众的广泛认同并形成良好的社会形象。二是从社会公众的视角,对运动项目协会赋予社会责任的规定,有益于正确规范运动项目协会的决策和程序,防止其因追逐利益而作出损害社会公共利益的行为。三是从国家的视角,运动项目协会社会责任的倡导和规定有助于缓解因协会自我利益的过分膨胀而导致与国家利益的紧张关系,并实现两者的妥协与平衡。四是运动项目协会承担社会责任是协会优秀文化的历史传承。运动项目协会社会责任这一逻辑要求协会自觉接受社会监督。

公共媒体、社会公众、非会员的体育相关组织以及其他社会组织作为运动项目协会的利益相关者,与运动项目协会相互影响、相互制约,它们也是运动项目协会社会监督的主体。公共媒体主要通过发布新闻、实地采访等方式对协会进行监督。实践当中,媒体在对协会的一些负面新闻作出报道后,作为当事人的协会未能及时对此作出合理解释或还原事实真相,致使媒体对协会公正运行过程中的监督作用大大减弱。

目前,社会公众获取信息的渠道集中于新闻媒体报道,以及全国性单项体育协会官网、公众号、微博等公共信息媒介平台的信息披露。当前36家全国性运动项目协会均开通官方认证的网站渠道,其中,中国体操协会与体操运动管理中心共用一个网站。在网站维护方面,均有发布实时信息,但多集中于协会赛事信息的公布。作为对比,国外单项协会的官网在维护程度和信息公开性上都更加规范和实时,工作计划、财政支出报表、年报等重要信息基本能够做到及时披露,供公众监督查看。而我国全国性单项体育协会在官网公布的内容基本上以公告通知、新闻动态为主,目前还未有协会主动在官网上发布其财务报表、年报等信息,反映出外部监督环境不被重视的现状。明确并落实运动项目协会的对外披露制度,也是强化体育协会内部治理的一种重要的社会环境倒逼机制。

第一章 我国运动项目协会内部治理的现状梳理

5.国际环境

由于我国竞技类运动项目协会并不是仅在我国封闭运行的,通常各奥运类运动项目协会还需要对标与所属的国际单项体育运动协会发生治理上的关系,甚至在我国大多数运动项目协会的内部章程通常还直接链接入国际单项运动项目协会或国际奥委会等体育组织的管理性规范,这就为我国运动项目协会内部治理的考察与改革提供了一个立足于国际环境的更为宏观、更具影响力的视角。作为一项世界范围的运动,奥林匹克以体育为连接媒介,给予多样性的文化元素以碰撞、融合、交流的土壤,它无关国籍、无关语言、无关你我的宗教信仰,相互审视且包容,每一次奥林匹克盛会的开展都促使着来自世界各地的人们互相交流、互相了解、互相学习,为世界的文化差异提供了缓冲带,对于世界的进一步友好发展、团结有巨大的裨益。它不仅是一场体育竞技的盛会,更是一个展示各国文化、促进团结友爱的舞台。体育运动的国际性决定了国内体育法治与国际体育法治的相互碰撞与相互影响。因此,通过对协会治理的国际环境的考察,有助于进一步清理国内运动项目协会所处的地位、所享有的权限以及所应遵循的治理要求。

国际奥委会、国家奥林匹克委员会(National Olympic Committees, NOC,以下简称国家奥委会)和国际单项体育联合会是奥林匹克大家庭的三大支柱。除了上述两类国际体育组织之外,领导全球反兴奋剂运动的世界反兴奋剂机构、专注于国际体育纠纷的国际体育仲裁院(Court of Arbitration for Sport,以下简称CAS)同样是在国际体育赛事中发挥重要治理作用的国际体育组织。我国自1979年恢复国际奥委会成员国资格后,国内体育逐渐与国际体育接轨,这种接轨不仅体现在各类体育赛事活动中,更是深入体育组织与制度设置层面。构成影响我国运动项目协会内部治理的国际环境之重要组成部分的上述主体,其彼此之间的关系结构大致如图1-4所示。

国际奥委会是奥林匹克运动的最高权力机构,一切与奥林匹克运动相关的人员或组织,都应遵守国际奥委会的决定。国际奥委会的职能包含了奥林匹克的一切事务,属于管理宽泛、职能高度统一的国际组织。由奥委会制定的《奥林匹克宪章》在奥林匹克运动项目中拥有最高的法律效力,该宪章对奥林匹克运动的宗旨、原则、组织构成与各自的职权范围以及奥林匹克各种活动的基本程序等作了详细规定,是约束所有参与者行为的最基本标准和开展国际合作的基础。中国国家奥委会以及各类全国性单项体育协会在内的组织都应当遵守国际奥委会制定的《奥林匹克宪章》《奥林匹克2020+5议程》等规则的相关规定。

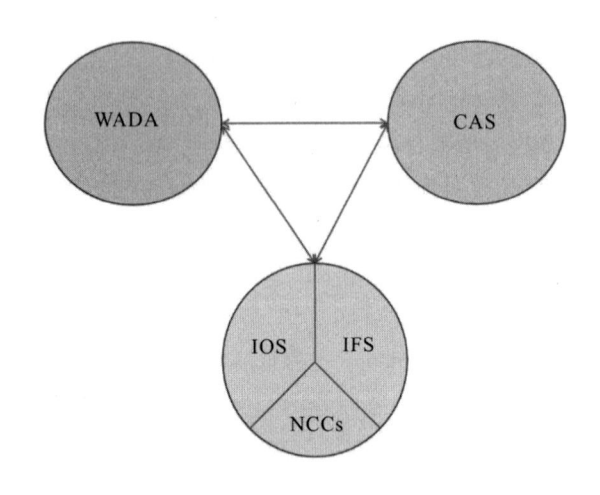

图 1-4　主要的国际体育组织关系图

国际单项体育联合会通常具有以下几个角色:第一是作为管理角色,需要统筹全世界范围内的一项或多项运动项目,并同时对与其相关的具有国际性的、非营利性的国家级团体进行管理;第二是作为规则的制定和推动者,要为负责的运动项目制定基础的规则并保证其得到正确施行;第三是作为项目推广者,要极力推行运动项目在世界范围内开展;第四是作为监督和指导者,在奥运会及其他受国际奥委会赞助的运动赛事项目中提供技术支持和指导。此类协会享有高度的体育自治权,对内设置健全的组织机构以及运行机制,对外接受相关利益主体的监管和约束,因而其治理模式对国内运动项目协会的治理具有高度借鉴价值。除了治理机制的主动型参考,在被动型管理方面,国际单项体育联合会几乎从立法、司法和行政三个方面全方位地对国内运动项目协会的治理产生影响。以国际足球联合会(Fédération Internationale de Football Association,简称国际足联)为例,在其最新发布的 2022 年版章程中对会员的义务作出明确规定。中国足协作为国际足联的成员之一,首先在立法层面,应完全遵守国际足联的章程、条例、指令和决定,以及 CAS 根据《与体育相关的仲裁法典》第 56 条规定通过的上诉决定;批准符合《国际足联标准章程》要求的章程,即确保中国足协章程内容以及发布规则符合上述要求。其次在行政层面,要求中国足协定期召开最高和立法机构会议,至少每两年召开一次;建立直接隶属于协会的裁判员委员会,加强裁判员队伍的建设,保证体育竞争公正有序进行。最后在司法层面,国际足联将纪律委员会、道德委员会

第一章 我国运动项目协会内部治理的现状梳理

以及上诉委员会统一归为司法机构,同时设立足球法庭对国际足联内部纠纷进行解决;明确限制与国际足联相关的纠纷提交至其他国家的法院,从而也限制了中国足协在涉及与国际足联、国际级运动员之间纠纷的争议解决方式。通过立法、行政、司法三个维度指导国内运动项目协会的内部治理。

WADA 于 1999 年在瑞士洛桑成立,是奥林匹克委员会下设的一个独立的国际机构,负责领导世界范围内的合作运动,实现无兴奋剂的目标,以确保体育比赛的公平公正。国内反兴奋剂体系应当遵守由 WADA 制定的《世界反兴奋剂条例》、国际标准和技术文件、最佳实践模式及指南。此外,此前联合国教育、科学及文化组织(United Nations Educational, Scientific and Cultural Organization,以下简称联合国教科文组织)在第 33 届联合国大会上通过了《反对在体育运动中使用兴奋剂国际公约》,该公约于 2007 年 2 月 1 日对中国生效。作为一项具有约束力的政府间国际公约,对我国的体育机构产生深刻影响。该公约明确概述了各国政府应承担的义务。缔约国承诺:(1)遵照《世界反兴奋剂条例》中确定的原则,在各国和国际间采取必要的行动;(2)鼓励开展各种形式的国际合作,保护运动员,促进体育和体育运动道德,分享研究成果;(3)鼓励缔约国与反对在体育运动中使用兴奋剂领域中的主要组织,特别是与 WADA 开展国际合作。在实施方式上可以有一定程度的灵活性,如制定法律、法规、政策或行政管理等方式,为我国运动项目协会、体育行政机关、反兴奋剂组织等主体设置了义务。

除上述国际体育组织之外,CAS 作为解决国际体育纠纷的"最高法庭",其仲裁条款呈现伞形化分布特征。从体育领域中具有最高效力的《宪章》到 IOC 各组织成员的章程再到直接涉及运动员的国家奥委会代表团参赛资格表与奥运会报名表,都规定了将争议提交 CAS 的 CAS 仲裁条款,[1]从而限制了国内仲裁机构以及国内法院的管辖权,限制了国内运动项目协会内部纠纷的救济途径。

---

[1] 张春良、贺嘉等:《国际反兴奋剂争端解决专题研究——以 WADA v. SunYang & FINA 为视角》,厦门大学出版社 2021 年版,第 9 页。

第二章

我国运动项目协会内部治理的问题诊定

党的十八大召开之后,建立服务型政府成为政府机构职能改革的重点内容。党的十九大报告明确提出:"加强社会治理制度建设,完善党委领导、政府负责、社会协同、公众参与、法治保障的社会治理体制,提高社会治理社会化、法治化、智能化、专业化水平。"在"政社分开""简政放权"等改革思路的指引下,各行业协会和政府部门的脱钩改革工作已在社会各领域内全面启动。处在新时期发展阶段的我国各类运动项目协会将成为其所属体育运动项目的主要负责主体,对于运动项目协会内部治理来说,这既是发展机遇,也是改革挑战。全国性单项体育协会既是促进体育运动蓬勃发展的主要力量,也是多年来改革的重点难点痛点,要在新一轮体育改革与治理中有所突破,就需要在深入挖掘我国运动项目协会内部治理问题的基础上[①],对症下药,构建起科学、合理和有效的运动项目协会内部治理机制。

---

① 需要强调的是,本书涉及对相关具体协会的点评,所依据的事实主要源自其官网和部分研究文献。不排除部分运动项目协会事实上的行动与官网更新之间的不同步问题。因此,根据官网信息进行的点评可能存在偏差。但这也部分说明了,某些运动项目协会的行动缺乏必要的透明度,社会知情方面的信息披露程度有待提升。

第二章　我国运动项目协会内部治理的问题诊定

一、我国运动项目协会内部治理的样本检讨

归纳推理是一种由个别到普遍的事物认识过程和推理方法,是从特殊具体的案例中推论出一般原理、原则的思维方法。这种方法基于对个别事物的认识通过归纳和概括,上升到对事物的一般规律的认识。根据矛盾的普遍性和特殊性关系原理,矛盾的普遍性寓于其特殊性之中,并通过矛盾的特殊性表现出来,可以说,没有特殊性就没有普遍性,矛盾的普遍性和特殊性是辩证统一的关系,故自然界和社会中的普遍原理和规律一般都存在于个别之中,并且通过个别表现出来。基于此,在认识过程中,只有先认识到事物个别之处的独特,进而才能认识事物一般之处的规律,此种认识规律贯穿于人们认识活动的历史发展中。对于运动项目协会内部治理问题的认识也是如此,如果要得到运动项目协会内部治理的普遍性、规律性问题,就必须从个别、特殊的单项体育协会的问题分析入手,进而认识具有一般性的问题,最后才能将一般性问题的解决方案运用到个别的单项体育协会中去。

基于此,本部分遴选运动项目协会内部治理典型样本,以检讨典型个例内部治理中存在的问题,为归纳总结一般、普遍的运动项目协会内部治理问题奠定基础。对于典型样本的选择,为拓展样本的多样性,本书的样本选择包括三个奥运会项目和一个非奥运会项目。习近平总书记曾强调:"'三大球'要搞上去,这是一个体育强国的标志。"[1]"三大球"的繁荣不但是全面建设体育强国的需要,也是促进我国体育事业高质量发展的需要,同时更是满足我国人民日益增长的美好生活需要。故本书选择了奥运会项目中的"三大球"所属运动项目协会作为样本;同时在非奥运会项目中选择中国独特的民族体育项目即武术运动项目所属的协会作为样本。

(一)足球运动项目协会内部治理检讨

1.足球运动项目协会及其内部治理简况

作为我国运动项目协会内部治理改革的重点运动项目,足球的管理体制改革是我国体育协会和机构改革工作的重要内容,也是体育行政管理体制改

---

[1] 《习近平:"三大球"要搞上去》,https://china.huanqiu.com/article/9CaKrnJFqMj,最后访问日期:2024年9月23日。

51

革中具有典型特征的一部分。事实上,对中国足协内部治理机制的改革探索,成为我国运动项目协会改革的先锋示范。

(1)我国足球运动项目协会发展简况

中国足协成立于1955年,由国家体育总局主管,是具有体育公益性、普遍代表性、高度专业化的非营利性、体育类社团法人,是目前我国具有代表性的拥有自主管理和经营权的全国性单项体育协会。根据《中国足球协会章程》[①]的规定,其职能主要包括:研究制定足球发展的方针政策、规划、计划和行业标准;指导、促进本会会员建设和开展工作;管理各类全国性足球竞赛以及足球专业人才的培养。此外,我国足球运动项目协会还负责推动足球运动的发展与普及,推进足球文化的建设等。[②]

通过回溯中国足球发展历史可以发现,中国足协的发展状况始终处在不断变化之中:1955年,中国足协组建,为后来中国足球运动的蓬勃发展打下了坚实的基石;1979年,体育管理机构开始部署足球项目发展的重点城市,此举有效改善了中国足球运动发展滞后的现象;1989年,体育运动项目管理机构提出了"管办分离"的总体改革思路,中国足协开始了实体化改革的历程,在中国实体化改革之路上迈下了坚定的第一步;1992年,红山口会议确立了我国足球项目的职业化改革方针,明确提出要将我国足坛引入市场经济轨道。这次会议被认为是中国足球发展史上的一个里程碑,不仅推动了足球项目的职业化改革,而且对中国足球的整体发展产生了深远的影响。

2015年2月27日,为全面推进我国运动项目协会改革,中央全面深化改革领导小组审议通过了《中国足球改革发展总体方案》,特别是将足球作为体育协会改革突破口提供了政策文件指引,由此开始的改革是一次深入、全面的重大变革。[③] 根据《中国足球改革发展总体方案》的改革思路,我国运动项目协会内部治理的改革实行"三步走"战略,将足球项目的发展作为经济社会发展的一部分,对其组织结构进行深度改革,在机构设置、制度设计、工作运行等方面赋予其自主权。为深入贯彻体育运动项目协会改革发展的总体设计思

---

① 中国足球协会的最新章程为2019年版《中国足球协会章程》。参见中国足球协会官网,https://www.thecfa.cn/xhzc/index.html。因此,本书所提到的《中国足球协会章程》即2019年版。

② 参见《中国足球协会章程》第4条第2款。

③ 叶林、陈昀轩、樊玉瑶:《中国体育管理体制改革的困境与出路——基于足球改革的调查》,载《中国行政管理》2019年第9期。

路,发挥带动足球改革的龙头作用,国务院足球改革发展部于2015年8月颁布了《中国足球协会调整改革方案》。该方案要求撤销足球运动项目管理中心,至此中国足协成为具有公益性、非营利性特征的,对足球运动项目负有直接的领导责任的组织。

(2)我国足球运动项目协会内部治理改革简况

2016年2月,根据《足球协会调整改革方案》的有关规定,足球管理项目中心正式退出了历史舞台,打响了足球运动项目协会内部治理改革的第一枪,协会组织结构也随之开始变革,朝着扁平化结构趋势进一步发展和转变。2016年4月,国家发展改革委、国务院足球改革发展部际联席会议办公室、国家体育总局、教育部联合办公室联合发文,颁布了《中国足球中长期发展规划(2016—2050)》,该发展规划明确规定,将进一步规范中国足协的组织机构,进一步健全中国足协内部治理制度,进一步完善协会内部管理体系,不断促进中国足球持续健康发展,形成制度健全、结构合理、职能明晰、民主决策、监督严密的运动项目协会内部治理结构。[1] 2017年,《中国足球协会调整改革方案》指出,我国足协运动项目协会内部治理的改革,主要是推动足球管理项目中心由"事业单位"向"社团常设办事机构(协会秘书处)"的过渡。

从图2-1可以看出,中国足协坚持"专业的人干专业的事"的理念,逐步深入开展去行政化,不断加强内部领导权建设,强化行业服务意识,全力推动行业高质量发展和现代化建设。中国足协在2017年下达的《中国足球改革发展试点工作方案》的通知中提出"按照《中国足球改革发展总体方案》要求,落实协会体制机制改革任务,颁布地方改革方案,制定时间表、路线图、实施步骤"深入推进改革工作。《关于加快发展体育产业促进体育消费的若干意见》《中国足球协会2020行动计划》《中国足球改革发展总体方案》《中国足球协会调整改革方案》《中国足球协会关于加快壮大地方会员协会开展"突破计划"的实施方案》等政策的颁布,指引了我国足球运动项目协会内部治理改革的方向,体现出在我国政府主导改革的思路下,足球领域的重大体制变化与国家对我国足球发展的宏观理性指导。[2]

---

[1] 周继明、马艺欧、钟秉枢:《解读〈中国足球中长期发展规划〉》,载《中国体育报》2016年4月15日。

[2] 韦志明:《论体育行业自治与法治的反思性合作——以中国足球协会为中心》,载《体育科学》2016年第4期。

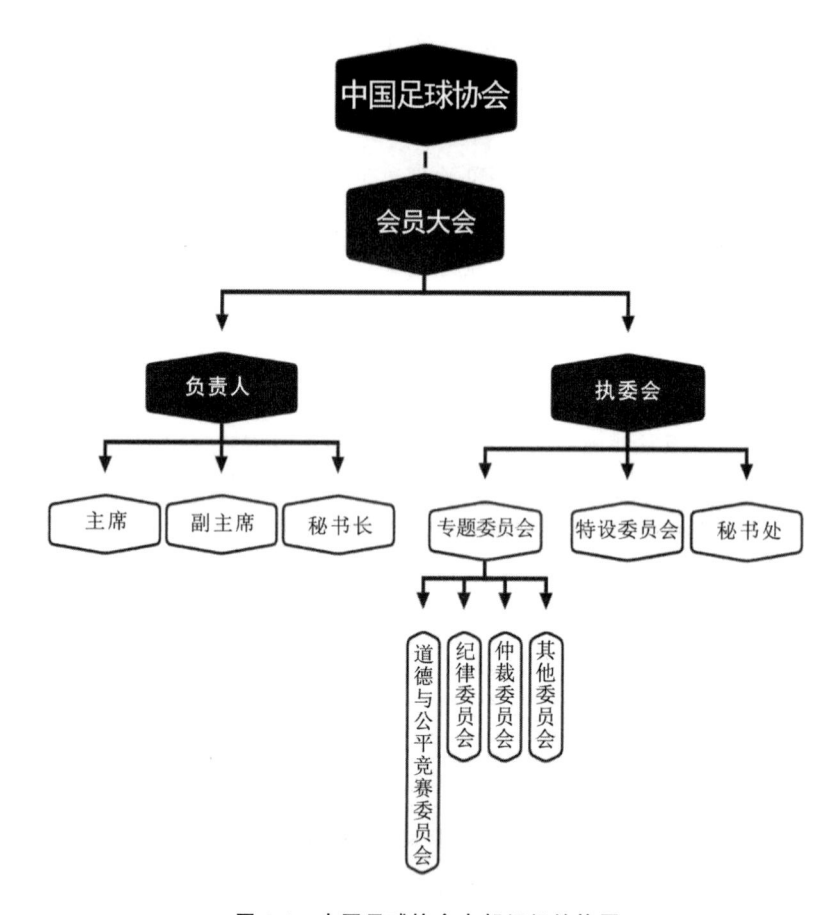

图 2-1 中国足球协会内部组织结构图

虽然足协改革依然在大刀阔斧地进行,但由于改革政策过于宏观且尚未形成系统的政策法规,除了在具体实施上存在可操作性的问题之外,还容易形成矛盾纠葛的局面。根据《中国足球改革发展总体方案》的规定,为了使中国足协成为独立的、实体化的社团法人,完全与国家体育总局脱钩,从而将中国足球推向市场,必须根据依法自治、政社分开、权责明确的原则,全面调整足球运动管理中心和足球运动项目协会的"两块牌子、一套人马"的组织结构。但是,随后颁布的《中国足球协会调整改革方案》则改变了以上的改革思路和设计,《中国足球协会章程》2019 年的修改版本承袭了《中国足球协会调整改革方案》的改革思路和路径,改革后的足协依然难以完成与行政管理机构的彻底脱钩,反而具有了公法上的当然行政主体的特征,具有公法主体与私法主体的双重属性。此外,还应该看到,中国足协也是《中国足球中长期发展规划(2016—2050年)》的颁布单位之一,这种行为在一定程度上表明中国足协还是承担着与国家体育总局、国家发展改革委等相似的行政管理机构的职能。

足协面临的典型问题依然难以得到有效系统的解决。中国足协改革长远目标的实现路长且艰辛,任重而道远。因此,对当下我国足球协会改革诸多制约因素进行研究,探索合理的解决办法是我国足球协会改革长远目标实现的保证。

2.我国足球协会内部治理基本问题分析

我国足球协会的改革不能不说是锐意进取,但从学术角度观察,仍然存在如下几个方面的基本问题:

(1)协会主体性质模糊,法人属性难以厘清

根据我国《民法典》的规定,法人是与自然人相对应的概念,是法律赋予社会组织具有法律人格的一项制度。其主要分为三类,即营利法人、非营利法人和特别法人,但是我国运动项目协会的法人属性依然模糊,并未对其进行完全的确立。在运动项目协会的社会实践中,因为各单项体育协会可以行使一部分公共事务管理权,导致其具有一定的"公法人"职能。但是根据《民法典》和《社会团体登记管理条例》的规定,单项体育协会应为社会团体法人,即"非营利法人",隶属于民事主体范畴,其本身不具备"公法人"的法律人格。由此导致的问题就是,运动项目协会的权力行使和权力监督具有一定的分裂性,即行使处罚权时遵循行政程序并承担行政责任,接受监督和制约时则转变为民事主体。2012年,由于违反《社会团体登记管理条例》第33条第1款第8项规定,中国足协受到民政部的行政处罚。[①] 根据《社会团体登记管理条例》的规定,社会团体严禁从事营利性活动,并在该条例第30条制定了处罚方式。然而,目前被定位为社会团体法人的足协为证明其"脱钩"后仍有资金保证正常运转,从事营利性活动不可避免。在行政执法方面,《财政部、国家计委关于事业单位和社会团体有关收费管理问题的通知》等文件明确规定,"经营服务性收费由价格主管部门进行管理,从事经营活动,必须经工商行政管理部门登记注册"。分析该规定可知,行政管理部门既希望鼓励有关事业单位和社会团体

---

① 赵毅、王扬:《以市场经营权能为依托的地方足协自治路径研究》,载《北京工业大学学报(社会科学版)》2018年第1期。

进行营利性活动,又有社会组织难以保持其公益性的隐忧。广东粤超体育发展股份有限公司诉广东省足球协会及广州珠超联赛体育经营管理有限公司案,可以认为是我国体育反垄断的第一案。在该案中,最高人民法院面对我国运动项目协会营利性经营行为的认定问题,最终驳回原告再审请求。[①] 这些困境在不同程度上反映出实践与法规之间的落差,也对立法机关以及政府部门对营利性行为和服务的立法界定提出了新的要求。

此外,根据《中国足球协会章程》第2条和第3条第1款的规定,中国足协是具有公益属性的团结全国足球团体和个人的,非营利性、全国性、体育类社团法人,其职能是依照法律法规的授权或者政府委托,管理全国足球事务包括但不限于研究制定足球的发展规划、方针政策,开展国际交往和技术交流等。显而易见,正是根据这样的章程理念,现在的中国足协才具有公、私法主体的双重属性。由此造成的局面就是,中国足协在法律规定上实现了成为一个私法主体的转型,但是实际行使职能的过程中,在其受托的政府权力范围内仍然扮演着行政主体的角色。进一步分析可知造成这种现象的原因有以下几点:一是,根据1999年颁布的《最高人民法院关于执行〈中华人民共和国行政诉讼法〉若干问题的解释》,运动项目协会在行使社会管理职权的时候处于行政诉讼的地位,所以,在实践中,常采用《行政诉讼法》处理体育运动项目协会的管理纠纷。尽管各单项体育协会并非政府机构,但是在其受托行使公共管理职能时也被列为行政诉讼案件的诉讼主体,这与法律规定的法人身份存在部分混同。二是,根据有关法律和章程的规定,各运动项目协会的会员组成应是一种自下而上的民主化自愿组建形式,但是在体育实践中,政府引导乃至主导的行政色彩相对突出,会员自觉自愿建立的属性则相对较弱。三是,中国足协在法律上是具有法人属性的社会团体,主要负责团结联系全国足球力量,推广足球运动,除具有一定的社团处罚权限以外,其本身不应该具备行政处罚权力。但是在足球运动实践中,其在下属的全国各级职业联赛中具有过多的管理和处罚权,某些处罚权限的行使已处于社团组织处罚之外而进入行政机关处罚职权的范畴之内。因此,从以上三个方面分析,足协的法人属性具有一定的模糊性,难以彻底与行政管理机构的身份属性相切割,这将会严重影响其对内对

[①] 姜熙:《开启中国体育产业发展法治保障的破局之路——基于中国体育反垄断第一案的思考》,载《上海体育学院学报》2017年第2期。

外行使相关职权。[1]

(2)协会内部缺乏专门监督管理机构和相关机制

改革后的体育协会,将掌握除赛事举办之外的更多公共权力,从而占有更多社会资源,完成由主管单位监管向以法律法规为依据的综合性监管转变。[2]运动项目协会改革的有序开展以及改革后的健康运行,离不开监督机制的有效控制,为了避免出现管理缺位、监管真空的情况,在推进单项运动项目协会改革时必须思考如何确保实现运动项目协会内部治理机构设置的民主高效、运行调控的公开透明。根据中共中央办公厅、国务院办公厅于2015年发布的《行业协会商会与行政机关脱钩总体方案》的规定,运动项目协会的实体化改革,必须形成产权清晰、有效制衡、协调运转、权责分明的法人治理结构。根据该规定,中国足协作为脱钩改革中的先行者,其改革设计方案也反复强调"依法自治""社团法人"等改革理念。

就整体而言,中国足协内部治理的组织机构已经具有了一定的完整性,但其内部管理架构仍然不健全。监督机制对决策和执行的控制是保持内部治理高效性的核心。一般情况下,监事会作为监督机构,承担着监管职能,但是纵观中国足协的发展改革历程,其并未在章程或者有关法规文件中对监事会的设置与职能进行明确规定。

考察中国足协目前的内部监管体系,就具体实施情况而言,主席办公室虽然承担着相应的监管职能,但由于领导权与监督权同属于该机构,导致监督作用并不能完全发挥。另外,纪律委员会和道德与公平竞赛委员会作为分支机构,也具有相应的监管职能,但纪律委员会主要侧重于惩罚比赛中的严重违纪行为,管理与足球运动项目有关的行业协会内部纠纷,道德与公平竞赛委员会则侧重于对违反道德与公平原则的相关行为作出判断和裁定,主要监管相关行为主体的行为规范和道德自律行为。分析可知,这两个机构主要进行事后追责,较少进行事前和事中监管,而且均以运动员和俱乐部为重点监管目标,缺乏面向协会内部工作部门的监督途径。且从层级上看,这两个机构都是主

---

[1] 王志文、张瑞林:《全国性单项体育协会脱钩后内部治理的完善——基于中国足协的实证考察》,载《天津体育学院学报》2020年第2期。

[2] 刘东锋、姚芹、杨蕾等:《全国性单项体育协会改革:模式、问题与对策》,载《上海体育学院学报》2018年第4期。

席会议下设的内部专项委员会,并不能有效行使对主席会议与秘书处的监督职能。①

(3)行政嵌入问题较为突出

中国足协从创立之初,就是依赖于国家体育行政主管部门而存在,成长并成熟于行政色彩相对浓厚的土壤之中,所以要在短时间内完全实现民间化和自主性的转变,不可谓不难。为了促进政社不分的前置难题的破解,促进运动项目协会内部治理机制的扁平化发展,必须理清政府部门和足球协会之间的责任划分。由于政策的推动作用,中国足协去行政化脱钩改革是最先进行的,也是最有效的。但根据《体育总局关于中国足球协会脱钩后各类工作事项调整办理方式的实施意见》可知,虽然对足球行业大部分事务性权力进行了下移改革,成为足球协会的职能,但是最终决定权仍然掌握在国家体育总局手里,该种现象意味协会自主权的建立并不彻底,许多重要事务的决策还是以体育管理行政部门为主,导致协会自身独立性较差,限制了行业协会的有效运作及影响力的控制。② 在改革中,足球事业发展长期处于国内领先地位的地方协会即广东省足协,即便该协会成立较早、历史悠久,依然保持着"省足管中心＋省足协"的模式,也未能在完全意义上达到《关于推进地方足球协会调整改革的指导意见》规定的,全面整改地方足球协会与其行政管理机关"两块牌子,一套人马"的组织架构之目标。③

在中国足协的人员任免方面,中国足协身为社团法人,其最高领导和主管行政人员并非经过自下而上的选举而来,而是内部人员的双向选择,采取事业编或合同制的方式。对中国足协的内部管理人员任免情况进行进一步的分析可以发现,其领导人员普遍都存在着政府工作经历,体育管理行政部门的领导人员也在一定程度上承担了部分足协工作。例如,在足协十届三次会议后,20位执委中,有九成委员都有体育、教育行政部门的政府背景。④ 就地方足协来

---

① 郑志强、李阳、冯晓丽:《中国足球协会内部法人治理结构的优化策略》,载《体育成人教育学刊》2020年第4期。

② 王家宏、蔡朋龙:《国家治理视阈下全国性单项运动协会改革与发展的现实审视与推进策略》,载《成都体育学院学报》2018年第6期。

③ 叶林、陈昀轩、樊玉瑶:《中国体育管理体制改革的困境与出路——基于足球改革的调查》,载《中国行政管理》2019年第9期。

④ 胡佳澍:《政社分离视域下政府对中国足球协会的嵌入性治理》,载《沈阳体育学院学报》2017年第4期。

说,前述广东省足协管理中心的部分领导,仍然具有在广东省足球协会任职的事业编制。可见,虽然足协改革后,开始与政府部门脱钩,但其背后的行政意志还是会不断影响足协内部管理机制的运行和调控。

(4)协会章程、制度设置与具体落实还有进一步完善的空间

按照《中国足球协会章程》的规定,其内部治理结构的核心设计包括:第一,会员代表大会作为协会内部治理体系中的最高权力机关,其职责主要是颁布及修订章程,决定足协主席、副主席、秘书长等的人选,并对协会的一切重要事务享有决定权。第二,执委会属于执行机构,负责执行会员代表大会的决议。第三,主席办公会议是执委会闭会期间的决策机关,该会由协会主席进行召集,行使指导、管理、服务、监督职责。第四,秘书处下设28个办公室,属于主席办公会下设的处理行政事务的部门。第五,足协还设立了16个专项委员会,在协会章程中,对作为司法机关的仲裁委员会进行了强调,表明其是专门处理足球领域内部纠纷的仲裁部门。[1]

然而,在协会的现实运作中,其并未严格按照协会章程行事。例如,2015年脱钩改革后,足协会员代表大会仅举办了一届;执委会会议每年仅召开三次,难以满足其在会员代表大会闭会期间全权处理足协所有事务的需求,从而导致足协真正的执行权落入主席办公室手中,并由其下设的秘书处进行具体负责。所以,在实践中主席办公室拥有大部分的具体执行与决策权,会员代表大会、执委会的最高决策权在一定程度上存在架空的现象,这就导致了足协决策权力下移后,治理的民主性存在有名无实的情形。[2] 所以,按照足协章程规定承担决策监督职能的理事会,在内部治理机制的运行中,其职权被弱化,一般以议事咨询的角色出现。由此可见,足协改革进程中行政链入是不可避免地存在的,这在一定程度上对足协章程中部分管理人员产生方式的规定造成了冲击。

在我国足球运动项目协会改革过程中,法人内部治理结构和协会章程上的瑕疵,以及在实践中对改革方案的彻底贯彻落实,一直是改革过程中的重点课题。这一问题本身具有两难性:一方面,放则乱;另一方面,管则死。如何兼

---

[1] 中国足球协会:《中国足球协会介绍》,http://www.thecfa.cn/gyzx/index.html,最后访问日期:2024年5月17日。

[2] 王志文、张瑞林:《全国性单项体育协会脱钩后内部治理的完善——基于中国足协的实证考察》,载《天津体育学院学报》2020年第2期。

顾两者,的确考验决策者和改革者的重大平衡能力。协会在改革后,能否具备可持续的自我管理能力,关键在于是否根据协会宗旨和现实情况做出以下举措:一是制定出科学合理的规章制度,构建科学化的法人内部治理架构,并进行贯彻落实;二是在改革推进过程中,行政链入应把握介入与放手的合理节奏。

(二)篮球运动项目协会内部治理检讨

1.篮球运动项目协会及其内部治理简况

(1)中国篮球运动项目协会发展简况

1956年6月,中国篮球运动项目协会正式成立。按照《中国篮球协会章程》的规定,中国篮球协会是具有独立法人资格的全国性群众体育组织,是由各省、自治区、直辖市篮球协会、各行业篮球协会及解放军相应的运动组织为团体会员组成的、全国性、非营利性的联合组织,是中华全国体育总会的团体会员,是中国奥林匹克委员会承认的奥运项目组织,是代表中国参加国际篮球联合会和亚洲篮球联合会的唯一合法组织。[①]

《中国篮球协会章程》规定,篮协的业务范围主要包括:(1)篮球项目的管理,加强篮球运动科学研究,制定篮球发展政策、战略、计划。(2)经政府有关部门批准,制定、解释和执行与篮球运动有关的行业标准和规范、纪律规则、道德准则;加强行业自律,维护会员权益,为会员提供服务;促进地方、行业篮球协会的改革发展;建立健全内部纠纷调解、仲裁机制。(3)推动青少年篮球、儿童篮球及其他社会篮球的普及与提高,并且加强篮球专业人才的培养。(4)主办全国性篮球赛事(另有规定的除外),并组建、运营国家各级篮球队。(5)严格篮球俱乐部准入,规范管理,促进其持续稳定发展等。[②]

如其他体育运动协会的发展进程一样,中国篮球协会的发展和变革也受到国家历史发展、经济政治运行体制以及相应的体育管理体制等的影响。

第一阶段:成立与调整时期(1949—1977年)。中华全国体育总会于1949年10月在北京召开筹备会议,并于1952年6月召开了中华全国体育总会成立大会,成为全面领导全国体育工作的主要机构。针对我国篮球运动技术水平落后、专业人才不足、训练环境困难、篮球设备凋敝等的现状,中华全国体育

---

① https://www.cba.net.cn/aboutzzjj/index.jhtml,最后访问日期:2024年5月17日。
② 参见《中国篮球协会章程》第13条。

总会开启了重建的征程。1956年6月,中国篮球协会正式建立,其成立不仅进一步推动了我国篮球事业的蓬勃发展,扩展了篮球运动的社会基础,还在体育比赛中,推动我国篮球运动项目走向了"59高峰"①。这个时期,我国篮球运动项目进入了高速发展时期;在与世界各国的交流和竞技中,建立了训练和培养制度;更为重要的是,确立了狠、快、灵、准的作战方案;明确了"以我为主、以攻为主、以快为主、积极防守"的战术指导思想;总结了"快攻、跳投、紧逼防守"三大制胜法宝,使我国的篮球运动逐步接近世界先进水平。在这个时期,我国男女篮球比赛在国内外重要赛事中都获得了令人瞩目的成就,显示出了新中国体育事业建设的硕果。②尽管我国篮球协会组织的发展在20世纪60年代一度陷入停滞,但依靠职工篮球联赛等业余篮球运动的广泛开展,大众篮球活动仍然是中国生命力最活跃的体育运动。

第二阶段:复苏与崛起时期(1978—1994年)。篮球运动项目协会在20世纪70年代末期到90年代中期,走上了第二个发展高潮。1992年,我国女子篮球队在西班牙举行的第25届奥运会比赛中获得亚军;1994年,我国男、女子篮球队成功入围世锦赛八强,这一成就达到了篮球运动进入我国以来的最高水平。这一历史时期,既体现了我国改革开放中体育运动的开拓奋进精神,也体现了中华健儿为国争光、复兴中华民族的责任心和使命感。在篮球运动项目协会改革方面,虽然这一时期仍受到我国体委的直接领导,以及全球体育总会的业务指导,具有较为浓厚的行政色彩,但其向着实体性社会化方向的摸索已开始显现。随着中国社会主义市场经济体制的逐渐形成,我国现行的运动项目协会管理模式已无法满足中国体育事业全面发展的要求,实践证明,逐步由国家体育行政部门直接管理体育项目的模式,过渡为间接管理模式,形成运动项目协会为主要负责和管理主体的法人治理模式是十分必要。

第三阶段:改革与探索时期(1995—2016年)。1993年,国家体委印发《关于深化体育改革的意见》,明确提出加快运动项目协会实体化步伐,建立具有中国特色的协会制的重要改革举措,为我国篮协的改革与发展提供了依据。③

---

① "59高峰"是指我国1959年第一届全国运动会举行,我国篮球事业的发展进入高峰期的现象。

② 《中国的篮球运动发展编年史》,http://sports.sina.com.cn/k/2005-12-07/ba1921316.shtml,最后访问日期:2024年5月17日。

③ 李良、曹烃、钟建伟等:《〈美国人身体活动指南第2版(2018)〉解读及启示》,载《体育学刊》2019年第5期。

1995年,以篮球竞赛体制改革为突破口,国家体委迈出了职业化改革的第一步。1997年11月24日,国家体育总局进行了运动管理体制改革与运行机制调整,国家体育总局下辖的篮球运动管理中心正式设立,从此,"管理中心＋运动协会"的管理结构开始发挥作用,"两块牌子＋一套人马"的管理体制开始运行。在这一历史时期,我国篮协还先后创办了CBA、WCBA、NBL、男篮、女篮联赛等赛事。但是,在计划经济向社会主义市场经济转变的特殊历史时期,中国的体育事业发展仍然侧重于竞技运动范畴,举国体制下的管理体制仍然是中国奥运会夺金的主要保障,所以,这一阶段的发展也产生了体育产业化与举国体制的冲突。篮球作为中国竞技体育运动的非常重要的"三大球"之一,更需要承担起在国际赛事中取得优异成绩的历史使命。[①] 由于社会主义市场经济体制改革的不断深化,篮球运动项目协会的行政化管理与实体化实践之间的冲突日渐明显,其运动管理体制的消极影响逐渐凸显,理论建设与实践的发展也开始脱节,改革已经开始迫在眉睫。

第四阶段:发展与机遇时期(2017年至今)。2017年2月23日,在中国篮球协会第九届全国代表大会上,姚明当选新一届中国篮协主席。改革后的中国篮球协会实行主席负责制,此举表明篮协的领导层面已经开始施行独立运行模式,在制度设置上摆脱"政社合一""管办一体"的传统方式,进入更加专业化、社会化、标准化和国际化实体化发展的新阶段。但实效如何,仍然有待进一步的观察。

(2)中国篮球运动项目协会内部治理改革简况

国家体育总局办公厅于2017年3月31日印发的《关于篮球改革试点有关事项的通知》规定,从4月1日起国家体育总局篮球运动管理中心承担的业务职责正式移交中国篮球协会。在权力转移之后,篮协编写了《中国篮球发展战略规划》《中国篮球协会品牌规划》等改革发展设计规划方案,并着手组建了九个业务职能部门;[②]设立了党委、纪委、财务、法务和外事办公室;为了吸纳更多社会新力量支持篮球运动项目协会的改革和发展,还换届了10个专项委员会。

其后,中国篮球协会还平稳完成CBA管办分离改革。经过一系列"脱钩

[①] 柴云梅:《中国篮球协会实体化发展研究》,载《成都体育学院学报》2016年第5期。
[②] 包括综合部、国家队管理与外事部、青少年发展部、社会发展部、联赛部、三人篮球部、竞赛部、技术部、公关与市场部。

改革"措施的贯彻落实,篮球运动管理中心只留下极少数正式工作人员编制,以处理国拨经费以及各级国家队外事出访工作的审核等少数具有行政性质的职能。2020年7月,中国篮球协会根据《全国性行业协会商会章程示范文本(试行)》的规定,对协会章程进行了修订,将原有的五级管理结构精简为会员代表大会、执行委员会、秘书处三级管理结构,从而清晰地界定了会员人大代表的立法权、执委会的领导权以及秘书处的执行权,极大地推动了中国篮球协会运行调控的有效进行,也在规范维度赋予了各内部治理机构更多的自主权。①

根据修订后的《中国篮球协会章程》的规定②,改制后的篮球协会是具有自主性的全国性、行业性、非营利性实体化社会团体组织。从应然角度来说,实施"管办分离"之后,篮球运动管理中心主要负责方向性政策的制定以及有关行政性事务的管理,在总体上把控我国篮球运动的发展,推动体育事业的协调性发展,比如:优秀运动队建立、后备培养、项目登记管理、比赛规程制定、裁判队伍建设、比赛管理工作和开展、等级培训、反兴奋剂管理工作等。③ 但是,从实然角度来看,虽然篮球运动管理中心与中国篮球协会已经进行了多轮的脱钩改革,但二者在管理经营方面仍存在着一些交叉与重叠。比如,在一定时间段内,篮管中心主任同样也是中国篮球协会的副主席。所以,从《体育法》《中国篮球协会章程》以及与国家体育总局、篮球运动管理中心之间的关系等多角度分析,中国篮球协会形式上发生了变化,但仍然具有一定的官、民双重性质。④

从图2-2可以看出,中国篮球协会的最高权力机构是会员代表大会;⑤执委会是会员代表大会的执行机构;⑥负责人包括主席1名,副主席1~2名,秘书长1名;⑦还设有2名监事,任期与执委任期相同,任期届满可以连选连

---

① 陈丛刊、谢佳杨:《协同治理视角下中国篮球协会改革路径研究》,载《浙江体育科学》2021年第1期。
② 参见《中国篮球协会章程》第3条。
③ http://www.sport.gov.cn/lqzx/,最后访问日期:2024年5月17日。
④ 王飞、王晓东、张加军:《新时代我国篮球行业协会内部纠纷核心利益主体探究——基于"利益相关者"理论》,载《吉林体育学院学报》2018年第5期。
⑤ 参见《中国篮球协会章程》第25条。
⑥ 参见《中国篮球协会章程》第27条。
⑦ 参见《中国篮球协会章程》第37条。

任,①中国篮球协会接受并支持委派监事的监督指导;②中国篮球协会还建立民主协商和内部矛盾解决机制。

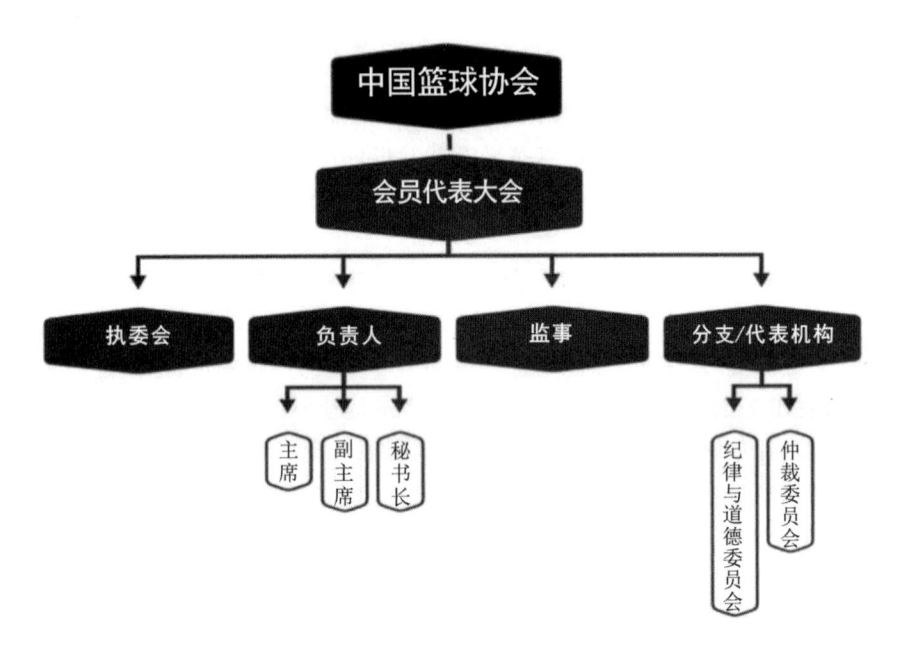

图 2-2　中国篮球协会内部组织结构图

此外,中国篮球协会还设有大量的分支机构和代表机构,作为篮球协会的组成部分,其只能在协会的授权范围内进行业务活动、发展协会会员,不能另行制定章程,更不具有法人资格。③

2.我国篮球协会内部治理基本问题分析

(1)职能划分尚须进一步清晰

首先,如上所述,体育运动项目管理中心与相关运动项目协会之间的关系、职能的界定,仍是一个普遍性的问题,有关中国篮球协会与篮球运动管理中心的职能划分的规定具有一定的宏观性,在实践操作中并不清晰,相对于具有行政管理职能的运动项目管理中心,中国篮球协会在与其进行职能分割的

---

① 参见《中国篮球协会章程》第49条。
② 参见《中国篮球协会章程》第50条。
③ 参见《中国篮球协会章程》第55条。

对抗中,并不具有力量优势,其自主性难以得到明确保障。所以,就导致中国篮球协会在理论上属于民间的社会团体,不隶属于任何政府部门,但事实上深受国家篮球运动项目管理中心的影响,而无法有效地发挥其功能。一方面,按照相关章程规定,隶属于篮球运动项目管理中心的工作人员,将不具备在篮协任职的资格,反之亦然。不过,在两个管理机构中实际上仍然存在篮球运动管理中心主任和中国篮球协会的副主席一人兼任的情形,这与"管办分离"有所矛盾。另一方面,《中国篮球协会章程》第13条所规定的业务范围,与篮球运动管理中心运动队管理部、竞赛管理部等部门的职能有交叉重叠之处。

(2)监管机制尚须进一步健全

在积极推进"放管服"改革和"管办分离""政社分开"的进程中,进一步强化我国运动项目协会的监督管理是实现协会改革有序推进的必要手段。但是,在运动项目协会内部治理的机构设置以及外部监管的运行调控方面,都存在一定的缺位,这就导致我国篮球协会在改革发展过程中,很难避免不符合规范行为的产生。[①] 就外部监管来说,由于缺乏相关配套制度的设置,国家体育总局和篮球运动管理中心对中国篮球协会的监管尚需厘正,而社会第三方机构对篮协的外部监督力度则需要进一步强化,由此可知,需要从规定上进一步规范行政部门的监管,以及从制度上进一步强化社会监督,双管齐下。就内部监督机构的设置来说,《中国篮球协会章程》所规定的纠纷解决机制,特别是对纪律与道德委员会、仲裁委员会的相关规定,总体上过于宽泛,还需更加严谨细致和完善的相关细则予以支持,相关配套机制也有进一步完善的空间。由此可见,运动项目协会内部纠纷解决机制和监督机制的独立发挥还有待细化完善,内部监督和外部监管相融合的监管合力之改革尚未完成。

(3)治理依据尚需与时俱进

"法律是治国之重器,良法是善治之前提。"现阶段,可以指导中国篮球协会发展改革的规范主要有《社会团体登记管理条例》《社会团体行业协会管理办法》《全国性体育社会团体管理暂行办法》等,但专门性的指导项目协会内部治理改革的法律法规相对欠缺,且现有规定在数量和内容上仍有一定提升空间,特别是有关法律法规的内容亟须进一步增补、更新与充实,强化管理监督,推动篮球行业规范化发展。中国篮球协会内部管理改革,值得肯定之处在于,

---

[①] 陈丛刊、谢佳杨:《协同治理视角下中国篮球协会改革路径研究》,载《浙江体育科学》2021年第1期。

其进行了财务制度、人事管理制度的重新制定以及相应的内部管理机构的设置,在规范化层面上实现了成为业务主管机构的转化。然而不得不提的是,在社会治理以及行业自治的视角下,篮球运动项目管理中心的权力边界在哪里,中国篮球协会的职能范围有多大,仍然需要进一步明晰。如果缺乏法律赋予的充分权力,处于改革深水区的中国篮球协会将会显得力不从心。[①] 针对体育改革过程中遇到的新问题,虽然《中华人民共和国体育法》已于2022年6月顺利修订通过,但对于《体育法》未规定事项以及其中涉及的有待进一步制定配套政策的事项,仍需要加快立法步伐,不断完善我国立法体系。

(4)运营的外部环境等其他方面存在的一些问题,面临着外部环境方面的客观制约

例如,中国篮球协会在整体社会资源利用效率的提高、社会影响力的形成和提高、与社会各领域的协调合作机制等方面,还有学习国外篮球大国运营经验的空间。篮球协会作为体育社会团体机构,必然担负着公众体育服务的重担,经过改革篮球协会的服务能力与商品供给能力大幅提升的同时,也面临着进一步发展的瓶颈,特别是满足不同层次的篮球运动服务方面,还需在进一步深化供给侧结构性改革的基础上,推动自身民间化、自主化和服务高质量供给的与时俱进。另外,因为各地区社会经济和文化发展程度的差异,以及篮球运动设施基础差距,导致各地方篮球协会运营思路和收益存在较大的落差,这也难免造成中国篮球协会与地方篮球协会实体化的动力、压力,以及进程和方向存在不统一之处,部分抵消了改革合力的形成,等等。

(三)排球运动项目协会内部治理检讨

1.排球运动项目协会及其内部治理简况
(1)我国排球运动项目的发展简况

20世纪初期,国外流行的部分体育运动项目开始传入中国,其中就包括排球运动。根据有关数据表明,排球运动最初称为"队球",我国南方最早在1905年就开始逐步开展排球运动,经过大量热衷于排球运动的先驱者的传播,排球运动在中国南部沿海等社会经济、文化教育比较发达的城市中逐渐发

[①] 刘武军、颜海波、杨红丹:《组织变革理论视角下中国篮球协会实体化发展研究》,载《南京体育学院学报》2020年第7期。

展,后传布各地。① 随着排球运动的传播和发展,早在1913年,我国就建立了排球队,并首次参加了在菲律宾举行的国际性的排球比赛。这次参赛标志着中国排球队的建立。新中国成立后,排球运动开始正式归为国家重点发展的体育项目。1951年,中国国家男、女排代表队组建后,我国体育运动的行政管理部门成立了排球运动项目协会。此时期的排协,在吸取苏联相关先进经验的基础上,开始迈出了排球运动项目的由弱到强、由小到大的坚实步伐,并在1981—1986年间获得女排"五连冠"的瞩目成绩,中国排球运动在全国迅速形成一股热潮,被大众广为熟知,造就了我国排球运动长期以来浓厚的群众基础。②

中国排球协会是中华人民共和国具有法人资格的、全国性的、自愿组成的、非营利性的管理排球运动的行业性群众体育社团组织。根据《中国排球协会章程》的规定,中国排协的业务范围是根据国家的体育法规和有关方针政策,以及国际体育组织的有关规定进行划定的,并按照国家政策积极开展与排球相关的经营活动,为排球运动的发展筹集和积累资金,促进排球运动产业化。

(2)我国排球运动项目协会内部治理改革简况

从图2-3可以看出,中国排球协会的最高权力机构是会员代表大会,③根据工作需要由执行委员会决定可以提前或延期举行;④全国委员会是会员代表大会的执行机构,在会员代表大会闭会期间领导本会工作;⑤执行委员会在全国委员会闭会期间负责行使全国委员会的部分职权,常务委员会是管理本会业务的常设办事机构,处理本会的日常事务。⑥除此之外,中国排协还设有8个专项委员会⑦,作为排协的专业性工作机构,在执行委员会常委会组织指导下开展工作。⑧

---

① 《中国排球史连载(二)》,http://www.volleychina.org/2020-06-30/doc-iirczymk9728064.shtml,最后访问日期:2024年5月17日。

② http://sports.sina.com.cn/cva/table/2019-08-13/doc-ihytcern0459670.shtml,最后访问日期:2024年5月17日。

③ 参见《中国排球协会章程》第18条。

④ 参见《中国排球协会章程》第22条。

⑤ 参见《中国排球协会章程》第19条。

⑥ 参见《中国排球协会章程》第31条。

⑦ 包括竞赛委员会、训练科研委员会、裁判委员会、宣传委员会、俱乐部委员会、青少年委员会、沙滩排球委员会、市场开发推广委员会。

⑧ 参见《中国排球协会章程》第38条、第39条。

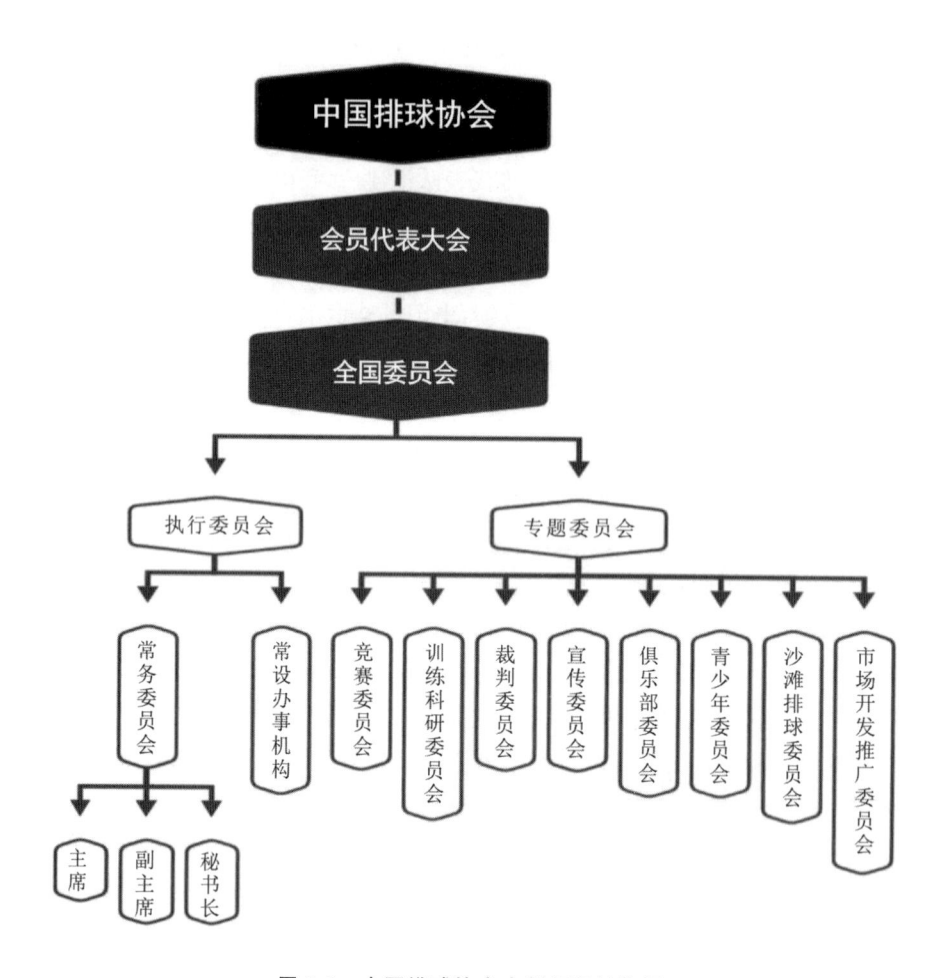

图 2-3　中国排球协会内部组织结构图

　　就目前的管理结构而言,像大部分体育协会一样,我国排协主要是通过国家体育总局进行统辖,并由排球运动项目管理中心对排协进行具体的行政管理。排球运动项目管理中心是隶属于国家体育总局的事业单位,对排球运动的具体事务和方针政策进行统一的协调和指导,其在行政管理部门和各体育协会中是上接国家体育总局,下启体育协会的桥梁,发挥着承上启下的重要作用。所以,在两者的关系中,排协虽然是处理排球运动项目一般性事务的主要社会团体,但是其依然受到排球运动项目管理中心,在组织体制、规划、发展方向等方面的领导和指挥。对两者承担的角色进行划分,则可以发现,排协更像是运动项目管理中心具体事务的执行机构,虽然从规范设计和制度设置来讲,排协和运动项目管理中心在机构运行上是完全独立的,但是,在内部人事任职上,我国排球协会的管理层主要工作人员与政府部门又是基本相同的,这就导致政府部门在排协的发展中一直处于事实上的主导地位。由于排球运动项目一直受到体育主管部门的高度重视,所以导致其成为夺金的重点运动项目,为保障其竞技能力的提高,政府部门对排协多有资金支持,所以就财政来源来说,目前排协发展所需要的大量资金主要来源于政府对排球运动项目的财政拨款。以上种种,使得排协的实体化发展,在一定程度上与市场发展的要求以及协会改革的思路存在很大的区别。

2.我国排球协会内部治理基本问题分析

(1)行政观念仍需淡化

我国运动项目协会管理体制,从建立之初就受到举国体制的影响,从而导致我国运动项目协会内部治理中"管理者为上"的理念贯穿和深入内部治理体制机制的方方面面。冰冻三尺,非一日之寒。基于前述对我国排协改革发展简史之梳理可知,虽然在外部形式上,排协是对排球运动进行管理的主要机构,但是在实质上,排球运动项目管理中心依然对与排球运动有关的竞赛、培训、文化交流活动等,起到主要的领导作用,成为主导排球运动改革发展的主要存在。这种管理机制体制仍然残留着较为浓厚的行政观念,导致运动项目协会内部治理有依赖政府及其行政人员管理的倾向,市场化的社会各要素参与的途径和方式还需要进一步拓展和拓宽。行政化或偏行政化的内部协会治理运作方式滞缓了市场化的进路,也成为连锁引发其他问题的先导性、基础性和根本性的不利因素。

(2)机构设置、制度设计尚需进一步完善

新中国成立以来,我国体育事业的建设之路,经历了三次相对比较具有规模性的变革,逐渐从以前计划经济时期的举国体制开始过渡,以期更符合社会主义市场经济的实体化和市场化管理模式,但是定位到具体的运动项目协会内部治理中,机构设置和制度设计仍然存在较大的差距,还有锐意进取的空间。根据前述,中国排协的机构设置主要以权力机构和执行机构为主,监督机构和解纷机构的设置安排是其薄弱之处,缺乏有效的监督和化解纠纷的后勤保障能力的"一条线"式的机构设置,使得排协很难形成一个完善的内部治理组织机构,其在现实中发挥的作用更类似于一个组织体的执行部分。机构设置的部分缺失薄弱也使得以机构为基础的制度设计在落地和实效发挥方面大打折扣。因此,机构设置、制度设计不完善是排球项目协会内部治理无法顺畅运行的关键,使得排协工作无法正常开展,亟须予以制定与完善。

(3)市场化程度尚需强化

为融入国际体育事业的发展潮流,与世界体育同步接轨,排球项目的发展已经逐步引入社会主义市场经济的大环境中,但排球作为我国的奥运项目,承担着为国争光的艰巨任务,受到政府的高度关注和重视,中国排球协会在管理、运行方面还是主要依靠政府的行政力量。政府行政力量的过度介入,在资源聚集方面有其积极之处,但也使得社会力量难以持续长效地参与到中国排协的建设和发展上去。这也就导致排协通过开展排球相关的活动,吸引商业赞助、转让转播权增加协会收入来源的自我"造血"能力相对较差,协会的存续和发展仍然主要依靠政府的财政补贴。过于单一的资金来源和构成,使得排协与政府的脱钩关系难度更大,对去行政化的自主性、民间化改革进程带来消极制约。毋庸讳言,在相当长的一段时间内,中国排球的发展还需要紧密依靠举国体制,但中国排协要想走得远、走得稳,就需要坚持举国体制和市场化"两条腿"走路,妥善处理好二者之间的关系,将市场化的资源配置优势和举国体制的行动效率优势结合起来,走出一条运动项目协会内部治理的中国式现代化的道路来。

(四)武术运动项目协会内部治理检讨

1.武术运动项目协会及其内部治理简况

武术运动被誉为中华民族的文化瑰宝,是一项内涵丰富,形式多变,具有独立体系和多种社会功能的体育运动项目。在我国五千年的历史发展长廊中,武术运动曾经历过"官文化"的显赫影响力(武举制),也曾扮演过"雅文化"的世俗角色,数千年来传承不息。新中国成立后,特别是改革开放后,我国优秀传统文化日益受到政府部门和社会各界的广泛关注,武术运动作为中华传统文化中最具有中华民族特征的文化符号之一,是"中华民族的基因",中华武术传统文化的继承和发扬为武术运动的发展创造了积极宽广的条件空间。[1]

(1)武术运动项目协会改革发展简况

中国武术协会组建于1958年,这个组织自成立以来,一直致力于继承和

---

[1] 赵海涛、刘佳丽:《传统与现代:破解民间武术组织发展困局的路径抉择》,载《北京体育大学学报》2018年第9期。

发扬中华武术的优秀文化遗产,该协会作为我国全国体育总会领导下的,管理武术运动的唯一全国性运动项目协会,主要是由全国武术运动工作者和教练、武术活动积极分子等关注和支持武术体育发展的社会各界人士,自愿组成的非营利性的群众组织。中国武协组建成功后,在体育政府管理部门的推动下,各地区相继成立地方武术协会,我国武术协会成为从中央到地方的系统性社会团体。改革开放后,随着体育改革的深化,1990年4月,国家体委颁布了《关于中国武术协会实体化的通知》,决定将中国武术协会向实体化过渡。根据体委下发的实体化改革政策,实体化改革后的武协,既是国家直属事业单位又是中华体育总会的团体会员,其与运动项目管理中心的关系开始摆脱以前上行下效的机构模式,在两者协同管理的基础上,以社团为基本组织形式进行发展活动。这次的实体化改革,削弱了国家体委的管理职能,强化了运动项目协会的自主权力,推动武协实现了由"被管理者"到"合作者"再到"自由人"的过渡。目前,中国武术协会由各省、自治区、直辖市、计划单列市武术协会,各行业体协、高等院校、其他具有合法地位的武术社团组织以及热爱武术事业的人士组成,是武术行业的全国性非营利性社会组织。[①]

(2)武术运动项目协会内部治理简况

从图2-4可以看出,根据《中国武术协会章程》的规定,中国武术协会的最高权力机构为会员代表大会;[②]常务委员会则是会员代表大会的执行机构;[③]中国武术协会还下设有秘书处办公室,在主席、副主席领导下,由秘书长负责,处理协会的日常工作。[④] 除此之外,中国武术协会还设有多个专业委员会[⑤],依据章程的规定,履行各自的工作职责。[⑥]

2.我国武术协会内部治理基本问题分析

(1)体制改革尚未完成

虽说"一套人马,两块牌子"的武术协会发展格局曾经对武术运动的成长产生了一系列积极影响,极大地推动了我国武术运动的标准化、制度化和国际

---

① 参见《中国武术协会章程》第2条。
② 参见《中国武术协会章程》第13条。
③ 参见《中国武术协会章程》第16条。
④ 参见《中国武术协会章程》第26条。
⑤ 包括教练委员会、裁判委员会、科研委员会、新闻委员会、产业发展委员会、传统武术委员会、全国武术学校工作指导委员会7个专业委员会。
⑥ 参见《中国武术协会章程》第27条。

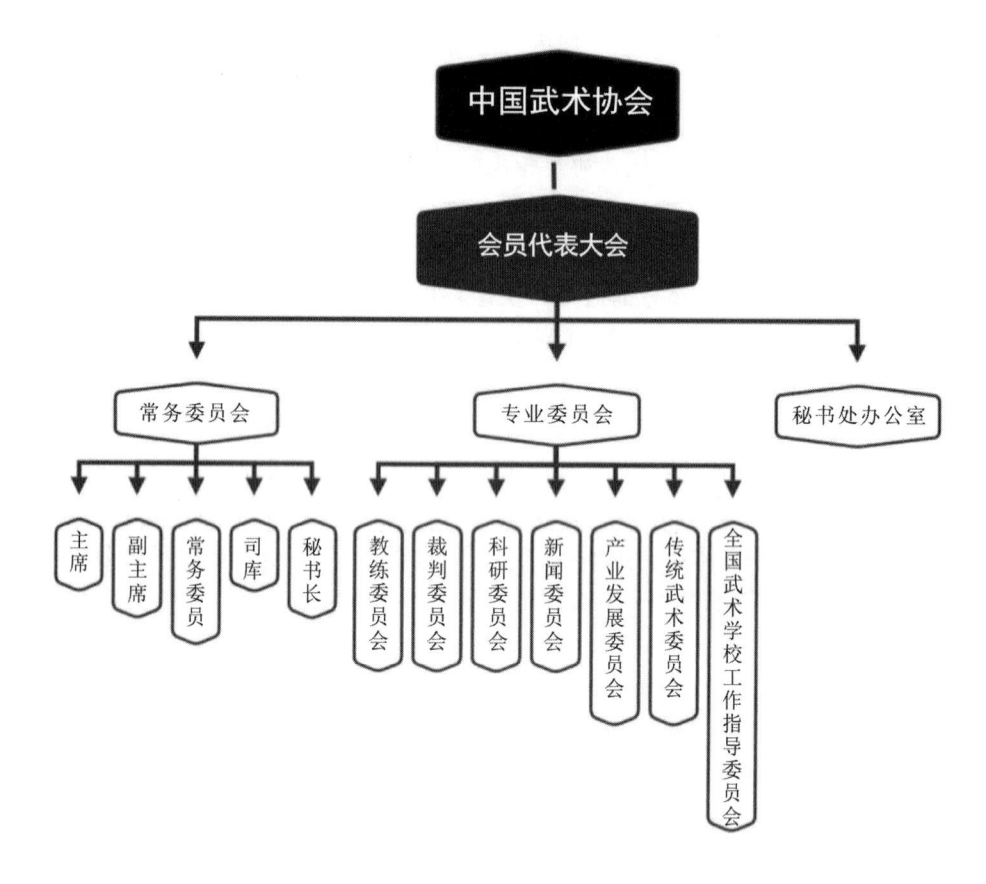

图 2-4　中国武术协会内部组织结构图

化,但是,此种模式难以支撑武术运动进一步的成熟与独立。一方面,机构设置不完善,导致社团的机构运行功能难以得到充分发挥,特别是相当一部分的地方性武术社团机构设置滞后,导致整体的机构运行效率较低,无法形成覆盖全国、充满活力的社团协作格局。另一方面,由于政府主导体制的改革相对来说比较落后,导致武协的行政色彩依然较重,行政主导体制下的民主化和市场化发展不充分,内部管理机制的选举,通常就变成人们所说的"举举手,拍拍掌",失去了该制度存在的真正意义。深化武术事业改革发展,合理设置体育总局武术中心、中国武术协会、武术研究院的组织结构迫在眉睫,中国武术协会实体化改革依然任重而道远。

（2）参与市场程度不足

虽然,中国武术协会正以《武术产业发展规划(2019—2025)》为工作重点,着力促进中国武术体育市场化、产业化、国际化的建设,但从总体上看,目前中国的武术行业尚处在起步阶段,且武术行业的总体规模依然不大,还面临着市场竞争不强、社会开放协作水平不足、拳术产品标准不一致、专业技术水平不高的困难,迫切需要进一步加强统筹规划和有序引导。体育强国建设的进一步深入发展,使得武术产业发展基础不断夯实,市场不断壮大,并展现出高速成长趋势。

(3)制度建设落实不到位

制度建设落实到位,组织运行才能行之有效。基于前述对中国武术协会的介绍,协会内部基本不存在有效的监管制度,监管制度的缺乏,特别是社会监管的缺乏,不仅导致各种武术协会治理乱象,还限制了协调社会各界力量推动武术事业改革发展的格局的形成。因此,建立和完善武术协会的监管制度是非常必要的。

二、我国运动项目协会内部治理的四维分析

(一)问题诊定的方法论:四维分析框架

1.四维分析框架的引入

随着《脱钩总体方案》等相关政策的颁布,行业协会商会脱钩任务与时间表更加明确,有关运动协会内部治理改革进程已经逐渐展开,并在实践中得到有效体现。但是,源于运动协会内部、外部复杂化的套嵌关系和运行机理,实践过程中改革之路困难重重,各种问题错综复杂,难以形成理论化、系统化的问题解决模式,从而缺乏体系化的顶层设计的理论根据。对问题分析的精度和深度,直接影响到改革措施是否直指问题、直达病灶并直接奏效,因此,对我国运动项目协会内部改革的问题进行系统化和理论化的分析意义重大。基于此,本书引入四维分析框架,对我国运动协会内部治理相关主体及其相互关系进行统合研究,力争以新的视角研究我国运动协会内部治理存在的问题,寻求运动项目协会内部治理问题的务实解决。对我国运动协会内部治理问题进行分析的四维分析框架主要包括理念定位、机构设置、制度设计、运行调控四个维度。

四维分析框架的构建,主要是用于整理混乱交织的复杂问题,其目的在于揭示我国运动项目协会内部治理问题的复杂表现以及演化规律。具体而言,

基于我国运动项目协会内部治理问题要素间互相关联的现实,导致运动协会内部治理问题具有其独有的特征:一方面,我国运动协会内部治理问题具有一定的复杂性,运动项目协会作为管理全国单项体育运动发展事业的机构,受到与运动发展相关的关系链上不同因素与环境的影响,比如,各相关行政部门、地方运动协会、俱乐部、争议解决机构、国际体育组织等外部因素的影响;另一方面,我国运动协会内部治理问题具有一系列不确定性特征,我国运动协会内部治理的各级各类主体(会员及其代表、监事、专项委员、秘书长以及部门机构)具有独立自主实现特定治理运行的能力,并由于职能属性的不同,随环境变换表现出主动性和可变性,加之,运动协会内部治理受外部环境影响较大,导致问题的不确定性因素增加。最后,我国运动协会内部治理问题具有动态性特征,运动项目协会各运行系统要素之间、要素与周围环境之间的可变性,导致其在运行过程表现出开放性、动态性特征。例如,根据运动项目协会的发展需要,针对性的小范围改革随时在推进,与之相关联的问题随之发生变化。

我国运动项目协会问题的这些特征,使其难以产生正确的问题反馈,从而难以对症下药地指引改革的进行。据此,本书引入四维分析框架,力争条理化我国运动协会内部治理问题表现,为针对性改革方案的提出打下基础。

2.四维分析框架的定位

(1)理念定位

所谓理念,其实就是经由一定的认识过程,对从个别实践中概括抽象而成的普遍性观念进行一定的绝对化,所以可以认为,理念是一种理性化的思维认识或者思想行为模式,简单来说,理念是一种理性化的观点与主张。就其本质而言,理念既是客观实在的本质性体现,也是事物的内在特征的外在表现,具有逻辑性、概括性、深刻性、客观性等特征。

基于以上基础概念,我国运动项目协会内部治理四维分析框架中的理念定位一般分为精神文化型理念和组织制度型理念。

精神文化型理念,主要指在精神理念、价值观念、社会心理等要素的长时间作用下,经过长期的潜移默化的渗透,逐步形成的一种内含于我国运动项目协会内部治理中的主导意识。精神文化型的理念表现为运动项目协会内部治理的价值观,一经产生,则不易改变,有着比较强的历史延续性与社会稳定性,所以精神文化型的理念处于我国运动协会内部治理理念定位的更深层结构之中,它是我国运动项目协会内部治理理念的真正核心,代表着最基本的精神含义。

相对于精神文化型的理念而言,组织制度型的运动协会理念位于我国运动协会内部治理理念定位的表层,一般指国家体育总局、各运动项目协会根据相关政策以及对运动项目协会的理解,经过概括,总结为具体的法律法规、章程等行为规范。该理念所涉内容,主要作用在于界定各类体育项目协会主体的活动,相比于精神文化型理念的宏观指导性,组织制度型理念则更加具体严谨,对各治理主体和事务都有掌控力。又因为组织制度型的理念属于表层结构,故相对于精神文化型的理念,其观念转变更快。

基于此,我国运动项目协会内部治理问题的四维分析框架中的理念定位也主要是根据以上两个方面展开讨论。

(2)机构设置

机构,就基础定义来说,可以认为是由两个或两个以上结构体通过一定的联系和活动,相联接作用的结构体系。至于某一组织,机构即为构成组织的系统要素。机构设置的目的在于通过各机构之间的嵌套、合作,共同促进一个组织体的良性运行。运动项目协会内部治理的组织架构就是包含决策权的划分结构,以及各要素协调结构的综合组织体系,在这个综合结构体系中,需要以总目标和总战略为指引,把运动项目协会的结构要素配置在相应的位置上,确定其行为要求,规范其运行范围,从而建立起一个较为稳健的管理结构。

组织机构设置不合理,会严重妨碍运动项目协会的正常运作,甚至导致协会内部治理体系的崩坏。相反,架构合理、运行高效的组织机构能够最大限度地释放体育协会内部治理的力量,达到"1+1>2"的良好运作状态。我国运动协会内部治理的很多问题都与组织架构的不合理有关,要厘清这些问题,只有通过组织架构变革来实现。

一般来说,我国运动协会内部治理的机构设置主要包括:权力机构、执行机构、监督机构、解纷机构、其他机构,其设置最基本的要求是要满足国家治理体系和治理能力现代化建设的要求,充分发挥社会组织作用,实现政府治理和社会调节、居民自治良性互动。

(3)制度设计

制度设计是指各单项体育协会以总目标和总战略为指引,创造性设置和构建运动项目协会内部治理的组织架构,并明确各机构和成员等的职责、权限,以及相互之间的协调关系,以此提升协会的运作效率。一直以来,各学者一直十分关注各运动项目协会可以用来实现其内部治理目标的各项制度设计。在分析运动项目协会的制度设计时,不应该只简单地关注通用性的广泛制度以供运动协会内部治理使用,还要深入挖掘制度各组成要素更简洁、更规范的特性,从通用性制度要素到规范化特性要素的转移,需要制度设计者不仅仅要了解基本的制度组成要素,还要通晓要素细节。就运动协会内部治理来说,对于运动协会内部治理的制度规范和要求标准的建立可以简单地看作是制度设计,当然,制度设计成功与否,还与运动相关的诸多领域和外部环境有很大的关系,制度设计是否行之有效,是否能够达到令行禁止的实效,不仅有赖于设计本身的合理性,还取决于渗透其中的政治、经济和社会文化背景,这些因素可以为制度设计创造机遇,也可以造成一定程度的阻碍。

协会制度是一个系统,在进行制度设计时应从治理结构、组织结构、管理制度等方面入手,且必须考虑制度系统的完整性和有效性。合理高效的制度建设在完善运动项目协会内部治理、保障协会高效有序运转、提高体育资源配置效率,进而快速提升我国体育总体实力方面的作用尤为凸显。合理的制度设计发挥着助推器的作用,相反则阻碍运动项目协会的发展。

一般来说,运动协会的制度包括决策治理制度、执行治理制度、监督治理制度以及解纷治理制度等,一个合格的运动协会制度则必须符合体系原则、高效原则、科学性原则以及可操作原则等。

(4)运行调控

制度设计是静态的结构,组织运行则使其结构动态化。一般而言,运行调控是指在外部环境和内部组织的相互作用下,组织结构完成自我目标并实现自我功能的过程,包括组织制度的形成、组织冲突的协调、运行机制的健全以及运行过程的调控等过程。

在组织运行过程中,通过组织运行状态的反馈,运用法规、政策、行业规范以及道德等规范对组织运行中出现的问题进行干预和调整,纠正组织运行误差,将运行纳入正常发展轨道以保证组织正常运转的过程,可以认为是对组织运行过程的调控。简言之,所谓的运行调控,就是为保证组织内部治理目标的实现,而实施的跟踪与纠偏的过程,在运行调控过程中,通过不断地接收和交换协会内外的信息数据,根据设定的计划指标和要求,监控协会治理过程中实践行为的实施状况;若发现偏差,及时查明主要问题,并随着环境情况的改变进行自主调适,从而保障运动项目协会内部治理的组织结构能够根据设定的目标完成规划,或通过对行为方式进行调整确保组织目标实现。由此可知,运行调控目标的实现在很大程度上依赖于人与组织的关系以及组织与环境的关系。

就运动项目协会内部治理来说,协会内部机构为实现协会内部治理的目标,发挥机构设置的功能,并对运行过程进行调节和控制的过程就是运动项目协会的运行调控。我国运动项目协会的运行调控过程一般要受到我国协政环境、司法环境、社会环境、国际环境等方面的影响。

(二)问题诊定的定性论:四维分析应用

1.内部治理之理念定位

(1)精神文化型理念

精神文化型理念主要包含我国运动项目协会内部治理中的主导意识,表现在群众对协会内部治理的理想、信念、价值观、心理等多个方面。改革开放以来,我国运动项目协会内部治理的实体化改革逐渐展开,产生于"国家体委+单项协会"的管理模式下的治理理念逐步发生变化,开始从主观走向客观。运动项目协会内部治理的主导理念从主观走向客观,主要解决的就是内部治理的价值取向问题。在国家行政管理部门对运动项目协会进行全权管理的历史时期,其主要是通过威压型的行政手段塑造和规划各体育协会的改革发展,[①]而伴随市民社会的兴起和社会主义市场经济的发展,运动项目协会内部治理运行机制必须在适应新时期体育发展方式的基础上进行改革,顺应协会本身演变规律的内部管理体制的建立显得越来越关键。倘若运动项目协会内部治理的变革仍沿用行政管理部门主导的"命令—控制"治理模式,那么变革则很有可能会变成选择性、象征性的"流"局。[②] 所以,坚持体育协会改革的客观规律,并逐步巩固运动项目协会在市场资源配置以及社会文化方面的市场和群众基础,将是实现运动项目协会内部治理理念设计和运行方式转变的最有效改革途径。但是,我国在运动项目协会实体化改革初期,处于运动项目中心管理形式向协会治理过渡过程中,在体育领域并没有真正形成协会依法自治的理念,仍采用传统科层制决策方式,一定程度上限制了体育协会发展的活力,"换汤不换药"的名称变化并不能使体育内部治理根本性的问题得以解决。

---

① 汪流:《全国性单项体育协会改革的回顾与思考》,载《社团管理研究》2009年第2期。

② 罗思婧:《我国体育行业自治及其法律规制重构》,载《北京体育大学学报》2017年第3期。

(2)组织制度型的理念定位问题

目前,与运动项目协会内部治理改革相关的法律法规的制定方面,仍然存在着一系列的阻碍。第一,与运动项目协会内部治理改革相关的法律法规立法层次相对不高。目前,能够引导运动项目协会内部治理改革的规范,以部门规章和各类政策文件为主,仅有为数不多的政策文件来源于国务院,这类政策文件已经属于级别相对较高的规范,除此之外,如我国《民法典》也只是对非营利社会团体法人的性质、章程、会员代表大会和理事会作了概括性的规范,我国《体育法》第六章有关"体育组织"的规定也未涉及有关体育组织内部治理的具体内容。比较体育产业较为发达国家的体育社团法人治理的经验,可看出其社团立法制度中具体而又具有操作性的规范体系。第二,相关立法规定比较杂乱分散,且存在相互冲突的现象。虽然我国的运动项目协会按照《体育法》《社会团体登记管理条例》《反兴奋剂条例》等规定,可以行使章程制定和修改权、体育事务管理权以及兴奋剂违规行为处罚权等权力。[1] 不过,运动项目协会内部治理相关法律立法,存在着规范与规范之间交叉矛盾的现象,例如,我国《体育法》虽然对运动项目协会市场经营权限缺乏相对明确的规定,但是在原则上赋予其通过一定的市场行为自筹资金的权力,而《社会团体登记管理条例》则明确规定,体育社会团体禁止进行市场化的营利性经营活动,分析此规范可知,该规定赋予了运动项目协会从事一定的经营行为的权限,但是未对何为营利性、何为非营利性进行合理界定,因此阻碍了运动项目协会内部治理的改革实践。[2] 第三,导向性政策为主,专业指导性文件缺失。国务院下发的诸多政策文件具有极强的导向性和指导意义,引领我国体育事业发展方向。但国家体育总局在根据这些导向性政策文件指导运动项目协会改革时,对运动项目协会具体政策的制定缺乏主动性。整体来看,协会实体化改革以来,政策文件类型以纲领性文件为主,政策的单一性导致专业指导性文件系统性的缺失。除足球协会改革方案以外,国家体育总局还没有制定其他单项体育协会具体的实体化改革方案。[3]

---

[1] 杜念峰、张雯:《党的十九大文件汇编》,党建读物出版社2017年版,第16~28页。
[2] 刘苏、汤卫东、许兰:《基于法治的自治——后脱钩时代全国单项体育协会改革的思考》,载《武汉体育学院学报》2019年第8期。
[3] 丁明露:《中国体育单项协会实体化改革研究》,中国政法大学2020年硕士论文。

2.内部治理之机构设置

总的来说,就国家层面的机构设置而言,其最基本的要求是要满足国家治理体系和治理能力现代化建设,推进国家治理现代化。我国运动项目协会作为特定运动领域内自律性的自治主体,应当设立行使规范制定、行政实施、监督检察、定分止争等关键职能的内部机构,以确保协会有效运行。基于此,协会内部治理的机构设置主要包括:权力机构、执行机构、监督机构、解纷机构以及其他机构。

(1)权力机构的职能缺弱问题

我国运动协会的权力机构通常为会员代表大会,负责决议本会的重大事项。按照《全国性行业协会商会章程示范文本》以及各运动项目协会章程的规定,会员代表大会在协会中具有最高的权力地位,是各运动项目协会机构设置中本源性、基础性存在,担负着协会最高立法和决策权能,掌握着决定协会这个组织体"生死存亡"重大事件与活动的主宰权限。

会员代表大会只有按照章程规定如期合规召开,才能发挥其最高决策机构的作用,但是根据我国运动项目协会内部治理的相关调查显示,仍然存在少部分体育协会不按照规定定期举行会员代表大会的现象,通过对相关体育运动协会官网发布的协会治理信息进行检索,一些相对较小的体育运动协会,比如,中国高尔夫球协会,其官网显示近十年都没有召开过会员代表大会,一直由理事会代理会员行使大会的职权,对运动项目协会体育事务进行决策,该种现象与我国当前的运动项目协会改革目标背道而驰。根据运动项目协会重大事项必须通过会员代表大会决议这一章程要求,对于某些协会来说,会员代表大会形同虚设,会员(代表)大会机构功能的缺失导致协会内部重大事项难以得到科学民主的及时解决。

(2)执行机构职能过大的问题

因此尽管我国运动项目协会的领导机构称谓不一,但在职能履行方面存在着统一性,亦即在会员代表大会闭会期间领导本协会的日常工作,并对会员代表大会责任。经过对现行的运动项目协会章程的统计分析可知,协会执行机构主要存在两种类型:一种是理事会,另一种是执委会。如前所述,中国篮球协会的执行机构是执委会,在会员代表大会的领导下,其闭会期间,由执委会具体负责篮协的日常管理工作;而中国乒乓球协会的执行机构则是理事会。虽然我国运动项目协会执行机构称谓不一,但在职责承担方面具有一致性,都是在本协会会员代表大会的领导下,根据会员代表大会对重大事项的决策,在闭会期间具体负责协会内部的日常管理工作。现行体制下理事会(执委会)的组成成员包括主席、副主席、秘书长或其他具有同等地位、扮演类似角色、发挥同类功能的成员等。

就执行机构设置及其运行中存在的问题来说,主要表现在两个方面:一是执行机构设置不足。虽说目前我国运动项目协会基本都设立了相应的执行机构,但仍存在少部分运动项目协会执行机构设置混乱的情况,很多小型体育协会未设立执行机构,执行权力实际掌握在协会主席手中。二是执行机构职能过大的问题。由于执行机构是常设机构,而权力机构通常是相当长时期内定期召开,有时候甚至很长时间不召开,这也客观上迫使执行机构不得不代行权力机构的某些决策职能,从而导致权力机构与执行机构之间的职能倒置情形。

就执行机构组成人员而言,根据我国运动项目内部治理的现状,其具有如下特征:第一,人数设置不统一。我国运动项目协会在设立的执行机构中,执委会或理事会的人数设置无统一规则,多则五十人以上,少则一人,缺乏规范性。第二,产生方式不同。在执行机构组成人员的产生方式上,大部分经过选举方式产生,但也存在通过推荐方式产生的情况。第三,普遍存在兼职兼任的情况。根据协会章程的规定,一般情形下,禁止协会领导层的兼职和兼任。但是,调查各运动项目协会的人员任职状况发现,秘书长或副秘书长兼职情况并不鲜见,甚至存在秘书长或副秘书长职位空缺的情形,例如,在中国滑冰协会的组织机构设置中,主要由主席和副主席负责日常协会事务的管理工作,不设立秘书长,而是由副秘书长根据主席或副主席的工作部署和指令进行具体管理活动,并且由主席和副主席对执行行为进行监管,即副秘书长对主席负责,这种机构设置在一定程度上模糊了机构职权,无形中增加了主席或者副主席的工作压力。秘书处作为运动项目协会机构设置中,必不可少的常设办事机构,在处理协会的日常事务性工作意义重大,职位空缺或兼职的情形不利于协会内部治理良性发展,更不利于组织良性运转。

(3)监督机构职能薄弱的问题

英国历史学家阿克顿勋爵指出,对权力必须进行必要的监管,没有任何监督的绝对权力,必然滋生绝对腐败。[①] 须将权力关进制度的笼子里。在运动项目协会内部治理结构中,监事和监事会的存在,主要是为了对各运动项目协

---

① [英]阿克顿:《自由与权力:阿克顿勋爵论说文集》,侯健、范亚峰译,商务印书馆2001年版,第342页。

会的执行机构、日常工作运行及其领导人员实施日常监管,并对违规行为进行质询、建议、申诉或实施相应处罚,在运动项目协会的发展中发挥着至关重要的作用。对我国各体育协会的情况统计发现,目前我国大部分的体育协会的机构设置中,成立独立且专门的监事会或监事等监督机构的协会并不多见,规模化和实效性的监督机构,一般只存在于大型体育协会中,比如足协和篮协等,不设置监督机构的协会则主要通过办公会议监督制度,以及财务审计监督制度,对协会某一方面的具体工作进行专项和专门监督,当然,也不乏存在协会负责人进行自我监督的情形。此种监督方式的有效性还有待验证,可以肯定的是,强有力的监督机构的缺乏,并不利于协会管理工作的高效进行。

(4)解纷机构职能薄弱的问题

运动项目协会内部治理既包括权力机构层面的民主协商和集中,也包括权力实施运行过程中的命令与服从。因此,在这个复杂的组织体内部不可避免地会出现争议和分歧,需要特定的组织化的机构按照预先确定的规则进行定分止争,实现协会的可持续运行与发展。我国运动项目协会目前一共存在三种情形的内部解纷模式,单设纪律委员会情形、纪律委员会和仲裁委员会同构情形以及未常设纠纷解决机构的情形。除了上述三种类型之外,中国篮球协会、中国信鸽协会、中国台球协会还设立了民主协商和内部矛盾解决机制。从机构设置情况来看,诸多协会内部缺乏解纷机构,已建立的解纷机构不足总体的1/3,且大部分看不到工作规则。当出现纠纷时,协会的自治权一定程度上会阻碍司法的介入,使得纠纷主体陷入求告无门的境地。协会的纪律委员会通常基于相关管理规则行使纪律处罚权,对主体的行为进行否定性评价,因而此类纪律处罚行为本质上不同于纠纷的处理,且现实中的诸多纠纷往往源于对纪律处罚的不服,因此此类机构的设置及运行无法有效缓解协会内部产生的矛盾。仲裁委员会虽然能够对纠纷进行管辖,但由于当前协会内部对该机构的设置较少,并且缺乏统一、透明的成文性规则,导致其实际运行效果不佳、中立性及公正性有待加强。

3.内部治理之制度设计

制度是指某一团体内部的成员,在组织活动中必须遵循的做事原则和行为规范,为了在规范组织体成员的行为基础上,实现组织存在的目标,各领域的组织体都会以目标为引领,制定本组织体的行事准则。[①] 如前所述,我国运

---

① 张桂荣:《罗兰·巴特符号学的文化意蕴》,广西师范大学2010年硕士论文。

动项目协会内部治理的基本规范,以及要素标准可以认为是制度设计,作为一个系统性的组织体,在进行制度设计时必须从协调治理结构和管理制度两方面着眼,兼顾制度设计系统的完整性与有效性。运动项目协会作为社会团体组织,与具有行政性质的事业单位或政府部门有着本质上的明显差异,运动项目协会实体化改革还处于初级阶段,相关制度必须在正视两者本质区别的基础上,进行特殊化和规范化设计。

(1)决策治理制度上下失序,且决策与执行机构功能错位

决策治理机制主要涉及的是决定权在协会内部各主体之间的配置机制,是运动项目协会内部治理工作的中心环节,是协会各项治理环节的基础,决定着运动项目协会内部治理的目标和方向,是影响治理效率的主要因素。就我国运动项目协会内部治理来说,决策治理制度主要通过会员代表大会的议事制度、表决制度加以实现。

决策治理制度作为制度设计和运行调控的起点,是所有治理机制的第一因素和推动力,在我国运动项目协会内部治理中发挥着至关重要的作用。目前我国运动项目协会内部治理决策制度存在的问题主要体现为:在协会内部治理机构设置中,由于权力机构在设置上的缺位,或者在实际运行中的失当,导致很多协会内部难以产生权责明晰、制衡合理、运行有效的决策机制,权力机构被架空后,就容易催生"决策者不负责、负责者不决策"的错位情形。而决策机制的权力错位和运行不畅情形的存在,不仅会导致监督问责无从下手、内部治理失灵的局面,还会使得运动项目协会的积极性难以调动起来。

(2)监督治理制度力小效微

正如法国著名的思想家孟德斯鸠所说:"一切有权力的人都容易滥用权力,这是万古不易的一条经验。有权力的人们使用权力一直遇到界限的地方才休止。所以,从权力的本质认识来讲,避免滥用权力的关键之处就在于,以权力制约权力。"[①]任何权力都必须接受监督与约束才能规范化。运动项目协会监督治理制度是对协会进行监督的内部规范和外部约束及其运行的体系,是保证运动项目协会健康有序运行的制约性机制。保障我国运动项目协会内部治理制度改革有效推行的重中之重是监督权对决策权与执行权的控制与制衡,内部民主监督机制的缺失导致的权力腐败正是目前我国运动协会内部治理混乱的主要原因。

---

① [法]孟德斯鸠:《论法的精神(上册)》,商务印书馆1995年版,第154页。

第二章　我国运动项目协会内部治理的问题诊定

在运动项目协会内部法人治理的一般范式中,监事或者监事会作为协会的专门监督机构,对其他机构,包括权力机构、执行机构以及解纷机构的履职情况,承担着监管职能。① 然而到目前为止,我国现有的法律法规、部门规章尚没有相关单项体育协会设立监事会的具体规定,全国性单项体育协会中,除中国篮球协会于2021年章程中新设监事制度外,其他协会尚未建立完善的监事制度。在未设置监事制度的协会章程中,其监督职权一般赋予理事会,或者由体育行政部门来实施"自我监督",从而使协会的内部监督处于"真空"状态。

以中国足协为例,虽然在运动协会内部治理的改革中,中国足协作为排头兵,其运动项目协会内部治理改革正在深入发展,由行政型机构向服务型机构转变,但中国足协并没有建立行之有效的监督制度。在足球协会的监督权限配置中,赋予协会领导层相当的监督权限,这种决策权与监督权存在于同一机构的监督制度,难以发挥监督制度的真正作用,虽然中国足协还设置了纪律委员会和道德竞赛委员会,以期弥补前述监督模式的不足之处,但是这两个部门是专门性的监管机构,负责某一特定事项的监督和纠偏,此两者在监督过程中以事后处罚代替事前与事中监督,在监督对象上以球员或会员为主,几乎不涉及对足协相关权力机构、执行机构以及其工作人员的监督。② 从制度学角度看,没有独立监督制度,全国性单项体育协会内部工作根本无法得到有效监督,因为"自己监督自己"本身就是一件低效且可能失效的逻辑和制度安排。

(3)解纷治理制度形同虚设

随着体育运动的全球性、商业性发展,体育所承载的经济、政治和文化意蕴逐渐增强,由此产生的体育性争议不仅在数量上有所增长,其复杂性、广泛性以及专业性使得体育争议成为不同于其他行业争议的特殊存在。由于体育争议的专业性和时效性,要求体育争议必须经由专业且专门的解纷机构进行解决,所以,必须在运动项目协会内部设置区别于一般行业协会的专业解纷制度,这是运行项目协会内部治理机制改革中不可或缺的重要组成部分。

---

① 王志文、张瑞林:《全国性单项体育协会脱钩后内部治理的完善——基于中国足协的实证考察》,载《天津体育学院学报》2020年第2期。
② 王志文、张瑞林:《全国性单项体育协会脱钩后内部治理的完善——基于中国足协的实证考察》,载《天津体育学院学报》2020年第2期。

在2022年施行的新修订的《体育法》规定"体育仲裁"之前,早期体育法备受诟病的便是此一规定:"在竞技体育活动中发生纠纷,由体育仲裁机构负责调解、仲裁。体育仲裁机构的设立办法和仲裁范围由国务院另行规定。"[①]由于该项条款与《立法法》的冲突,导致我国始终未能成功构建体育仲裁机构和相关制度,体育纠纷法定救济途径缺失,有碍于全国单项体育协会自治。[②]聚焦于具体的相关协会而言,中国足协仲裁委员会身为足协的最高法制组织,是中国足协下设的十六个专门委员会之一,负有处理足坛法律领域内争议的职责,经足协执委会同意由其设置并赋予其法律管辖职权。就具体职权而言,中国足协仲裁委员会是协会的司法职能,虽然足协强制性地规定委员应当遵守仲裁委员会的决定,但从法律机制设置上审视,仲裁委员会实质上是在委员长办公会管理下的一个专门委员会而已,是政府机关的下属机构。聚焦具体运动项目协会来看,中国足协设立的仲裁委员会,作为足协下属的十六个专项委员会之一,在足协的内部治理中承担着解决足球行业解纷的职责,属于足协的法律机构。从章程规定来看,仲裁委员会在其权力范围内拥有定分止争的裁决权,并且足协所属的运动员和俱乐部必须服从仲裁委员会对于纠纷的裁决,但从制度设计上审视,仲裁委员会实质上是主席办公会领导下的专项委员会之一,本质上属于足协内部执行机构的下辖部门,独立性的缺乏,导致无法保障纠纷解决的公正性。[③]

2023年,由国家体育总局制定的《中国体育仲裁委员会组织规则》和《体育仲裁规则》开始正式施行。必须说明的是,此类仲裁机构和仲裁规则适用于且独立于所有运动项目协会的大体育行业范围内的纠纷解决机制,但不属于各运动项目内部治理的机构。所以,对于各运动项目协会而言,仍然有必要根据立法的规定,补充设置和完善其内部的纠纷解决机制,以期实现其内部纠纷解决机制与外部仲裁机制之间的有序、合理衔接。

4.内部治理之运行调控

协会的运行是其实现自身目标和发挥自身功能的过程。发挥协会内部机

---

① 参见《体育法》(2016年修订)第33条。
② 彭昕、周小敏:《全国单项体育协会自治困境与对策研究》,载《山东体育科技》2012年第4期。
③ 王志文、张瑞林:《全国性单项体育协会脱钩后内部治理的完善——基于中国足协的实证考察》,载《天津体育学院学报》2020年第2期。

构设置的功能,并对运行过程进行调节和控制就是协会的运行调控。由此可知,运动项目协会内部治理的运行调控,就是通过不断地接收与传递协会的内部治理与外部环境的数据信息,根据设定的计划和目标,对协会运行过程中的组织机构执行状况进行纠偏和监管,并在偏离运行轨迹的行为时,根据总目标及时调整对策,使组织运行活动能按照预定的计划进行或适当修改计划后运行,以确保组织目标的顺利实现。运行调控目标的达成,不仅取决于协会主体与组织机构的协作关系,还在很大程度上依赖内部组织与外界环境的协调关系。目前我国单项体育协会在运行调控过程中遇到的最为典型的问题可以分为内外两部分:

(1)内部问题:章程决策难以落实

基于前述可知,我国运动项目协会内部治理在机构设置以及制度设计上都存在不完善之处,比如机构设置不合理,导致职能划分不明确,或者缺乏有效的监督机制,决策过程不透明等。运动项目协会内部治理结构缺失以及运行不畅直接导致相关章程和决策难以落到实处。根据协会宗旨和发展目标,配置科学合理章程规定,并基于章程落实其制度设计和机构设置,是改革科学化的法人治理结构的基础,也是实现协会内部治理可持续发展的重中之重。然而,我国运动项目协会除在章程制定、决策形成上存在较大问题外,在落实方面也问题重重。一方面,由于我国运动协会内部治理结构的失序,加之运动项目协会章程规定不科学和外部环境复杂等因素,致使章程无法彻底贯彻落实,协会章程往往被"架空"。另一方面,全国性单项体育协会普遍存在内部治理结构不完善的问题,使得我国运动项目协会在决策落实以及运行过程中也存在较多问题。例如,超过半数的运动项目协会没有制定《社会团体重大事项报告制度》,这就导致协会重大事项的决策以及日常事务的处理中,存在指令型管理的情形。

(2)外部问题:运行调控未独立

在"同构"模式下,我国运动项目协会接受相关体育行政管理部门的领导,并逐步形成了以国家行政部门双重管理和分级负责的管理模式。在这种情形下,造成了体育行政管理部门与体育协会之间人员高度重合的政社不分现象,体育协会实际掌权者牢牢地占据体育资源分配的主导地位,不仅延缓了政府部门逐步向社会团体分权的过程,也使得运动协会难以获得独立的地位。经过脱钩改革的运动项目协会,因为社会市场基础薄弱、机构设置不完善、制度设计不健全,导致其在改革过程中,不得不寻求政府行政部门的政策支持和资金帮助。[①]

体育行政管理部门对运动项目协会内部治理的过度干预主要表现在以下三方面：首先，协会成立受到规制。《社会团体登记管理条例》规定，针对体育社团的成立实行业务审批与行政登记的双重管理。其次，内部领导任免缺乏自主性。以中国足协为例，其人事任免制度，并非采取自下而上的民主选举方式，而是通过内部人员双向选择，采取事业编或合同制的方式。对中国足协内部管理人员任免情况进一步分析可以发现，其领导人员普遍存在着政府工作经历。最后，财务管理缺乏独立性。虽然中国足协经过一定的实体化改革，但是纵观我国运动项目协会的财务管理制度概况，协会资产并未在实践意义上实现与政府行政管理部门的真正分割，一方面，协会的资产具有国有性质，另一方面，在性质上属于国有性质的资产又难以明确各主体的股权份额，导致资产处置权的行使混乱和经营性收入分配失衡，所以我国运动项目协会目前仍然属于持有国有资本产权的虚化、泛化主体，实体化改革还是难以跳脱出行政部门与运动协会之间，协会内部与外部市场之间的资产分配失衡失序的怪圈。[②]

运动项目协会内部治理与行政管理机关的脱钩改革，反映了国家对体育行业协会自治的支持，但是，此种行业自治并非绝对化的，而是有限的。运动项目协会的自治如果不能得到外部的有效监督，必将会存在内部治理的混乱现象。就现有的外部监督而言，在监督主体上，主要存在监督主体单一，监督对象多样，导致监督分散且不到位的问题；在监督范围上，由于监督范围的不确定，监督不到位与监督过度现象共存；在监督方式上，事前预防式监督以及事后整改式监督的缺乏，往往使得监督效果大打折扣。

三、我国运动项目协会内部治理的问题成因

前文通过四维分析框架，从理念定位、机构设置、制度设计以及运行调控四个角度对我国运动项目协会内部治理问题进行系统性的定性分析。逐步深

[①] 刘苏、汤卫东、许兰：《基于法治的自治——后脱钩时代全国单项体育协会改革的思考》，载《武汉体育学院学报》2019 年第 8 期。

[②] 王家宏、蔡朋龙：《国家治理视阈下全国性单项运动协会改革与发展的现实审视与推进策略》，载《成都体育学院学报》2018 年第 6 期。

入探讨并系统化我国体育单项协会改革过程中的问题表现,有利于深化对我国运动项目协会内部治理现状的认识,并在此基础上深层次挖掘其内在掣肘因素,精准定位问题"病灶",为我国运动项目协会改革措施的精确制定,奠定坚实基础。

(一) 根本因素

协会定位、利益关系与管理固化的问题,是产生运动项目协会内部治理问题的根本因素。在新中国成立初期,由于社会经济、政治和文化发展较为落后,体育资源更是严重不足。为了推动我国体育事业的进一步发展,通过国家行政力量丰富体育文化资源,推动体育发展目标的实现,成为新中国成立初期建立体育事业的有效途径。[1] 在借鉴其他国家经验的基础上,我国通过自上而下的模式,建立各级体育社团组织,并将各级体育组织与体育行政管理部门进行同构化建设,推动建立了运动项目协会与体育行政管理部门合为一体的"国家体委+单项协会"的模式,在以上管理模式的推动下,新中国成立初期的有限体育资源得以有效利用,并获得长足发展。除此之外,自上而下的同构管理模式,还使得国家行政管理部门能够实现对各体育领域的直接领导,比如群众体育、学校体育、竞技体育等,一元化的领导有效地促进了我国各项体育事业的前期积累,新的体育秩序也在体育行政管理部门向各级协会的权力延伸中得以建立。[2] 不可否认,在新中国刚成立的特定发展现状下,"国家体委+单项协会"模式的存在不仅有其历史必然性,同时也起到了积极的推动作用。[3] 但是,不得不提的是,我国运动项目协会的产生背景,时过境迁之后则构成了重大的情势变更,如果不进行相应的改革而仍然墨守成规,则必然在相应程度上阻碍我国运动项目协会内部治理的改革。

产生于计划经济下的"国家体委+单项协会"管理模式的运动项目协会,已然适应政府直接管理体育事务的状态,政府与体育运动之间没有中间环节,缺乏独立自治的基础,加之我国传统的全能政府理念的作用,运动项目协会在

---

[1] 康晓光、韩恒:《分类控制:当前中国大陆国家与社会关系研究》,载《开放时代》2008年第2期。

[2] 黄亚玲、郎玥、郭静:《深化改革背景下全国性单项体育协会治理机制研究》,载《北京体育大学学报》2020年第2期。

[3] 陆世宏:《协同治理与和谐社会的构建》,载《广西民族大学学报(哲学社会科学版)》2006年第6期。

成立之初就与行政部门难舍难分,并在计划经济时期长期接受行政机关的领导,导致体育行政管理部门在我国体育事业的建设中一直占据主导地位,虽说,经过历次改革,我国运动项目内部治理理念开始发生变化,逐步从他治走向协会自治。但是,纵观我国运动项目协会内部治理的改革进程,其改革路径和措施依然存在很明显的行政惯性思维,体育行政管理机关在改革过程中不仅掌握着改革方向的话语权,也操控着体育资源的分配权,主导运动项目管理中心与运动项目协会之间的关系变动。

所以,即使历经数次改革,但是从同构管理模式之中产生与成长起来的运动项目协会,与运动项目管理中心已然形成稳固的利益关系,在这个利益关系中,协会实质上成为运动项目管理中心的权力延伸领域,协会内部的人事任免制度、财务管理制度等实际上都受到国家体育总局的直接领导,协会内部治理的运行也以行政指令性调控为主。虽然这会导致运动项目协会具有行政性质,但是,在一定程度上,行政管理部门旱涝保收式的领导和协助协会,也使得一些体育协会自愿借助行政力量加强对体育资源的垄断。进一步分析,此种模式下,行政管理部门作为改革的主导者,同时扮演着政策方针决策者与战略执行者的双重角色,在自我改革维度中,既定资源分配体系难以打破,这无疑成为我国运动项目协会内部治理改革的桎梏。[①] 在这样的格局下,各运动项目协会扮演着"二行政"的角色,这种曾经为我国运动项目协会提供了发展保障和动力的制度支点,现在业已转变成为阻碍我国运动项目协会进一步持续发展、实现更高质量发展的堵点。凡是重大的改革必须于法有据;反过来,那些阻碍改革的重大制度羁绊,改革者也必须勇于自我革命,跳出治乱循环的周期率,踔厉奋发、勇毅前行。

中国体育工作协会的管理变革也必然伴随着中国体育资源的重新分配,体育资源一旦进行了重新分配,就必将展开新一轮的权利重复博弈,而体制的酝酿、产生、完善、改革也总是伴随着一定的法律关系,从而进一步形成了中国的管理体制的固化。尽管,早在20世纪90年代初中国就确立了将社团法人实体化的改革目标,但在一定时间内并不能达到相应的效果,究其根本原因就是,以往的变革具有较明确的"体育小圈修补"特征性质增量改革,并没有触及社团与政府部门的关系、社团管理体制、运行机制等的深层变革。涵盖了现有社团改制,仍属于社团实体化、脱钩不托管的外围改制方式。我国运动项目协

---

① 丁明露:《中国体育单项协会实体化改革研究》,中国政法大学2020年硕士论文。

会内部治理改革之路,必然伴随着各种体育资源的重新分割,这也就意味着在改革措施的酝酿、发生、发展、转变的过程中,新一轮的利益博弈难以避免,如果不在此种利益博弈中找到可以协调各方利益主体的改革方式,那么我国运动项目管理体制将进一步固化。所以,尽管20世纪90年代初,我国就进行了协会法人实体化改革,但在相当长的改革历程中,难以达到改革的目标,究其根本原因就在于,不触动原有利益关系分配格局的小修小补式的改革,不能触动深层次的行政机关与运动项目协会的同构关系。[①] 简而言之,协会的法律地位、各相关主体的利益关切,以及由此形成的内部治理机制并未形成相互制约的互补关系,而是利益高度一致的同质关系,这容易促使各主体的抱团,缺乏改革的动力。

(二)内部因素

制度缺陷、协会独立与脱钩改革的问题,是产生运动项目协会内部治理问题的内部因素。党的十八大以来,服务型政府成为我国政府的改革目标,在"管办分离""政社分开"等改革思想的指导下,各行业协会商会与行政机关的脱钩改革也开始在社会各领域中开展,其目的在于使政府从社会组织中有序退出,重新塑造各行业社会团体的自主性,推动各行业协会成为依法自治的独立性法人社会团体。就我国各运动项目协会来说,其作为运动项目的主要管理者,改革的主要目的就是充分发挥各体育组织在体育治理体系中的主导地位,以适应我国社会主义市场经济的体制现状,实现体育强国目标。所以单项体育协会与政府"脱钩改革",就是指我国各单项体育协会在制度设计、机构设置以及运行调控等方面与行政管理部门的分割,使各体育组织在机构设置、财务管理、人事管理、外事交流等方面拥有独立自主权,从而成为独立自主、依法自治的社会团体法人。但我国法人制度起步较晚,在一定程度上落后于社会实践的发展,法人制度的不完善之处,在我国运动项目协会内部治理中逐渐放大,掣肘了我国运动项目协会内部治理改革的进程。

我国运动项目协会进行独立内部治理的合法性,主要源于其作为独立社会团体法人所享有的法人权利,所以厘清我国运动项目协会的法人属性,是保障内部治理独立自主合法性的关键之处,但根据目前情况来看,我国运动项目

[①] 王家宏、蔡朋龙:《国家治理视阈下全国性单项运动协会改革与发展的现实审视与推进策略》,载《成都体育学院学报》2018年第6期。

协会的法人属性并不明确,不具有独立的法人资格。我国《民法典》根据法人团体是否进行营利性活动的划分标准,将法人分为营利法人、非营利法人与特别法人。根据《民法典》的规定,我国运动项目协会属于非营利法人中的社会团体法人,2016年经国务院修改的《社会团体登记管理条例》的相关规定指出,社会团体法人不得从事经营性的活动,并针对此类行为规定了严格的处罚措施。但是,以非营利性社会团体法人概括我国运动项目协会的法律属性,既无法体现其自身特性,更阻碍了运动项目协会内部治理的改革实践。概括起来,问题主要包括以下几个方面:

第一,是否具有"营利性"是划分营利法人与非营利法人的标准,但就实践层面而言,"营利性"并不是一个明晰确定的衡量标准。单项体育协会要想完全脱离政府体系,成为自治、自律的社团法人,必须拓宽经费来源以实现"自我造血",这就需要立法机关对协会所提供的有偿服务以及营利性行为做出统一的界定。① 第二,事业单位、社会团体法人等非营利组织的共通点较少,在某种程度上非营利法人成为一种兜底性表述,尽管其可以囊括上述组织,遗憾的是法人之间的根本性差异无法被展现。② 具体考察中国足协,尽管可以发现其已然属于脱钩独立的组织,但其依旧易与以往的事业单位法人、机关法人相混淆。③ 首先,按照1999年颁布的《最高人民法院关于执行〈中华人民共和国行政诉讼法〉若干问题的解释》,单项体育协会在行使管理权力时,具备行政诉讼的主体地位,这就导致了体育纠纷往往被纳入《行政诉讼法》的规范范畴。其次,中国足协作为社会团体法人,其只有社团处罚的权利,但不应拥有行政处罚的权力,现实情况是足协以及其他单项体育协会在实践中均拥有对运动员以及俱乐部的行政处罚权。④

运动项目协会脱胎于计划经济,会费、捐赠等经济来源难以维持法律法

---

① 王志文、张瑞林:《全国性单项体育协会脱钩后内部治理的完善——基于中国足协的实证考察》,载《天津体育学院学报》2020年第2期。
② 谢鸿飞:《〈民法总则〉法人分类的层次与标准》,载《交大法学》2016年第4期。
③ 易剑东、施秋波:《论完善中国足球法人治理结构的关键问题——写在〈中国足球改革总体方案〉颁布一周年》,载《体育学刊》2016年第3期。
④ 王志文、张瑞林、沈克印:《全国性单项体育协会与政府脱钩的逻辑、难点与对策》,载《体育学刊》2020年第5期。

规、协会章程赋予的公共职能的履行,①如果再一次依赖于政府财政拨款,根据资源依赖理论,运动项目协会将仍旧无法摆脱于权力下的顺从之困,长久囿于权力顺从的局面。而此种局面之下,即便我国单项体育运动协会脱钩成功,依旧很难实现真正的独立自治。②

(三)外部因素

政府职能、协会地位与市场规律的问题,是产生运动项目协会内部治理问题的外部因素。我国对各单项体育运动进行管理的方式,主要是通过国家体育总局作为政府监管,运动项目管理中心作为事业单位行使管理运动项目协会职能,并通过各单项体育协会发展体育项目调动所属体育运动的市场活力,从而推动相关运动项目的发展。随着我国社会主义市场经济体制的建立和体育改革的不断深化,体育与国际的交往日益频繁,为了促进运动项目协会自身能力的提升,激发运动项目协会的活力,谋求更灵活、更科学的管理模式成为题中之义。我国运动项目应在内部治理改革上树立明确的目标,即以政社脱钩为切入点,促使行政色彩从协会中消退,构建职权明晰、权力牵制、产权明确、依法自治的独立性组织实体。但是需要说明的是,"独立社团法人实体"的彻底改革仍旧任重道远,尤其是当下单项体育协会改革的"足协模式""脱钩模式""奥运单项协会功能优化模式"并未实质性地解决问题,仍旧停留在外围改革层面,运动项目管理中心与单项体育协会关系的模糊与混乱,致使两方出现资产清算混乱、单项体育协会缺乏自治性与自治力、会员基础薄弱等问题,所以,掣肘我国运动项目协会内部治理深度改革的一个重要外部因素就是政府、市场、协会关系不清。③

(1)政府、协会关系不清体现在有关政府、事业单位的过分行政干预方面

就国家体育总局来说,其作为管理体育事业发展的行政部门,对下属的事业单位具有监管的职能,而运动项目管理中心具有政府事业单位和协会代办机构的双重身份,在实际运行过程中,运动项目管理中心作为国家体育总局的

---

① 李启迪、周妍:《全国性单项运动协会现状与发展对策研究》,载《北京体育大学学报》2012年第12期。

② 王家宏、蔡朋龙:《国家治理视阈下全国性单项运动协会改革与发展的现实审视与推进策略》,载《成都体育学院学报》2018年第6期。

③ 刘东锋、姚芹、杨蕾等:《全国性单项体育协会改革:模式、问题与对策》,载《上海体育学院学报》2018年第4期。

行政隶属单位需要执行和遵守国家体育总局制定的相关规定。目前,已着手改革的运动项目协会,其职能并没有与国家体育总局做好分离,也没有处理好人员配备问题。其中最典型的改革即足协改革,通过去行政化,其将人事、外事等职权掌握在自己手中,对自主权进行了扩张,但必须意识到,事务的终审权应把控在国家体育总局手中,终审权才是关系到足协改革是否行之有效的关键。[1] 目前共有28家运动项目协会进行了脱钩改革,部分改革比较彻底,如党建、人事、外务、财务等方面,但很多实体化的项目仍旧处于"行百里而半九十"的状态。[2] 在我国体育运动发展较差的时期,适当的行政干预能够促进运动项目的发展,但当超过政府和事业单位管理的"阈值"时,政府行政干预往往会对运动项目协会产生抑制作用。

(2)政府、市场关系不清导致市场在我国运动项目协会体育产业中的价值错位

根据体育项目历史发展以及普及程度的不同,不同的体育运动项目有不同的市场和产业发展模式。体育产业发展过程中,由于政府和事业单位的行政干预往往会形成市场主导权的错位。20世纪80年代以来,新公共管理运动推动了行政管理体制改革,将政府规模和运作范围限制在合理的范围内,公共服务下放市场,并由市场来带动公共事务的发展,以此重新划分国家与社会之间的权力范围,形成政府与社会的二元化管理格局,从而实现"善治"。[3] 在众多发达国家中,非营利组织运作通常都是采用市场化的方式寻求组织发展所需要的人力、项目和资金资源,相较而言,目前我国体育产业发展水平较高的项目中,政府和事业单位干预尤为明显,市场在体育产业发展中往往居于次要地位,如足球、篮球、马拉松等;而那些产业发展水平欠佳的项目,政府和事业单位针对性干预又鲜有颁布,市场成为使其艰难存活的唯一保障,如飞镖、棋牌等。这就导致我国当前体育协会市场化运作中的工作方式、运行机制仍存在因循守旧,"等、靠、要"等思想,受此影响,我国运动项目协会的市场化运作意识较为缺乏,基本不具备长远规划筹资能力,社会竞争力和社会参与能力

---

[1] 贺绍奇、余晖、李婕颖:《建立健全以治理为核心目的导向的社会组织法人财产权制度——以十大全国性行业商会政会脱钩转型为例》,载《中国市场》2018年第12期。

[2] 王家宏、蔡朋龙:《全国性单项运动协会社团法人实体化改革趋向与推进的法治化路径研究》,载《体育学研究》2019年第6期。

[3] 张玉磊:《困境与治理:非营利组织的市场化运作研究》,载《中国农业大学学报(社会科学版)》2008年第4期。

建设不足,从而造成我国运动项目协会不善于运用市场方式去开展合法的经营活动,难以运用自身的体育资源与影响力换取更多的社会资源以改善外部处境,严重阻碍了我国运动项目协会的发展。

(四)评估因素

金牌至上、举国体制的问题,是产生运动项目协会内部治理问题的评估因素。我国体育运动从发展之初就与"为国争光"的价值理念紧密相接,并贯穿于我国体育事业建设和改革的历史全过程中,在一定程度上,竞技体育也是我国向世界展示综合实力和民族意蕴的重要窗口。在此背景下,行政管理机关以及各运动项目管理作为直接领导主体,在面对政权运行稳定性和绩效增长持续性的考核标准时,很难突破"为国争光"政治目标的限制、无视金牌数量量化指标的底线,从而很难将竞技体育管理职能完全交由独立后的单项体育协会。前国家体委主任伍绍祖先生就20世纪90年代运动项目协会实体化改革曾说道,选择足球等项目作为突破口,是因为足球水平低,没有奥运夺金任务的压力。[①]

由于各体育行政管理部门迫切希望提高各运动项目的体育竞技水平,并为此投入了大量的人力、物力、财力,所以,分析国家体育总局的改革政策以及近几年的改革实践可知,现阶段的内部治理改革仍然是以非奥运项目或者没有夺金压力的项目为主,而对于涉奥项目的改革则十分谨慎,主要是对部分不影响内部治理结构的外围事项进行优化性调整。已有研究资料表明,截至2019年6月,开始进行改革的运动项目协会主要涉及无奥运备战压力的项目,或者市场化水平较高的运动项目,且数量十分有限,仅有11个运动项目协会,而未进行改革的运动项目协会仍然有67个之多,其中就包括了奥运会高光项目乒乓球、田径、体操等。[②] 虽然,近几年来我国"金牌至上"的理念有所淡化,但是金牌数量仍然是衡量体育行政管理部门和体育协会发展成效的重要标准,也在一定程度上代表了一个国家的体育竞技实力。

---

① 何强:《转变体育发展方式进程中的项目协会改革》,载《北京体育大学学报》2015年第1期。

② 国家发展改革委、民政部、中央组织部等:《关于全面推开行业协会商会与行政机关脱钩改革的实施意见》,http://www.gov.cn/xinwen/2019-06/17/content_5400947.htm,最后访问日期:2024年5月17日。

第三章

我国运动项目协会内部治理的比较考察

　　如前所述,运动项目协会在决策制度、执行制度、监督制度、争端解决制度等层面,存在着职能划分模糊、职能发挥缺弱、人事交叉、财政依赖等多种弊端,且在公平与效率、民主与集中、分工与合作、权力与职责的理念定位等方面或多或少、不同程度地存在一些问题,部分问题还因较为关键而影响整个运动项目协会内部治理的整体推进。为探寻有效克服这些弊端的对策,找到化解此类问题的出路,需要将学术考察的视域提升扩展至作为运动项目协会上位概念的法人内部治理上。必须指出,我国运动项目协会在法律主体的意义上不过是法律主体的一种表现形式,其本质上仍被定位为法人,因此对我国运动项目协会内部治理的完善研究,就不能仅在运动项目协会内部治理的尺度方面进行分析,这样的研究无疑是具有局限性的,还应该跳出运动项目协会内部治理看运动项目协会内部治理的改革问题。本部分希冀通过对不同类型法人的多样化内部治理的最大公约数和特色设计的考察,对相关法人内部治理经验的梳理,归纳总结出可资运动项目协会内部治理合规性建设与效能提升的借鉴经验。在借鉴相关法人内部治理经验的基础上,提取公因式,建立起一套衡量运动项目协会内部治理机制有效性的标准,使得评估既客观,又易于操作。

　　在法人的元分类问题上,我国《民法典》作了创新性的规定,采取营利法人和非营利法人的分类办法。各类协会作为社会团体的一种形式,属于非营利法人的范畴,以商业公司为代表的主体则是典型的营利法人。必须承认,作为行业协会之一的运动项目协会,其内部治理不同于公司治理的根本之处,在于行业协会这类组织内部缺乏"投资者—所有人"角色带来的所有者缺位,易使得其权力机关或呈现缺失或处于虚置的状态。[1] 尽管各类型间存在着本质差异,但是,无论是行业协会、慈善基金会,还是事业单位,作为法人这一类的社会组织,其所面临的内部治理问题本身不无借鉴应用公司治理的理论和实践之处。公司作为我国最主要的法人类型,其完善的内部治理机制和发达的治理实践、相应的法律规制体系等,无疑将为协会内部提供十分有益的、可资借鉴的经验,对此,我国运动项目协会完全可以在仔细甄别的基础上,科学合理地提炼公司内部治理架构的有益内容,推动协会内部治理迈向分工与制衡、民主与效率的道路。以美国为代表的西方社会,在协会内部治理模式的构筑进程中,也多是套用公司治理的结构,组建了由成员大会、董事会和首席执行官为代表的执行管理机构以及由独立会计师为代表组成的监督机构。[2] 那么这也就意味着把握公司治理的结构,能够为我们认识运动项目协会治理结构提供帮助。且公司作为社会组织自治的标杆,其在决策制度、人事制度、财务制度、监督制度以及确保公平与效率、民主与集中、分工与合作、权力与职责,并以排除组织经营的非效率性为目标,对其组织机构与运行机制设计上,无疑有诸多值得运动项目协会内部治理改革予以学习的内容。

此外,以基金会等为代表的社会团体,在信息公开透明度方面与提升社会公信力建设上依然任重而道远,这也是运动项目协会内部治理改革需要克服的一大难题。在政府主导下,作为事业单位法人大学的治理,面临的高度"行政化"困境,也是运动项目协会脱钩之后进行实体化改造中掣肘的因素。无疑大学内部治理改革对策中的民主化、多中心治理的精神与理念,对于运动项目协会内部治理改革也具有重要的参考价值与借鉴意义。同为行业协会的律师协会、商业协会等,这类互益性、服务性、互助性的社会组织,在组织健全、运行规范、服务能力建设上,仍然面临着一系列的问题,这也是单项运动项目协会内部治理改革中亟须处理与应对的难题。另外,国际单项运动项目协会如国际足联、国际田联近些年来由于腐败问题、资金滥用等问题饱受行业的质疑,

---

[1] 王妮丽:《非营利法人治理对公司治理的借鉴与创新》,载《行政与法》2006年第12期。

[2] 金锦萍:《非营利法人治理结构研究》,北京大学出版社2005年版,第60页。

对其管理人员的忠实、信义性也多存有疑虑,为此,其也纷纷颁布了相关改革措施来加以应对,但最终改革取得成效究竟如何,也值得加以考究。

有鉴于此,本部分按照由近及远的视域,首先考察与运动项目协会最接近的其他行业协会的内部治理经验,其次考察以各类竞技运动项目为主题的国际单项运动项目协会的内部治理经验,最后再考察以公司为代表的营利类法人的内部治理经验。在此基础之上,力图提炼出对运动项目协会内部治理具有借鉴意义的经验。

一、组织体视域下运动项目协会的内部治理

(一)组织体内部治理的要素解析

1.组织体内部治理制度架构

从一个更高范畴的视域来看,无论是运动项目协会,还是公司等营利性法人,它们都是一个组织体。因此,从组织体视角去认知内部治理,对运动项目协会内部治理的改进无疑具有更为完整饱满的视角。依据对国际与国内各单项运动项目协会的观察来看,现代体育协会自治组织多采用非营利法人的形式,相应的其内部治理规则的改革应在组织体内部治理的一般规律之上,再调整性地遵循非营利法人的治理思维。从理想层面而言,所有的组织体都有实现良好管理的动机和目标,并会为此制定行之有效的内部管理政策和程序,以便于在提升效率的同时,也能在公平的环境中获得稳定发展。同时兼顾法律自身所带来的安全感,这是组织体最需要的治理能力,也是善的法治或"良法"的内在要求。

一个组织体要想实现有效的治理,就必须设立相应的治理机构,以保证持续高效地推进组织体使命和决策的实现,并就年度预算和关键财务管理、薪酬政策与执行以及财政和治理策略作出规划部署。为实现组织体治理效能与公信力的提升,国内外各类组织纷纷开始对社会组织体内部治理结构进行相应的调整,并通过在实践中对其社会组织体运行的机制如决策、资金管理、人事管理等进行调整和优化,使其按照一定的规则和原则有序、有效地运行。

(1)组织体的决策机制

一般而言,组织体决策过程的核心往往会直接影响组织体的决策效率与效力,而组织体决策时最常见的方式就是表决。关于表决方面的问题,最主要

还是集中在投票权的分配与表决权的集中上。为了保持表决的严谨性的同时确保效率的提高,多数通过制已然成为组织体表决时的常规做法。然而,在一些涉及原则性的根本事项上,还需要坚持一致同意。

(2)组织体的资金管理制度

组织体必须保存完整、及时、准确的财务记录,董事会应及时接收和审查组织的财务报告,并由合格的、具备一定的专业技能的审计师或一种适合组织体规模和运营范围的恰当方式每年审查这些报告,以此来构筑一套强有力的财务审查机制。尤其是考虑到组织体属于公益性社会组织,具有社会公益性,因此,有关其组织财务状况的信息交代机制,必须力保全面、真实、准确,不能有含糊不清、模棱两可的地方,更不能带有欺骗与误导的成分。为了提升组织体的公信力,应确保其年度报告全面向社会公众开放,确保其能够被公众便捷地获取,并且将相关信息及时反馈到网站,披露如何从一项关联的活动获利,以及迅速回应来自社会各界的评论和询问。根据批准的年度预算来运作,提供及时准确的财务报告,财务报表应至少每季度报送一次给董事会,并查明和解释产生出入和偏差的原因。

(3)组织体的人事制度

为了确保组织体的公平性和独立性,需要建立一套严密的人事制度。其主要内容应对组织体人员的聘用、分类和薪酬等方面加以分析说明。董事是公司的核心决策和管理机构,负责执行股东会的决议并管理公司的日常事务。比如:应当参与必要的长期和短期计划,制定与使命相关的特殊目标和服务对象,评价项目是否成功等,建立在有效的管理程序包括财务和人事政策。组织体治理机构的人员选任上应该由能够执行机构使命的个人和专业人士构成。并且,对于其任职人员,应该有一套评选与考核标准,这套标准应该立基于诚实、正直、公正、尊重、信任、同情、责任和问责等之上,为非营利组织体在运作项目、治理、人力资源、财务管理等方面的道德和负责任地行事提供了指南。

(4)组织体治理效能评估制度

效能的关键体现在组织体所实施的项目内容应与其追求的目标保持一致,不能有悖于组织的目标与宗旨,为了更好地反映社会情势的变化,还应适时地对此加以调整和修正。一方面,为确保其可预期性,应定期开展考核评估,并着力通过划定可衡量的目标、对象以及程序,来评价其项目在满足组织目标和对象方面的效能和影响,评价程序是否解决了存在的缺陷问题。另一方面,必须制定书面的利益冲突政策,告知和说明该政策的适用范围,界定产生利益冲突的行为或交易类型,制定披露实际和潜在利益冲突的程序,提供检查董事会非相关成员的个人交易记录。保证提供给媒体和向社会公众发布的信息是真实、准确和易于理解的。

2.组织体内部治理的运行机制

组织体是相对于自然人而言的,是人为的人际合作形态。因此,组织体显然包括但不限于法人组织,还包括非法人的其他组织。在更大的尺度上,组织体还应包括国家及国际性的组织。限于篇幅,同时考虑到体育组织与国家、国际组织体之间在职能与性质上的巨大差异,此处仅以法人类组织为视角,考察法人类组织体的内部治理运行机制。

(1)法人类组织的决策机构的运行

一般而言,在法人类组织中,决策机构多被称为董事会、理事会等。作为组织体的决策机构的董事会或者理事会,为了保证能够正常地开展其业务拓展和履行职责活动,应当定期召开会议,进行战略决策和发展规划部署。董事会构建自身组成并定期检查,拥有足够的成员来思考治理和其他事项的充分性和多样性;董事会应该包含多元化的背景、经验,以及推动组织使命所必需的管理和财务技能;组织董事会的绝大多数成员应当是独立的,不属于付薪酬的雇员或独立的合同方,不由组织人员决定其薪酬,没有直接或间接地接受组织的物质财务利益。确保董事会主席、首席执行官和财务主管由独立的个人担任;董事会应当建立一个有效的、系统的程序加强成员之间的培训与交流,确保他们知晓自身的法律和伦理责任,了解组织的项目和活动,并能有效地履行其检查职能。制定清晰的政策和程序,设定董事会成员的任职期限和履职条款,通常至少五年检查一次组织的治理机制和定期评估组织使命与目标,确保组织的项目、活动能够有效推进组织使命,并谨慎地利用了组织资源。

(2)法人类组织内部治理规范激励约束机制的运转

依循美国学者奥尔森的理论观点来看,在公共事务的治理进程中,面对集体行动的困境,倘若参与集体性的行动只是一种义务,单纯的是利他或者公益性的制度安排的话,并且这一过程得到的最终产品还是非排他性,出于成本收益的考量,那么行为体多半会作出"搭便车"的行为抉择。① 而美国政治学家

---

① O. E. Williamson, The New Institutional Economics: Taking Stock, Looking Ahead, *Journal of Economic Literature*, Vol.38, No.3, 2000, pp.595-613.

奥斯特罗姆进一步就如何有效化解集体行动与合作进程中,诸如"欺骗或者叛逃"及"搭便车"的投机行为,提出了相关的策略,即通过控制合作成员规模、清晰界定权属、良性激励等方式,来克服行为选择中道德风险的发生。① 具体到组织体内部治理来说,即要通过资源及权益的合理分配,来激发和维持组织成员持续有效参与的动力与积极性。

公司内部治理结构对经营绩效有显著影响。有鉴于此,在公司治理结构中,仅靠约束机制一条腿走路实难保证"行稳致远"。因此,必须坚持正向激励与负向激励协同推进的策略,在职位选任、薪酬调整及职务晋升层面下工夫,如实行任期制与契约化管理,不断地健全完善董事、监事遴选机制,建立董事、监事退出和追责机制。同时,建立独立董事人才库,将履历、信用、任职、考评等,充分吸纳那些有责任心、有能力的专家。②

(二)法人类组织体的内部治理

有关治理问题,习近平总书记曾作出如下阐述:所谓治理,就要确立规矩,上到一个国家、下到一个社会,治理中最为关键是要立规矩、讲规矩、守规矩。③ 这一重要论述,切中了超大型组织体内部治理的关键和核心。审视我国社会组织体治理现状,可以发现大量社会组织体内部治理中并没有形成有效分工和协作制衡的格局。

1.法人类组织体内部的自律机制

自律是社会组织体健康发展的重要保证。所谓组织体自律,即围绕章程的宗旨与目标,通过构筑一套有效的制度、规则、规范,搭建起纠偏机制,达到可以规范与引导运行过程中内部决策、实施行为,确保自主管理、自主实施,并始终在健康发展的轨道上前进。④ 首先,组织自治和自律规则,旨在帮助董事会成员和管理层掌握更高的标准,来实现对组织的良好治理和道德操守。用来讨论、决定组织发展方向、活动开展等重要的组织活动。其次,以章程为核

---

① Mancur Olson, *The Logic of Collective Actions*, Cambridge: Harvard University Press, 1965, p.36.

② 王铭利、陆峰、高爽:《保险公司内部治理对经营绩效的影响——基于中资保险公司的经验数据》,载《商业经济研究》2022年第2期。

③ 习近平:《习近平关于党风廉政建设和反腐败斗争论述摘编》,中央文献出版社、中国方正出版社2015年版,第132页。

④ 王名、刘培峰:《民间组织通论》,时事出版社2004年版,第54、155页。

心,建立健全各项内部制度。完善财务管理制度,对于涉及筹资和资金运用的社会组织而言,建立严格、透明的财务制度是非常必要的。如此,才能有效保障社会组织的廉洁,赢得社会公众的信任与支持。组织内部构成部分之间相互监督也包括在内,其也需要配置更加灵活的、可操作性更强的自律机制来及时进行自我纠偏。此外,也应注重有效引导相关社会成员,尤其是要使更加专业的人士,更加熟悉社会组织的情况,清楚应当运用什么样的规则的成员,有效地加入监管社会组织的行列。

2.法人类组织体内部的责任机制

健全与完善责任机制,可考虑从以下两个方面加以推进,以此来逐步将尽职尽责的要求内化到社会组织的观念与行动之中。

(1)坚持权责对等原则

早在《代议制政府》这一著述中,就详细阐明了治理过程中,坚持权责一致性的重要性,也彰显了权力与责任相统一的原则。只有将权力与责任融合统一起来,才可放心地将权力交给相应的主体来行使。权责对应是公共领域的一个基本原则,也是一个天然的底线。[①]

(2)强化组织体社会交代机制的建设

社会交代机制是社会组织体实现良好自律与他律协同增效的一种有效手段。所谓社会交代,即组织体对其被授权进行的工作和职责进行说明,其实质是为了确保社会组织高效工作,完成组织体使命而向利益相关者报告、解释、披露信息的制度安排,主要的内容是有关总体方向性的、过程性的及项目执行的情况与问题等。[②] 在这一制度建构过程中,还应注意将自律与他律,融贯地嵌入组织体治理结构中,以此来促进其实现规范化运作。譬如中民慈善捐助信息中心于2013年1月发布的《2012年度中国慈善透明报告》中,特别指出:"我国慈善机构的内容的及时性规范性较差、治理信息和基本业务信息、财务信息都不够全面细致等,亟须对法人类组织尤其是公益性的法人组织的交代的内容形式与时间等问题进行规范。"

---

① 秦晖:《公共权力、公共责任与限权问责》,载《吉林大学社会科学学报》2006年第3期。

② 崔玉、马凤芝:《中国非营利组织社会公信力建设的制度化途径:自律和社会交代》,载《NPO信息咨询中心研究报告专刊》第13期。

3.法人类组织价值理念强化机制

规则、规范要想得到有效的实施与运用,离不开必要的德性与品格作为价值保障基础。诚如德性论的杰出代表学者麦金泰尔所讲:拥有美德和正义的人,才会去认知规则、遵从规则,并将遵守规则内化为自己的责任。[①] 所以,在推动组织体内部治理体系与治理能力现代化的进程中,应当注重从价值层面强化组织成员对于本组织体的信念与使命的理解与认识,这是极为重要的。信念先于责任,是责任的支柱。社会组织的公共责任是复合性的,有软性的道德责任约束,也有硬性的法律责任来管控。[②] 法安天下,德润人心。既要强调运用法律规则来约束组织体的行为,也要以道德自律来营造社会组织健康发展的秩序。提升社会组织主动的责任感,强化其公共性和公共精神,树立组织体及其工作人员公共利益至上的信念,无论是作为整体的社会组织,还是作为个人的员工,其行为均应围绕公益性而展开,任何违背公共利益的行为,都应该同时受到法律的惩治与道德的谴责。此外,社会组织公共责任的履行还需要嵌入有效的评估机制作为后盾。此类评估机制可以分为内部评估机制和外部评估机制两种。内部评估机制有赖于组织体自身的诚信度,外部评估机制对于社会组织公共责任的实现更加重要,在国外独立的第三方评估用来确保社会组织公共责任履行的机制。运用自己建立的评估体系收集信息,对各类社会组织的责任履行情况进行评定和监督。标准的模糊性毫无疑问会带来恣意与任性。因此,必须有清晰明确的标准,并在其标准一旦确定下来后,以合理的方式得到执行。

组织体的成功也赖于一个良好的评级。一个受到机构积极评价的组织体显然要比那些受到不利评价的组织体有显著的竞争优势。然而,需要注意的是,自律规则必须建立在定义清晰的标准基础之上,即要能够清晰地界定和指引什么是正确的和不正确的、合理的和不合理的。美国于1987年颁布的《非营利法人示范法》,就专门对其设立、运行及相关活动提出了行为指引,并特别提出要警惕组织体在日常的项目运营活动与追求发展目标背后的逐利动机,防止背离设立宗旨的不当行为。

---

① [英]阿拉斯代尔·查莫斯·麦金泰尔:《德性之后》,龚群等译,中国社会科学出版社1995年版,第139页。

② 张康之:《公共行政中的责任与信念》,载《中国人民大学学报》2001年第3期。

二、我国其他行业协会的内部治理

我国运动项目协会隶属的最直接的上位范畴即行业协会。在我国和其他国家，行业协会是主要的行业自律组织，运动项目协会只是其中之一。各行业协会固然因其自治主题的特殊性在内部治理机制设计上存在差异，但毫无疑问的是，这些行业协会一定共享着不在少数的共性的治理机制。从各美其美、美人之美的角度出发进行考察，无疑具有美美与共的借鉴价值。此处主要考察我国运动项目协会之外的其他具有代表性的行业协会在内部治理方面的经验。

(一)行业协会内部治理的概述

行业协会，主要是指介于政府与企业之间的，为从事各类商品生产经营活动或者服务提供活动的各个行业，提供诸如咨询、沟通、监督、自律、协调等服务的社会中介组织。[①] 在我国，根据相应的法律规定，设立行业协会，需要经过相关的行业部门主管单位的审批，并向登记管理机关申请登记，即在民政部进行登记。从我国的民政部官方网站提供的相关数据来看，我国时下的行业协会数量至少有 16830 个，[②]基本涵盖了社会中的各行各业。

在我国，基于创设的依据和组织属性的不同，可将行业协会划分为两大类型：一类为官办的行业协会，即根据政府的要求自上而下建立的行政化的行业协会，另一类则是民间化的行业协会，即依据行业发展需要和整合市场需求，而自发形成的行业协会。

当下，在我国除了少数专门性质的法律和直接涉及人身安全的法律外，其他诸多的行业法律法规中，都规定了各个行业应当组建并且加入相应的行业协会，就各自所属的行业协会的组织机构、组织章程、职能、议事规则及奖惩规则等进行了详细的规定。

从提升行业协会治理效率与妥当实现利益冲突平衡考量，下文将选取商

[①] 郁建兴、周俊、张建民：《全面深化改革时代的行业协会商会发展》，高等教育出版社 2014 年版，第 17 页。

[②] 参见全国社会组织信用信息公示平台，https://xxgs.chinanpo.mca.gov.cn/gsxt/newList，最后访问日期：2024 年 5 月 17 日。

业协会和律师协会作为样本进行考察。二者作为行业协会当中对专业性、效率性和忠实性最为注重的杰出代表,意在通过对这两类协会的解读,深刻剖析如何有效解决行业协会内部治理中存在的,由于高管人员懈怠而影响协会的目标与宗旨的实现,或者基于高管人员谋私本性而为牺牲协会利益来牟取个人利益的行为。谁来执掌公司,谁对公司负责?这一谜题一直困扰着以公司为代表的法人治理。① 同样的,在转向法人治理结构的进程中,行业协会,其在健全行业协会法人治理,确保权利与义务实现平衡的进程中,也面临着这类难题,即由谁来执掌行业协会,谁对行业协会负责。这一难题,究其实质而言,就是要求解决好行业协会治理效率与利益冲突平衡的问题。

(二)商会类行业协会的内部治理

1.商会类行业协会概况及其内部治理的功能
(1)关于商会类行业协会的基本概况

改革开放后,我国第一家全国性的企业管理类协会,在1979年3月正式挂牌成立,随后,又陆陆续续成立了如全国质量管理协会等一批具有管理性、行业性、专业性的协会。② 此一阶段的商会类行业协会属于政府主导下的社会组织,行政色彩较强。后来随着社会主义市场经济体制的确立,在转变政府职能与深化改革的社会洪流下,商会逐渐发展出民间自发性的设立模式。当前我国商会类行业协会主要形成政府主导型与民间组织型商会同时存在的局面。但在性质上,商会类多属于民间社会组织,具有较强的自治性,其目的主要在于通过借助行业规则,实现自我管理,并引导其会员逐步形成理性自律的行为,在行业内部实现力量的自我协调与平衡。

随着《关于加快推进行业协会商会改革和发展的若干意见》的颁布,其有关"健全法人治理结构"的要求成为推动行业协会发展转型的指南。以商会为代表的行业协会开始逐渐走向规范化、民间化。在这之中,其最为突出的特征就是自治性,主要体现为协会组建的自发性、成员入会上的自愿性、领导干部选任与人员招聘的自主性、经费管理的自主性四方面。此外,在管理、服务、协调及约束等活动的开展上,也坚持独立自主的方针。

---

① 傅穹:《公司利益范式下的董事义务改革》,载《中国法学》2022年第6期。
② 刘剑雄:《改革开放后我国行业协会和商会发展的研究》,载《经济研究参考》2006年第6期。

(2)商会类行业协会内部治理的功能定位

商会类行业协会,其创设的目的就是要面向特定的企业群体发展需要,竭诚为此类企业提供行业信息,保障行业秩序、供应维权服务等俱乐部产品。并努力提升行业协会内部治理效能,规范行业组织行为,提高其社会声誉,这是行业健康和行业提档升级的基本前提和根本保障。通过自我不断地监督、改进、升级,科学规范行业协会自身行为,推动行业协会健康有序发展,更好地服务本行业与社会发展需要,提供更为优质的公共服务,推动社会公益事业的发展进步。[1]

2.商业组织类行业协会内部治理机的省思

实践来看,商业组织行业协会内部治理存在着一些普遍性的问题,概括而言主要包括以下三类:

(1)理事会职能弱化

在内部治理中,能够切实发挥决定性作用的,往往是协会的主要领导成员个人,而非理事会这一职能部门。从发展历程来看,行业协会往往与政府机构密切关联。协会的领导管理人员,早期也是由主管单位指派其职能部门的公职人员或者是由与主管单位有密切联系的相应人员出任。此后,随着"脱钩"与"改制"的启动,此类行业协会在取得社团法人资格后,本应该依照社团法人的要求,实现遴选或竞聘的选人机制。但是,从早期实践情况来看,其领导人的产生基本是由主管单位领导说了算,且大都是安排那些离退休的或机构改革分流出来的干部走马上任的。[2] 确切而言,此种情形随着改革的深化,已逐渐得到控制和改进,但仍然在一定程度上存在。此外,单向度的任命机制,除了不能够充分考量胜任度,还使得协会自主选任的权力被剥夺,与民主和效率原则不符,也模糊了行业协会和政府之间的关系,使得行业协会与政府之间存在着某种事实上的隶属关系。组织内部中,日常的决策与实施职能部门,会议召开的频率偏低,使得各个职能部门领导之间的有效沟通与协商较少,未能有效发挥出集体决策与部署的功效。诸多的协会重要事项的决策与部署,基本上是主要领导说了算,少有运用会商机制。即使召开会议进行协商,也仅仅是流于表面。

---

[1] 陆优优:《对自发型行业协会内部治理中存在的道德风险问题的思考——以温州商会为例》,载《荆楚学刊》2015 年第 3 期。

[2] 翟鸿祥主编:《行业协会发展理论与实践》,经济科学出版社 2003 年版,第 99~100 页。

(2)内部监督职能虚化

在行业协会中,普遍存在缺乏设置监事会这样的内部监督机构的问题,也欠缺英美法系中的独立董事制度,仅仅是由理事会行使监督职责,这也是行业协会内部监督机制极为弱化的重要原因之一。此外,名义上的理事会召开的不确定性、成员的放任性、决策的形式性,都最终促成了监督机制的低效甚至无效的局面。

(3)服务职能的履行质效不佳

创设行业协会的宗旨与目标,实质指向的是服务功能。因此,能否提供良好的服务,决定着行业协会能否赢得权威性与认可度。一个行业协会能否获得认可、赢得声誉,最紧要的还是取决于其能为会员提供的服务满意度,其能否切实办实事办好事。此外,其成员覆盖度也不容忽视。一些企业类行业协会中的入会者,多为大企业,中小企业的入会的总体数量偏低。覆盖成员不够宽广,这也在一定程度上,体现了该行业协会服务的功能还没有得到充分有效的挖掘与应用。

3.商会类行业协会提升内部治理的经验借鉴

行业协会内部治理结构的优劣评价基准是:健全的制度、严谨的布局、有序的运行、社会的支持、经济来源的稳定和人才制度的完善。[①] 从动态运行的状态来看表现为,均衡各方利益,扩展代表的范围,赢得政府的认可提高在社会大众当中的信誉度。

(1)建立健全组织结构

行业协会内部治理的完善,必须解决人的问题,只有形成科学合理的人才队伍的选拔制度与可持续人力资源开发制度,才能提升人员与岗位的匹配度以及胜任力,确保组织结构运行流畅。[②] 为此,可以在商会类行业协会理事会人员的选举上,实行公开竞聘机制。只有行业协会的领导层保持活力,才能确保行业协会的高效率发展。与之配套,要通过工作人员专职化,即依据专业知识水准、业务熟练度、工作履历、职业操守与综合素养等因素,筛选人员,充实协会秘书处。为理事会更好地行使职责打好基础,以完善行业协会的法人治理结构。

[①] 毛俊华、林昕:《行业协会法制建设和内部治理结构》,载《上海市经济管理干部学院学报》2007年第3期。

[②] 彭敏:《行业协会内部治理结构运行中存在的问题和解决途径——以C行业协会为例》,载《学会》2014年第11期。

(2)科学合理地搭建内部治理运行机制

应逐步健全完善协会的权力机构会员大会,提升其代表性与民主性,同时,通过赋权赋能,增进其效能的发挥,使其能够更好地发挥组织、领导与掌控作用。就代表性而言,可拓展渠道,充分运用会商协商及咨询制度,给予广大中小企业充分表达意见的机会,防止行业协会沦为替少部分人谋私的工具;同时,要着力理顺会员大会、理事会和执行机构三者之间的关系,做到民主立会。此外,还应确保内部治理结构的建立,有助于通过内部权力之间的相互分工、制衡,使行业协会摆脱一直为人所诟病"政府附庸"的形象,实现真正实现为会员服务,践行好行业协会的初心与使命。[①]

(3)完善监督责任机制

应着力构筑起一套自主发展、自主运行、自我管理、自我约束的机制。尤其是要通过构筑有效的监督与约束机制,健全追责问责制度,确保各项活动在规则范围内运行,使得协会健康有序可持续发展进步,形成"行业兴带动协会兴、协会兴促进行业兴"的良性局面。

(三)律师协会的内部治理

1.律师协会的设立背景与治理理念

(1)律师协会的设立背景

新中国的律师协会,肇始于改革开放之际。在1985年7月25日,经中央书记处第221次会议决定:同意成立中华全国律师协会,在司法部指导下,作为全国律师行业自治与自律组织开展工作,在《中华人民共和国律师法》(以下简称《律师法》)中,其专设一章内容对律师协会进行规定,从其第五章第43条第1款规定的内容来看,明确了律师协会是社会团体法人,是律师的自律性组织。

(2)律师协会治理的理念定位

理念定位,所发挥的是导向和评价作用。树立良好的理念,可以有效保障治理的正确方向和道路,提升治理的效能和助推高质量发展目标的实现。从中国律协的章程来看,其宗旨的规定体现了其所追求的理念,政治上要确保其坚持党的领导和坚持中国特色社会主义道路;在专业的使命感上,要求其忠实

[①] 甫玉龙、史晓葳:《完善行业协会内部治理结构的探讨》,载《中国行政管理》2009年第7期。

担当起其作为法律工作者的职责,为当事人的合法权益的捍卫者,法律正确实施的维护者,社会公平正义的守护者,并服务于社会主义法治国家与社会和谐发展与文明建设。

2.律师协会内部治理的组织机构

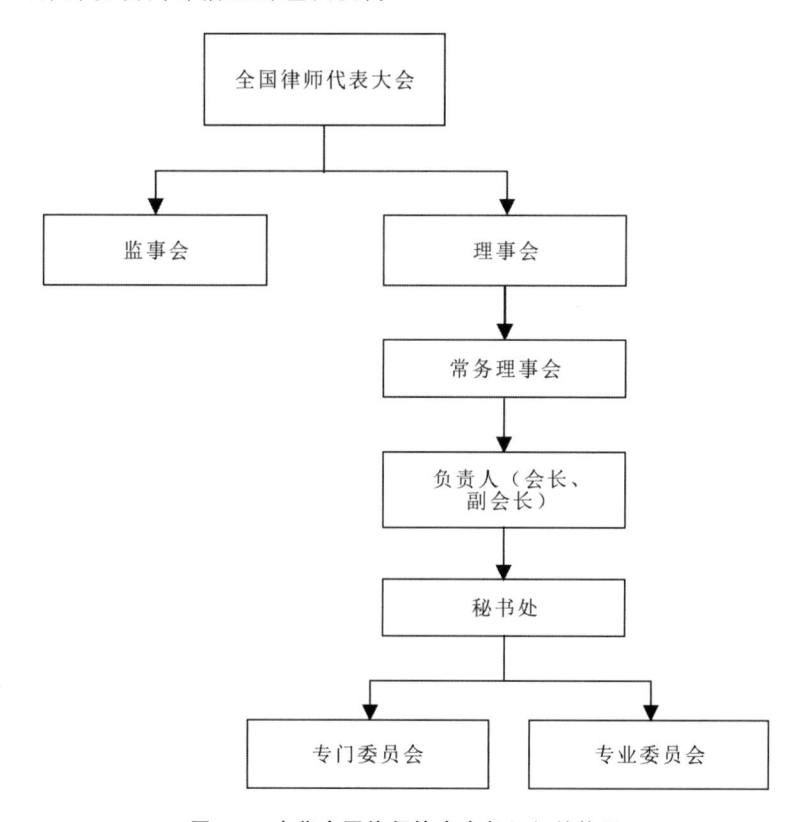

图 3-1　中华全国律师协会内部组织结构图

从图 3-1 可以看出,中华全国律师协会内部治理中最为重要的三个机构为全国律师代表大会、监事会和理事会。

最高权力机构:同其他组织的最高权力机构一样,作为中华全国律师协会最高权力机构的全国律师代表大会,享有章程的制定和修改等最高决策权,对协会理事、监事的选举和罢免权,对协会重大事宜拥有最终审议权等。

常设机构:理事会是全国律师代表大会的常设机构,主要对全国律师代表大会负责,并在其闭会期间,决定相应的重大事项。这些重大事项主要有三类:一是选举和罢免会长、副会长及常务理事;二是就办事机构、分支机构以及代表机构、实体机机构的设立、变更和注销;三是就协会其他重大事项作出决议。

理事会的日常办事机构为常务理事会。在最高权力机构和常设机构闭会期间主持工作,并遵照常设机构的部署开展相应的工作。

协会设监事会,作为全国律师代表大会的监督机构,负责监督理事、常务理事以及专门委员会、专业委员会履行职责的情况等。

此外,还设有秘书处,来专门负责实施最高权力机构、常设机构以及常务理事会的各项决议、决定,并监督协会的日常工作的开展。

3.律师协会内部治理的主要职能

从中华全国律师协会的章程来看,其主要职能包括五项,分别为:(1)保障律师依法执业,维护律师的合法权益;(2)总结、交流律师工作经验,制定行业规范和惩戒规则;(3)组织律师业务培训和职业道德、执业纪律教育,对律师的执业活动进行考核;(4)组织管理申请律师执业人员的实习活动,对实习人员进行考核,对律师、律师事务所实施奖励和惩戒;(5)受理对律师的投诉或者举报,调解律师执业活动中发生的纠纷,受理律师的申诉,法律、行政法规、规章以及律师协会章程规定的其他职责。

4.律师协会内部治理存在的不足及改进经验

(1)内部治理存在的不足

科学合理有效的治理制度体系,应是从组织的性质特点、使命目标、历史传承、文化传统、发展水平等基础上,内生性演化而成的结果。[1] 1996年第八届全国人民代表大会常务委员会第十九次会议审议通过的《律师法》正式确立了司法行政机关监督指导和律师协会行业管理相结合的管理模式。《律师法》第4条规定:"司法行政部门依照本法对律师、律师事务所和律师协会进行监督、指导。"[2]《律师法》本身并无关于司法行政部门对律师协会进行监督、指导的具体规定。理论上的上下监督关系,在实践中变形为"左右分权+上下行政"监督模式。这一做法导致了实践中司法行政部门对律师协会采取了行政管理方式。律师协会的内部运作仍然有着浓厚的司法行政管理色彩,在律师队伍的具体管理上,存在组织形式、管理人员、管理手段等方面的诸多不足。

---

[1] 胡华忠:《我国高校院系内部治理制度体系构建:精神理念、内涵要义与实践要求》,载《现代教育管理》2022年第3期。

[2] 王进喜:《论律师事业改革发展与行业党建》,载《中国司法》2021年第9期。

在理论和实践中,大多对律师协会是社会团体法人强调得多,而对律师协会的自律性强调得少,忽视或者不重视《律师法》赋予律师协会的法定管理职责;在落实《律师法》规定的法定职责方面,律师协会组织机构还不够健全,作为自律常态手段的行业规范和惩戒规则还不够完善。

(2)改进经验

在党的十八届四中全会提出要"加强律师事务所管理,发挥律师协会自律作用,规范律师执业行为,监督律师严格遵守职业道德和职业操守,强化准入、退出管理,严格执行违法违规执业惩戒制度"。其对律师队伍建设所提出的要求,究其本质来说是对律师管理提出的建设要求,是强调律师协会应当在规范律师职业行为中发挥应有的作用。一方面,应制定相应的律师行业规范与实施细则,并公平公正合理化解作为其会员的律师在职业活动中发生的纠纷;另一方面,也要履行律师业务培训和业绩考核、组织律师实习活动的义务,以实现职业群体内部的专业研究和经验交流。彰显严管厚爱的精神,助推律师执业行为的规范化建设。

就西方各国来看,尤其是美国,其律师协会不仅充任其国内整个律师界的代言人的角色,还是法律工作者的全国性机构;不但拥有律师管理制度的制定权、律师准入的审核权,也承担律师违纪行为的惩戒和日常事务的管理职能;除此之外,律师协会的职权还延伸至法学教育领域,负责对全国法学院进行考察与监督管理,并对律师再教育和职业培训进行规划和管理。在行业自律方面,日本比英国美国体现得更为明显,日本的律师管理职责由律师联合会,又叫作日本辩护士联合会和受其统领的律师会承担,律师联合会是"完全独立的自治团体和职业团体,负责领导、监督地方律师会及其工作",[1]主要负责对律师的准入、惩戒、培训和业务活动的监督指导。律师会则承担律师入会退会,制定律师报酬标准,向官方及有关公共机构举荐律师,协调化解律师执业过程中产生的矛盾与纠纷。

参考域外经验,律师协会不仅是律师的管理机构,更是律师职业群体的教育团体和培训机构。但由于律师协会的组织角色未充分发挥、职业自治组织的功能未完全实现,导致组织内的个体律师无法从中获得专业指导和职业群

---

[1] 王国良、黄瑞、肖萍:《中外律师制度比较研究》,江西人民出版社2003年版,第85页。

体内的互助。①

应当优化律师协会对律师专业化发展的支持功能,逐步实现律师协会功能从管理到管护的转变。律师协会的管护功能,对于推进律师个体专业化发展尤为重要。其本来的目的应当是提升专业技能的宗旨、在职业群体内实现互动互助,但由于缺乏适当的引导和监督而难免出现脱轨现象,随之而来组织负功能,如社群内活动质量难保证、社员之间的互动缺乏信任基础和规则约束、社群的长期生存难以为继。②

2017年7月,司法部、全国律协联合印发了《关于进一步加强律师惩戒工作的通知》,进一步明确了惩戒工作职责,建立健全司法行政机关和律师协会惩戒工作衔接机制,健全完善律师不良执业信息披露制度,对外通报律师不良执业信息。全国律协将把依法依规保障律师执业权利、严格规范律师执业行为作为一项重点工作常抓不懈,努力为律师依法规范执业创造良好环境,为人民群众提供优质高效便捷的法律服务。③

充分释放各主体活力,调动其积极性、主动性、创造性,才能提升治理效能,获得社会的认可与支持。鉴此,作为律师自治组织的律协,一方面,要花工夫在权责体系的构筑上,强化对律师执业活动的管理,为律师执业画定"红线",使得不越界,不逾矩;另一方面,也需要通过进一步强化律协服务于律师执业的组织使命感与责任担当意识,真正起到律师"娘家人"的作用。

三、国际运动项目协会内部治理的样本考察

(一)国际单项运动项目协会内部治理概览

我国运动项目协会内部治理改革的外溢效应,直接会影响其对标的国际单项运动项目协会。在奥运竞技运动项目视域下,国内单项运动项目协会的内部治理通常还存在着这些国际运动项目协会的治理链入,如我国的某些运

---

① 钟欣:《三重管理体系之下中国律师专业化发展的困境》,载《人大法律评论》2020年第1期。
② [美]W.理查德·斯科特、杰拉尔德·F.戴维斯:《组织理论:理性、自然与开放系统的视角》,高俊山译,中国人民大学出版社2011年版,第269~284页。
③ 张晨、宋安勇:《"举旗""亮剑"彰显严管厚爱——切实做好律师维权惩戒工作》,载《中国律师》2021年第11期。

动项目协会的章程允许争议纠纷当事人对其争议解决不服,可附条件地向特定的国际体育组织提起上诉。与此同时,国际单项运动项目协会在性质上是最接近我国运动项目协会的组织体,其内部治理的结构、经验无疑对我国运动项目协会内部治理的改革具有导向性的借鉴价值和意义。

尽管各国际单项体育协会在成立宗旨、内部结构和成员规模等方面,呈现出极大的差异。但在治理机制方面,大多采用的是自上而下的、"金字塔"式的层级制管治体系。尤其是国际单项体育联合会,其位于全球性单项体育运动管理系统的顶端。然而,与医疗、金融、工程、教育、文化、石油、粮食等领域行业组织一样,体育行业的腐败是制约体育事业发展的一大障碍,近些年以来的体育行业系列腐败案件,[①]对于体育事业的发展与内部治理带来了严重的负面影响。

严重的腐败问题、治理效能缺失等,使得国际单项体育协会面临合法性危机,甚至更为严重的会引发整个项目协会治理体系的崩塌。近些年来,权力膨胀及滥用、监督缺失现象,在国际体育组织中屡见不鲜。[②] 其中因监督机制的弱势而导致的腐败问题是国际体育组织自治权异化的极端表现,表现为权力行为与行为规则相冲突,权力的行使者违反法律和道德上的义务,为谋取私人利益而不择手段。这一系列备受瞩目的道德丑闻,引起了公众对国际单项体育协会内部贪腐问题的广泛关注,并开始思考与探讨如何进行改革与调整,以期能够逐步迈向善治,这方面的改革方案与建议,也为国际体育组织、国家体育协会以及地区体育社团的善治提供榜样。[③]

国际田径联合会就曾因腐败问题被起诉。更为世人瞩目的事例,当属2015年在国际足联第65届代表大会召开之时,瑞士警方逮捕了数名国际足联高级官员,随后将这些人员引渡到美国,在美国接受司法部门对于其进行敲诈、受贿、索要回扣、洗钱等多项罪名的指控等。而在这其中监管不力就是主要成因之一,在各项国际单项运动项目协会中,其内部多缺乏严格监

[①] 蔡立东、刘思铭:《社会团体法人自治与司法审查的实证研究》,载《法学杂志》2016年第12期。

[②] 康晓磊:《法律视角下国际体育组织自治研究》,载《南京体育学院学报(自然科学版)》2017年第6期。

[③] [比]阿诺特·赫拉尔特:《国际单项体育联合会善治评价体系构建及其实证研究》,任慧涛译,载《体育学研究》2018年第1期。

督问责机制。[1]

国际单项体育联合会要扭转这一颓势,应着力强化自身的合法性建设。而合法性建设的当务之急,就是亟须形成一个公正、诚信、透明的管理机构和治理模式,维护运动本身的公平性,并着力提升内部治理的有效性,最终实现善治。从具体的实施路径来看,应将重建组织诚信作为国际单项体育联合会善治和改革的首要目标,并通过提高协会透明度的方式,提升内部治理的有效性,抑制权力寻租行为。

(二)国际足球协会内部治理的考察

1.国际足球协会基本概况

国际足联兴起于战后足球组织在全球的传播。1944年当时国际足联有60个会员;到1964年,随着以前的殖民国家获得独立,该组织的规模增加了一倍多,成员达到123个,其中就有32个是在1960年至1964年间加入的。[2]

国际足联是一个注册地在瑞士的非营利性组织,于1904年5月在法国巴黎成立,瑞士只允许国际足联为了追求其非营利性目标而从事商业活动。[3] 在其现代历史中,国际足联追求其非营利目标,旨在"不断改进足球运动,并根据其统一、教育、文化和人道主义价值观在全球推广足球运动",并通过向足球运动投资来实现。

2.国际足球协会组织机构

为了更好地应对日益增长的行政管理需求,国际足联引入了正式的治理机构。在国际足联的内部治理框架结构中,国际足联代表大会是最高立法机构。理事会是战略和监督机构,由主席、副主席和理事会成员组成;理事会主席以及其他联合会主席共同组成理事会主席团;总秘书处是执行、运作和行政机构,在秘书长的指导下执行任务,并向理事会报告工作。另外还设有7个常设委员会行使不同的职能;设立独立委员会、足球法庭负责协会的治理审计、薪资、纠纷解决等事项(详见图3-2)。

---

[1] 黄世席:《国际足联善治的法律解读》,载《体育科学》2016年第1期。

[2] Eisenberg C., From Political Ignorance to Global Responsibility: The Role of the World Soccer Association (FIFA) in International Sport during the Twentieth Century, *Journal of Sport History*, Vol.32, No.3, 2005.

[3] See Swiss Civil Code, 10 December 1907, revised 1 January 2019, Art. 60.

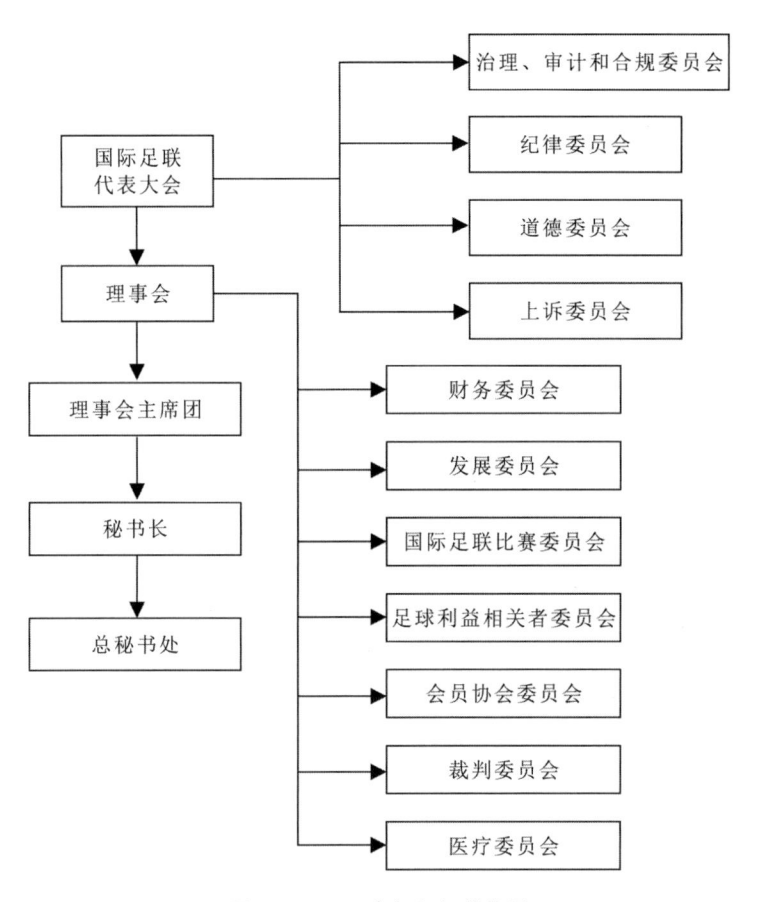

图 3-2　FIFA 内部组织结构图

国际足联代表大会包括普通代表大会和特别代表大会。普通代表大会是国际足联的常规会议形式，每年举行一次，会议主要包括通过和修改《章程》《章程实施条例》《代表大会议事规则》；审议主席报告、财务报表和审计报告；选举或罢免主席、副主席、理事会成员等职位候选人。特别代表大会可以由理事会决定随时召开，没有次数要求。

理事会作为战略和监督机构，一共由 37 名成员组成，分别是 1 名主席、8 名副主席和 28 名由各大洲会员协会选出的理事成员。理事会负责确定国际足联的使命、战略方向、政策和价值观、世界范围内足球运动的组织和发展以及所有相关事宜。但是有关国际足联的业务和财务事项的执行与管理，则委托总秘书处负责。理事会具有监督职责，主要通过总秘书处监督国际足联的

113

全面管理。

秘书长是国际足联的首席执行官。总秘书处在秘书长的领导下履行职责,主要负责日常运行管理,接受理事会监督并向理事会负责。

国际足联共设置7个常务委员会,分别是财务委员会、发展委员会、国际足联比赛委员会、足球利益相关者委员会、会员协会委员会、裁判委员会以及医疗委员会。上述常务委员会应当向理事会报告工作,并在各自的职能领域内向理事会提供建议和协助。

国际足联还设置4个独立委员会以及一个独立的足球法庭,分别是治理、审计和合规委员会,纪律委员会,道德委员会,上诉委员会。其中,后面三个委员会共同组成司法机构行使协会自治权。

3.内部治理存在的主要问题

为实现在全球范围内扩大足球运动影响力和普及足球运动,国际足联需要获得更多的资金来源,可以说,如果要有效践行"为世界"管理足球的使命,就迫切需要在足球领域实现更高度的商业化。因此,FIFA将世界杯等作为一种更有利可图的产品进行销售,吸引体育营销广告商以独家赞助球员和锦标赛的模式,获得丰厚的广告收入。

但是,伴随着商业化以及发展基金的启动,腐败现象也在不断滋生。与体育营销公司不规范交易可以说是现代国际足联腐败的第一个主要来源。然而,如果国际足联能够透明地证明其支出与其改善和促进足球运动的非营利目标有关,那么与足球相关的奢侈支出并不一定会导致腐败。但是,在国际足联内部资金管理问题上,由于其大部分资金如何花费的决定是在没有咨询会员协会的情况下作出的,并且在很大程度上,国际足联可自由支配足球发展基金,因此国际足联发展资金被滥用的情况屡见不鲜。

国际足联的腐败在很多情形下被解读为一种赞助政治,即向会员协会提供发展资金来换取选票,也即说以足球发展基金的支出作为筹码来创造政治回报。改革前的国际足联治理结构在很大程度上促进了这样做,该结构将权力集中在国际足联主席和执行委员会手中。例如,为了赢得国际足联主席的选举,布拉特必须向他的对手候选人伦纳特·约翰森承诺,将在推广和普及足球运动上投入更多经费和发展资金。①而要想在国际足联拥有足够的权力来帮助赢得世界杯申办权或争夺国际足联主席职位,就必须在国际足联拥有一个能够掌握发展资金支出的职位。

在2016年之前,国际足球的内部治理机制在遏制其"腐败文化"方面作用有限。实际上,早在2004年,国际足联就确立了国际足联的道德准则,并在两年后成立了道德委员会。但是,从实际运行情况来看,时任国际足联主席的布拉特,其有权通过道德委员会要求对他的对手进行调查和制裁。最为典型的就是布拉特公开批评哈曼曾在竞选主席期间向拥有选票的成员赠送现金礼物。随后国际足联开始对2018/2022年世界杯申办程序展开调查,最终道德委员会作出暂停哈曼在足球领域的职业生涯的决定。②

4.内部治理的改革经验评价

2015年8月11日,国际足联成立了一个由国际足联成员协会组成的改革委员会。国际足联在征求了马克·佩斯的意见和建议后,着手进行治理改革。佩斯在报告中建议道德委员会应更加独立于执行委员会,并要求对国际足联主席的任期进行限制,以及要加强对执行委员会成员个人诚信记录的调查。③当FIFA于2016年2月宣布其新章程时,执行委员会诸多的成员,包括布拉特在内,不再能够维持以往的对FIFA的控制权。然而,尽管推动了深刻的内部治理改革,但国际足联内部的腐败问题仍然存在。2016年2月的改革是否足以提升FIFA内部治理的合法性与效能,需要从这些改革是否构成解决三个协调问题的反腐败替代方案角度来加以考量。

(1)调整权力划分

改革的第一部分内容便是要在FIFA各机构之间重新分配权力。新修订章程中保留了几乎所有机构,但国际足联执行委员会被废除,取而代之的是扩大后的37名国际足联理事会。同时,为主席、FIFA理事会成员和司法机构成员设定了三届任期限制。机构的法定职责也发生了变化:FIFA理事会更名为"战略

---

① 参见《布拉特在FIFA的权力之路与"拦路虎"》,https://www.sport.gov.cn/n20001280/n20745751/n20767277/c21413718/content.html,最后访问日期:2024年9月23日。

② 参见《FIFA主席布拉特被爆停职90天,揭秘大独裁者如何只手遮天》,https://www.jiemian.com/article/400160.html,最后访问日期:2024年9月23日。

③ 参见《国际足联反腐再出重拳:布拉特和普拉蒂尼被"禁足"90天》,https://china.cnr.cn/xwwgf/20151009/t20151009_520093554.shtml,最后访问日期:2024年9月23日。

和监督机构",秘书处成为"执行、运营和行政机构,国际足联主席现在代表国际足联",而秘书长被界定为FIFA的首席执行官(CEO)。然而国际足联内部的职能分配实质上仍基本保持不变。虽然自2010年之后,FIFA对其章程进行了修订,赋予FIFA大会投票选举世界杯东道主的权力。然而,实际上,国际足联理事会却保留对FIFA决策的几乎所有主要领域的首要决策权,如预算、发展资金支出、FIFA治理条例、FIFA道德准则以及比赛和赛事的销售权。此外,还负责监督秘书处对FIFA的全面管理,并在FIFA秘书处的日常工作中享有雇用和解雇权力。这种治理结构仍然很容易受到国际足联理事会巩固权力的影响,就像FIFA执行委员会在改革前所做的那样。

首先,从"宪法"治理的角度来看,国际足联各机构之间依然还没有制衡制度。例如,国际足联大会作为国际足球联合会的最高"立法"机构,其本来有权制定各种"标准、政策和程序",并由总秘书处在理事会的监督下予以实施,但国际足联章程赋予理事会这一权力。在目前的结构中,国际足联理事会负责制定这些规则,同时负责监督其执行,并发布国际足联治理条例,将权力分配给总秘书处。

其次,从"公司"治理的角度来看,可以说,FIFA的部分目标是重塑符合公司模式而不是国家治理结构,例如明确任命秘书长为首席执行官;以此来看也可将国际足联理事会视作FIFA董事会,FIFA大会是国际足联的所有者或利益相关者。但是,即使依据公司治理模式来审视,FIFA仍然很容易受到管理不善的影响。虽然FIFA大会由各个成员协会组成,但是,这些成员协会并不能代表参与足球运动的所有利益相关者的利益。与大多数企业环境不同,FIFA的利益相关者价值最大化无法通过股票或媒体权利的估值来估算,因为其是一家非营利组织,主要目的是改善和推广足球运动及影响力。从理论上讲,FIFA代表大会应该由FIFA理事会负责,为FIFA的非营利目的而忠诚地行事。然而实际运行上理事会有权夺取大会的权力,并可以打着足球发展的名义行事,破坏作为良好公司治理核心元素的激励体系。

(2)组建独立的权力检查机制

改革的第二个主要部分是要在FIFA内部建立独立的权力检查机制。在2016年2月的改革中,要求其治理、财务及发展委员会的成员,应有过半数的成员是独立的,并要求审计与合规委员会成员必须都是独立的。治理委员会主要负责开展机构成员的资格检查工作,以确保他们不存在不当的利益冲突。另外,治理委员会、审计与合规委员会和司法机构都向国际足联大会负责,而不是向国际足联理事会负责,其希冀通过这些独立的体系提高对国际足联腐败的问责性。

为了解决"分配问题",国际足联需要采取一项政策,面对支出中涉及的权衡,征求利益相关者关于如何使用收到的资金的反馈,并强制正确使用资金。然而新的 FIFA 发展计划及未来规划很大程度上规避了上述政策。[①] 其增加了对成员协会和联合会的资助,并加强了对运营成本的问责。如国际足联要求成员协会与国际足联签订一份为期两到四年的足球发展战略合同,所有特定于协会的项目都必须在合同中列明,成员协会必须向国际足联报告进展情况,以获得未来的资金,协会要想获得全部 50 万美元来支付运营成本,就必须满足某些要求例如拥有女子职业联赛和青年联赛。此外,每个成员协会都必须对国际足联的发展基金进行独立的财务审计。然而,与以前一样,虽然 FIFA 的远期资金可能会得到很好的利用,改革后所有成员协会和联合会都必须对其总体支出进行独立审计。[②] 但一个协会或联合会预算的剩余部分没有这些限制,可能不会得到充分利用。此外,向国际足联成员和联合会提供资金的增加意味着这些机构可能会遵守对其资金的新条件,例如拥有女子足球联赛,而不会削减其现有预算,因为之前存在的腐败可能已经导致预算膨胀。只要成员协会通知国际足联,成员协会可以将国际足联的全部或部分远期计划资金重新分配给其他成员协会或联合会,而联合会向成员协会或联合会或协会之间提供资金是国际足联腐败的主要来源。

尽管 FIFA 以公共利益为准则,但纵观其发展历程,利益相关者的声音一直被排除在外,并且其利益十分容易被捕获。此外,FIFA 还没有强制要求对发展资金如何使用感兴趣的足球利益相关者在他们的支出中有任何发言权。相反,这些决定是通过与国际足联及其专家协商作出的。众多国际单项体育联合会也意识到随着体育赛事活动的商业价值的日益提升,面临的权力寻租的空间与引诱也越来越大,倘若不科学合理地构筑起一套合规与惩戒机制,则难以阻塞其进行权力寻租的意愿和行动。

[①] FIFA,FIFA Forward Development Programme,https://www.fifa.com/football-development/fifa-forward,最后访问日期:2024 年 5 月 17 日。

[②] FIFA Statutes:Regulations Governing the Application of the Statutes(2016 FIFA Statutes),Standing Orders of the Congress,April 2016,Art. 14.1.a.,https://resources.fifa.com/mm/document/ affederation/generic/02/78/29/07/fifastatutsweben_neutral.pdf.,最后访问日期:2024 年 5 月 17 日。

(三)国际田径协会内部治理的考察

1.国际田联基本概况

1912年7月17日,在斯德哥尔摩举行的奥林匹克运动会闭幕式之后,国际业余田径联合会正式成立,这也使得其成为田径运动的世界管理机构。在随后的10年中,伴随着国际政治与经济形势的变化,田径运动也进行了一系列的调整,国际田联更是更改了其名称,2001年更名成为"国际田径联合会",2019年再次改为"国际田联"(World Athletics)。并对田径赛事参与成员资格规则以及运动规则和规定进行了一定的更新。与此同时,其附属成员的数量也实现快速增长,达到了214个,这也使得国际田联运动跻身于世界最大的体育组织之列,其成员数目超过联合国。

国际田联的建立是为了满足对世界管理机构、竞赛计划、标准化技术设备和官方世界纪录清单的需要。然而,在一个瞬息万变的世界里,国际田联等国际体育联合会在试图接触新的观众和为其赛事寻找新的东道主时,需要未雨绸缪。同样重要的是,田径运动不再仅仅是追求高成绩、金牌和创造新的纪录,而是实现"全民体育"和确保尽可能多的公民能够参加田径运动。国际田联运动热衷于确保其参与人数和观众能达到最大数量。田径运动是人类所知的最古老的体育竞赛之一,"跑、跳、扔"是人类自然而普遍的身体表现形式。这项运动还提供了更广泛的价值观,帮助我们应对生活中的挑战。

国际田径锦标赛经常是在座无虚席的体育场进行比赛,并吸引了数十亿的全球观众。每届国际田径锦标赛的市场潜力都非常大,但奥运会和国际足联世界杯在全球的影响力和影响力更大。随着国际田径运动进入其存在的第二个世纪,国际田联的目标是进一步加强这一项充满活力的运动的影响力与吸引力,以便于为运动员和观众提供新的和令人兴奋的前景,并努力确保其组织和管理每一项运动赛事都经过审查、测试和鼓励,以争取卓越的竞技水平。

2.国际田联的组织结构

国际田联总部位于摩纳哥大力神港。除了主席和首席执行官的办公室外,其拥有来自近20个不同国家的约70名员工。

会员大会是国际田联和全国田径运动的最高权力机关。它负责制定和修改章程、决定重大政策方向等关键事务,确保田径运动的规范发展和国际田联的正常运作。理事会主要承担管理这项运动的职责,并负责所有与田径有关的决定,以及这项运动及其纪律的进行和管理。执行委员会负责与世界田联业务相关的所有决定。主席是国际田径运动和全球运动的领导者和代言人。首席执行官负责按照批准的计划和预算对国际田径运动进行日常管理。主席、首席执行官和13个部门均设在国际田联总部。另设有四个国际田联委员会:运动员委员会、竞赛委员会、发展委员会和治理委员会,其职责是提供专业知识的支持并为理事会提供建议。除了这些委员会之外,还有一些由理事会设立的工作组,仅在需要短时间内承担特定任务或项目时才任命(详见图3-3)。

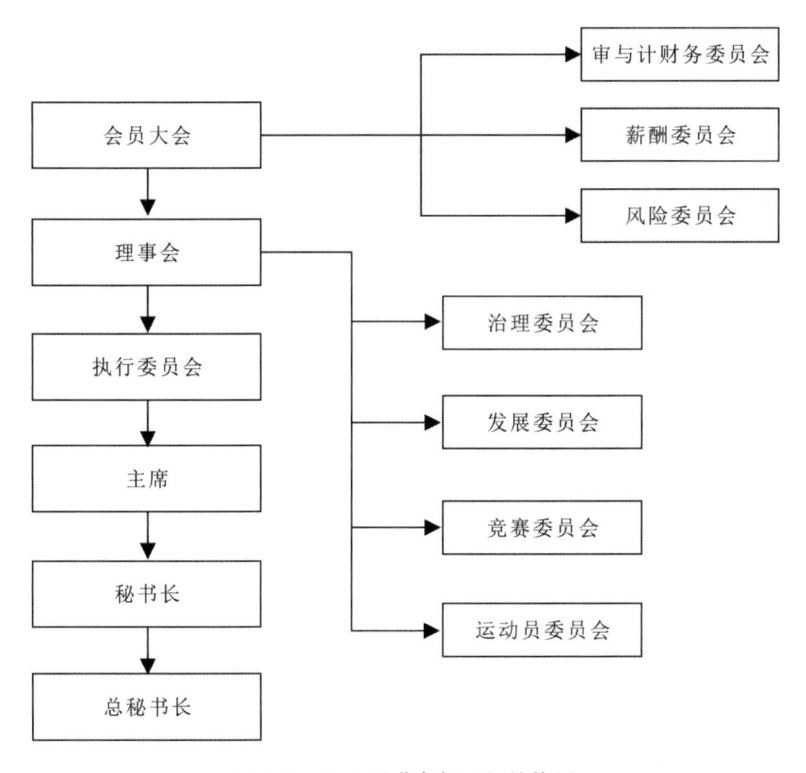

图3-3 国际田联内部组织结构图

除此之外,还分别按照审计与财务、薪酬、风险三类分别设置了三个独立委员会。三个委员会各有其职责:审计和财务委员会的主要职责是就其审计职能向执行局提供咨询和协助,以履行其财务报告和内部控制的职责,并就其财务职能考虑与财务管理有关的事项,以维护财务稳定,提高透明度和完善问责制。薪酬委员会的主要职责是在既定的薪酬政策范围内审查官员的薪酬并向执行局提出建议。薪酬委员会的任期也约为四年,其现在的委员会是从2020年任命到2023年选举大会时结束。风险委员会的主要作用是协助执行局履行其确定和管理关键风险领域的职责。风险委员会的任期也约为四年。

3.内部治理的改革经验评价

(1)改革的主要内容

国际田联面临的兴奋剂和腐败危机,要求对其内部治理结构和运作机制进行反思与评估。同时,这一系列危机也为国际田联进行治理改革提供了机遇。在频频遭遇危机之后,国际田联于2016年2月提出了要通过改革形塑一个现代化的、符合其宗旨与目的的治理结构,并成立一个改革工作小组,该工作小组主要由体育、法律和治理专家以及国际田联理事会成员组成。进行国际田径运动治理和诚信改革的基准就是要创建一个有效的组织,以及一个透明和负责的体育管理机构,并旨在回答三个关键问题:该项运动想要如何做决定、该项运动需要谁以及如何发展,以保持相关性,创造新的收入,并重新设计与年轻人重新联系的运动新元素。

基于这些关键问题,治理和诚信改革的四个关键元素也被划定为:重新定义角色和职责,包括授权成员联合会和确保更强大的地区代表性;提高运动员代表性;更好的性别平衡;独立的反兴奋剂、诚信和纪律职能。

在荷兰阿姆斯特丹举行的国际田联治理结构改革论坛上,代表国际田联六大洲地区的60多名代表出席了会议,并就其改革小组提出的15项关键建议进行了深入讨论,以期建立一个有效内部组织机构和构筑一套高效运行的机制,并确保其内部治理改革方案能为其提供所需的制衡机制和透明结构。其讨论的15项改革建议主要有:①大会将被确认为体育和国际田联的最高权力机构,国际田联理事会、执行委员会和其他机构将每年向其报告。②国际田联将设立一个新的公约,并在每次大会上举行,以鼓励广泛参与这项运动的未来。③理事会的作用将被明确为"体育运动的守护者",其组成将发生变化,以确保运动员的发言权和更好的性别平衡。它还将对新成立的执行局起到制约作用。④执行委员会将扮演"国际田联守护者"的新角色,成为拥有更广泛权力的管理委员会。并将改变其组成结构,以确保其具有适当的治理和业务技能及专门知识,七名成员中有两名由主席任命而非选举产生。⑤主席将继续扮演这项运动的代言人,但将减少个人权力,只在大会、理事会及执行委员会的授权下行使相应的职权。⑥副主席的人数将从四名减至两名,且男女各一名,由理事会选举产生。⑦财务主管职位将不复存在,财务职能将由专业人员和执行委员会的财务小组委员会管理。⑧规定主席、理事会及执行委员会的成员任职年限,每一届任期四年,且最长不得超过三届。⑨委员会的性质、数目和范围将得到审查,以便与国际田联的战略保持一致。这将包括现有的委员会,这些委员会将不再作为民选机构存在。⑩一个新的提名委员会将对国际田联各机构的所有人员进行诚信和资格审查。⑪将引入包含现有道德规范的新的诚信行为规范,将所有其他国际田联行为规则纳入一个规范。⑫将建立一个新的独立的田径诚信单位来管理所有兴奋剂和非兴奋剂诚信问题,包括负责所有国际级运动员及其支持人员的检测、调查和结果管理过程。⑬将设立一个新的独立纪律法庭,审理和裁决《廉正行为守则》下的所有违规行为,因此"一个守则一个法庭",将现任道德委员会(及其可能的成员)的职能移交给该法庭。⑭每年将对财务、诚信和治理职能进行新的外部审计并向大会和/或会员联合会报告。⑮将制定适用于所有国际田联机构的透明度标准,包括在国际田联网站上公布机构组成,国际田联官员的决定、报告、薪酬和纪律法庭的决定。①

(2)评价

第一,改革方案将更加注重强化审查和问责机制。例如,担任国际田联职务的每个人都需要满足资格条件,包括诚信审查,并有严格的义务披露国际田联以外持有的权益。此外,还将向会员联合会提交详细的年度报告。国际田联的许多职能也将受到更加独立的监督。例如,国际田联职位候选人的筛选将由一个独立的提名委员会进行。外部独立审计员也将参与审计国际田联的廉正和治理职能,以及现有的财务审计。

第二,改革方案致力于实现权力分配与制衡。在国际田联规则的运作和执行中,行政力量的行使将大为分散,避免权力集中与行使的独裁。为了更好地实现权责相一致原则,其各个机构的角色和职责将得到更好地界定。例如,理事会的角色是作为这项运动的监护人,而执行委员会的角色将是作为国际田联这一组织的监护人。国际田联的领导和管理职位将通过最长任期不断更换。并且,权力下放将消除任何一个人包括主席单独行事的权力,实现权力的相互制约与均衡。例如,除了在明确授权范围内行事的首席执行官之外,主席对国际田联工作人员没有直接的权力。此外,纪律法庭将拥有有效执行任何

---

① IAAF: Reform of the IAAF—A New Era, https://www.worldathletics.org/news/press-release/reform-of-the-iaaf-a-new-era,最后访问日期:2024年5月17日。

违规行为的机制。独立的田径诚信单位将有自己的董事会和工作人员,并与国际田联分开设置和运作。

第三,改革方案致力于提升内部治理的专业化程度。国际田联将采取一系列措施,包括在国际田联内部建立责任制,确保拥有适当技能和专业知识的适当人员从事适当的工作。例如,执行委员会将拥有管理国际田联数百万美元业务所需的专门知识,在7个职位中任命2个,而不是选举产生。这将有助于填补以往的执行委员会任职人员在专业技能上的不足与弊端。

第四,改革方案致力于提高内部治理中的道德诚信度。该提案旨在促进国际田联行为道德和诚信的文化。例如,道德合规官的新职位将确保提交和审查利益以及利益的披露。此外,新的诚信行为准则将规定预期行为的标准,并以系统、实践、政策和程序为基础,以维护这些标准。

第五,为了提高代表性和透明度,新的国际田联大会还将确保代表更广泛的体育利益相关者和合作伙伴的更多人能够对这项运动的未来持有发言权。此外,国际田联的决策过程将会更加透明。如理事会和执行委员会的组成和决定将被公布在国际田联的网站上,并有更进一步的提议要求其会员大会对媒体开放。

四、法人类组织体内部治理的样本考察

(一)营利类公司内部治理的考察

1.公司内部治理架构的总体理念

公司内部治理理念,主要体现在公司内部治理的制度与原则中。企业发展到不同阶段,有着不同的管理理念。从19世纪到20世纪,公司治理的理念发生了变迁。最初的公司,主要以股东大会中心为理念构建公司内部治理制度,以委任制理论来规制公司股东大会和董事会之间的关系。在公司的目标上,现代公司的主要目标,在于实现其所有权归属者股东的利益最大化,而构筑起独立的强大的董事会和形成适当的经理激励机制,是实现公司治理效能有力提升、进而有效保护股东利益的最佳实践方法。[①]

---

① 平力群:《日本公司治理平成改革评析》,载《现代日本经济》2021年第3期。

2.公司内部治理机构的具体设置

公司治理,堪称现代企业制度的内核内容,而董事会制度又是公司治理中极为关键的部分。毕竟,公司的各项发展战略决策的作出,均需要通过一定的组织机构表现出来。纵观世界各国对公司组织结构的设置情况,大抵归纳为单层委员会制与双层委员会制两种体例。以英美法系为代表的公司组织机构主要有股东会和董事会,以大陆法系为代表的公司,其组织机构主要是三会,即股东会、董事会与监事会。我国公司治理的实践,是在吸纳大陆法系双层委员会的基础上,将公司的组织机构分设为股东会、董事会、监事会和经理层。《中华人民共和国公司法》(以下简称《公司法》)对公司的组织架构模式进行了相应的规定,分别设置了三个部门和一类人员。其中,股东大会为企业的权力部门,拥有裁决企业重大项目是否执行的基本权力;董事会属于企业的经营决策机构,它对内掌管公司事务,对外管理公司的经营决策以及业务操作的权力;经理则为掌管企业日常经营活动的有关工作人员;监事会为企业的经营管理监督部门,对企业的经营管理进行监督和评估。可以说,权力的配置与日常运营的监督管理,是公司内部治理制度的核心内容。这四种权力之间的制衡,共同构成了公司的内部治理体系。逐步开展的对决策与日常运营管理制度的完善、监事会作用的强化,以及对公司的董事、监事、高级管理人员约束机制的建立,进一步完善了其法人治理结构。

3.公司内部治理结构呈现的问题

时下公司治理为人所诟病最多的,是其对股东的法律保护薄弱、外部治理机制无效的状况。在这种情况下,有望在解决这一问题方面发挥更加普遍的作用的关键点就落在了其内部治理机制的变革上。与大多数新兴经济体一样,公司的特点是股权结构高度集中,而外部治理机制,如公司控制和首席执行官的竞争市场不发达。而且,由于《公司法》在企业内部规定层面是以股东立场和股东彰显主义为基准来进行制度架构的,因此,在公司治理中往往只注重董事会的作用而漠视监事会的职能,导致我国公司治理的监事会沦为摆设。

尽管我国公司治理机构在继受了大陆法系的双层委员会制的基础上,又吸收借鉴了英美法系单程委员会制的独立董事制度,我国公司内部治理结构设计上可谓是两大法系的混合体。但是,我国公司内部治理在实际运营过程中仍显现出不少问题,主要集中体现在内部治理机构相互制衡机制的缺失。[①]

(1)股东会流于形式主义

股东会难以有效地行使对法定事项的最终决定权。股东会为非常设机构,仅仅依靠每年召开一次的年会和特定情形下的召开的临时股东会的方式来对董事会职权进行制衡,往往事与愿违,难以奏效。且股东会的召集权限属于董事会,这实际上导致了股东会受制于董事会。董事会对股东会负责也流变为对大股东负责,希冀的股东会对董事会的制衡实质上成了大股东自身对自身的制衡,这显然是有悖于制度设计的初衷的。并且,逻辑和实践中也再次证明大股东侵害小股东利益的案件即现行公司内部治理此种问题深重之呈现。

(2)董事会结构失衡

在公司实际运转过程中,董事长兼任总经理的情况较为普遍,尤其是从上市公司来看这一比例较高。这种做法在一定程度上造成了公司决策机构和执行机构职责不分的问题,严重影响了公司领导机构的运作效率。从董事会中担任董事的人员构成比例来看,经理人员的占比也明显高于外部董事和独立董事,使得董事会的权力结构失衡,缺乏一定的独立性。由于董事选举实行资本多数决和一股一票原则,在事实上形成经理层自我监督的局面。使得董事会对于经理层形成有效的制衡机制的目的落空,决策层和经营管理层混杂在一起,董事会也就失去了其应有的价值,而蜕变为内部人控制公司的工具和手段。

(3)监事会监督功能失灵

监事会监督功能之所以未能得到有效的施展,一方面是由于对于其是否行使监督职能缺少制约和审议,另一方面是规则层面上,有关其监督职能的行使的内容在科学性、合理性及可操作性上有所欠缺。这两个方面的原因,也最终造成公司的监事会监督职能的形同虚设,有关监事会行使监督规则的法律条款沦为"稻草"条款。细而言之,一方面在监事会的人员构成上,虽然强调了利益攸关方参与,但是忽略了对有关主体如小股东代表参与监督公司意愿的考虑。小股东往往缺乏动力与意愿参与公司活动,因此在实际运行过程中,不会作为股东代表出任公司的监事,最后往往是少数大股东成为监事。由代表大股东利益的监事会来监督和制衡同样代表大股东利益的董事会和经理层,

---

① 郑云瑞:《公司法学》,北京大学出版社2019年版,第413、417页。

且公司职工受制于公司董事会和经理层,以职工代表的身份出任监事的职工监事来监督公司的董事会和经理层,往往不切实际。另外,监事会的监事大多缺乏相应的专业知识,难以保障其对公司业务监督职能的发挥,尤其是涉及公司的财务问题时,不具备相应的专业知识和相应的教育背景,根本无法履行监督职能。此外,目前来看,在公司内部治理制度设计上,监事会职权行使缺乏相应的保障机制和配套举措,法律规定过于简单,实践操作性不强,尤其是在监事会财务监督权上,法律并未对监督的内容、方式、手段、程序和保障加以规定,使得监事在行使财务监督权遭到拒绝时,没有任何可以快速便捷的措施和手段可供采取来予以救济与支持。

4.公司内部治理演进的根本逻辑

虽然世界各国公司治理的基本结构大同小异,但造成各国公司治理结构制度运行的实质性差异,主要在于公司内部运转机制,即公司内部治理结构的各个机构的内在运行规则所确立的运作机制。公司治理机构制度的核心为公司内部治理机构机制,现代公司治理的根本思路,就是应该坚持不断建立健全完善治理结构,科学合理地厘清公司的各个职能机构的权责关系,在治理结构上达到定位清晰、权责一致、运转良好、制衡有效的状态。[①]

为了确保企业更为科学有效规范地成长,并强化企业内部结构中监事会的积极作用,首要问题是确定好监事会的全面监管权。在英美当下的公司治理结构中,其治理的重点在于解决好委托代理问题,协调好公司的两权分离带来的矛盾与冲突,并酌情开展相应的治理效能审议或评估工作,适时地对其职能范围进行优化调整,以此来管理、激励和调整合同和董事会,必须有效地发挥作用,以确保公司的价值实现最大化。

5.公司内部治理效能的提升方案

(1)公司决策与执行机构的运作机制

提升公司内部治理效能,就是要支持作为企业的公司努力追求效率,降低交易成本,选择最适宜公司实际情况的内部治理机制。董事会作为公司的决策和执行结构,是联系公司股东会和经理层的纽带中枢,也可谓是公司内部治理结构的核心。公司董事会运作机制的健全与完善,是提升公司内部治理效能的关键。为此,一方面,应制定基本治理制度和基本管理制度。考虑到在实践中董事会对于公司基本治理制度和基本管理制度的制定不够重视,而这又

---

① 宋云峰、于佃伦:《国企混改合规手册》,经济科学出版社2019年版,第4页。

恰恰是公司有效运转的保障与指南，是公司治理机制形成的基础。另一方面，董事会与总经理之间理应形成一种分工与合作及监督制约的关系，公司董事会监督制约公司经理层的日常经营管理行为应当是一种正常的状态。但是，若由公司的董事长兼任总经理，则无异于导致监督约束机制的丧失，经理层有更大的盈余管理空间。故而，亟须在内部构筑起一套有效管用的监督运行机制，使得内部监督与制衡能够得到真正的贯彻落实。

最后还应注重加强对于专业委员会的设立和运用，专业委员会是确保董事会充分合理有效履职的基础与保障。尽管在我国现行的《公司法》条文中并未对公司专业委员会的设置作出任何规定，但是从我国证券监督管理委员会和国务院国有资产监督管理委员会的规章内容来看，其就有关董事会专业委员会的设立进行了详细规定，以确保董事会实现科学决策，提升其决策效率与决策的专业化水平与质量，丰富其专业结构。提升其决策的科学性、合理性与合规性，更好地发挥其在公司内部治理中的作用，维护好公司利益，实现高质量发展。

故而，要求公司的经营管理层董事会及其成员保持客观、无私、尽责、诚实、值得信任和工作高效的状态，作为组织的管理者，应当总是以善意而行事，而非为了个人利益，在做出决策时应当履行合理的注意义务。注意义务，则主要关注作出决策的过程，强调有责任和义务告知、询问、参与审议和做出判断，对组织的活动开展情况和运营状况予以适当的关注。忠实义务则是要为了实现组织的最大利益而行使自己的权利，利用组织的资金和财产，以促进该组织使命的达成。为避免组织成员为了私人利益或其他组织的利益而利用组织等类似事件的发生，必须建立适合组织自身实际的利益冲突政策，通过信息的披露和投票程序来帮助保护组织利益以及涉事组织成员。

至于经理层，无论其是外聘产生，还是由股东或董事兼任，客观上都存在委托代理问题，而解决委托代理问题的关键在于对于经营者实施约束与激励。约束主要通过社员大会与监事制度来实现。但是，除了约束机制外，还需要特别重视激励机制，以此来助推经营者不断努力工作。经理作为公司的代理人，也理应按照委托代理中相关代理人的责任规则，强化其在公司治理过程中的使命感与担当意识，促进其尽职尽责。

(2)监督机构运作机制

依据我国《公司法》的规定来看，主要对公司的经营情况行使监督职责的职能部门为监事会。从形式来看，尽管监事会也好，董事会也罢，二者均是由公司的权力机关即股东会选举产生,并对股东会负责,二者在公司的结构体系中相互平等且各自独立。然而,在实际运行过程中董事会往往牢牢控制着公司,而监事会在公司治理结构中又不具有任免董事会成员的权力,故而监事会在公司内部治理体系形式上独立于董事会而实质上却是依附于董事会。监事会监督职能的发挥实际上处于虚化的状态,故而在公司法学界对公司监事会这一机构的设置及其功能发挥的批判也较为激烈,监事会在公司治理中往往被认为是"皇帝的新装",仅仅是徒有虚名而已。

为了有效弥补监事会的缺陷与不足,并在公司的内部治理中逐步加强监事会的职权,成为探索公司内部治理改革的重要议题。为此,提出了一系列的改革建议,主要有如下几点:

一是要努力探索在公司内部治理中如何有效扩大监事会的职能。世界上各个国家为了强化监事会的监督效能,建议可仿效德国的双层委员会制,提高监事会的地位,将监事会与董事会由平级关系转变为上下级关系,如通过将监事会设置为董事会的上级机构,并建议增加监事会的财务审查权、业务检查权、人事监督权、公司代表权和股东会召集权。参照域外的立法,监事会随时可以调查公司的业务项目开展和财务状况,并要求董事、经理向监事会报告营业状况,就董事会拟提交给股东会的议案、文件的合规性与效能性展开质询。

二是逐步完善监事会的人员组成要求。从积极的层面要求监事需具备一定的法律、会计、管理知识,以及学历标准、专业标准以提高其专业素养、整体素质与监督能力,实现增强监事会监督的客观性与独立性的效果。

三是改进监事会的相关程序规则,应该在改进公司内部治理过程中,通过法律或者法规、规章等,详细地规定好监事会行使监督职责的程序细则,使其有章可循。另外,公司同时也应该在公司章程中对于监事会议事规则进行明晰化规定,使得监事会行使其职责时有具体确切的程序规则做保障,同时其能够切实严格按照程序规定来进行。

(3)注重对执行者激励机制的设计

对于执行者无论是经由聘任产生,还是由社员兼任,都应注意杜绝其追求自身利益最大化的倾向与偏好,避免出现其为了谋求私利而牺牲委托人的利益。由于不可避免的信息不对称的存在以及契约的不完全性,仅仅对其进行约束,只能是解决代理问题的必要条件而非充分条件。根据经济学中的"经济人"假设原理与管理学中的自我实现假设原理,对经营者实施激励机制,可以有效地平衡好谋求私利与实现集体公共利益的倾向。无论是对于个人还是组织,单纯的约束或者惩戒,都不足以完全奏效,需要采取一定的激励措施。况且,对于公司经营者的非效率性行动,一直以来也都是通过董事会制度、会计监事制度、薪酬制度、股份市场制度等治理制度来进行抑制的。

(二)慈善类捐助类法人内部治理的考察

1.法人内部治理总体概览

(1)慈善类捐助法人的使命与功能

近年来,随着我国经济实力的不断增强,人民可支配收入的增加,文明意识的提升,社会各界对于慈善事业的重视程度正在不断提高。我国的慈善事业也因此得到了迅猛发展,慈善组织的数量与规模不断壮大。慈善组织作为中国社会组织中最具有公共性、社会性和影响力的主体部分,承担着公益慈善资源配置的基本职能,[①]并有可能形成相对独立的公益生态系统,进而构建以公益为核心的新型社会组织体系。[②] 由第十二届全国人民代表大会通过的《中华人民共和国慈善法》也明确要求:慈善组织应当将面向社会、开展慈善活动作为其组织的宗旨。

(2)慈善类捐助法人的内部治理机构

作为捐助法人的慈善组织,与基金会、社会服务类机构及宗教活动场所一样,均属于非营利法人。所谓非营利法人,即强调该类法人是以公益为目的,而非以营利为目的。慈善组织作为公共服务的重要供给主体,在《民法典》中已经将其定为捐助法人,其也理应按照捐助法人的治理结构进行相应的制度架构。在有关慈善类捐助类法人内部治理机制问题上,《基金会管理办法》仅在第3条进行了较为粗浅的规定。此后,在由国务院于2004年颁布实施的《基金会管理条例》中,进行了进一步的细化补充,使得其内部治理规则更加全面。就其内部的主要治理架构而言,也同公司内部治理一样,分为决策机构、

[①] 《慈善法》对慈善活动进行界定时也罗列了"公益活动"的具体类型,即慈善活动是指自然人、法人和其他组织以捐赠财产或者提供服务等方式,自愿开展的下列公益活动:(1)扶贫、济困;(2)扶老、救孤、恤病、助残、优抚;(3)救助自然灾害、事故灾难和公共卫生事件等突发事件造成的损害;(4)促进教育、科学、文化、卫生、体育等事业的发展;(5)防治污染和其他公害,保护和改善生态环境;(6)符合本法规定的其他公益活动。

[②] 王名:《国家治理语境下的社会组织发展》,"社会组织参与社会治理高峰论坛"主旨发言,2017年9月15日,上海。

执行机构和监督机构。三个机构相辅相成、互相制约、协同互进,共同形成一个有效的内部治理结构。

慈善组织的内部治理能力,即通过相应组织的制度、规范与规则,综合利用各种资源,达成组织所追求的目标与使命的能力。慈善类组织内部治理能力的实现,离不开一个有效的内部治理结构的支撑。因此,可以说内部治理结构,对非营利组织健康发展具有决定性作用,如果说外部治理结构是非营利组织发育生长的社会公益生态环境,那么,内部治理结构则属于非营利组织自身架构和运行机理的范畴,从内因和外因的作用关系上看,内部治理能够左右并最终决定非营利组织的价值取向和发展定位。

2.内部治理存在的主要问题

(1)内部治理组织机构科学性有待提高

科学合理清晰的职权职责划分,是有效确保日常运营活动有条不紊进行的前提条件,也是内部治理最核心的部分。建立一个完善的理事会和可良性发展的决策机制,对于社会组织的发展与提升运行效率而言,无疑是十分重要的。通过考察社会团体内部决策机构理事会的设立组成及职责、理事会的监督制度及其实际运行情况,发现存在着主体行为界限不清晰、权责不明晰等问题。一方面,作为慈善组织的决策机构,通常为理事会,负有检查和确保组织遵守其所有的法律义务和管理监测和纠正不当行为的责任,并应充分保障其管理的成员或受托人、工作人员和志愿者都熟知并坚守的正式的书面伦理准则。另一方面,慈善组织应该采用和执行如公开、回避和其他妥善处理方式的政策及程序以确保避免利益冲突。要严格落实举报人保护措施,坚决避免因举报人举报违法或违背组织政策行为的信息时而受到打击报复情况的发生。

(2)运行过程中内部的监督机制有效性存在不足

监督机构的运作方式并不专业,主要表现在专业人员介入、监事会会议召开的频率、会议记录的完整性、监事会会议作出决策的科学性等方面并未建立起一个完整、科学的体系。组织也应当将其运营信息,包括治理、财务、计划和活动等,尽可能广泛地告知公众将运作过程、工作的年度计划及发展规划进展等向社会公众公开,及时地公之于众,保障公众的知情权。构建双向交流互动机制以及反馈机制,对于社会公众的疑问与不解予以解答和澄清。此外还应考虑提供和分享其用于评估自身业绩的方法和结果。

(3)日常运营状况合规性、公开化水平有待提升

从某些慈善类捐助人被质疑私吞善款等事件看,这些涉嫌贪腐事件使得

公众对基金会的支持力度急剧下滑,基金会的未来走向堪忧。慈善部门,尤其是私立慈善部门,是一个通过私人行动来创造公共福利的部门,其生命力在于社会公众的信任与支持,在于公众对其能否达成其使命与宗旨的信心。而这一种信心、信任与支持,有赖于其开放性与透明度,其中,可靠、相关的慈善组织信息无疑是一项重要的指标,尤其是在其财务管理信息公开完整架构的建立上。譬如英国慈善组织会计规范的发展过程,实际上也是英国民间和政府共同探讨如何满足慈善组织信息使用者需求的过程。在财务合规性质量完成较好的情况下,英国慈善组织会计规范的重心已经从财务合规性转向关注慈善组织的业绩和治理能力这一更高层次的目标。但就我国目前的情况来看,慈善组织的财务合规性仍然是我国当前及未来一段时期会计监管的重点。[①]完善的资料管理体系以及全面及时对外信息披露机制,有助于确保合规,履行信息公开方面的义务,完善内部信息公开管理体系,从而形成标准化作业流程。[②]

作为汇聚社会爱心、互助的社会公益组织,其生命力就在于社会信任度的高低。有关社会组织内部信息不公开,经费款项使用不当的报道屡见不鲜。这也正是社会组织体内部运作不规范造成的社会组织与社会大众之间的矛盾,对此必须通过加强自身的监督机制来加以防控。鉴此,国务院在2014年颁布的《关于促进慈善事业健康发展的指导意见》,就慈善组织的公开性与透明度机制建设作了一系列的规定。[③] 其中信息公开就是很重要的一个方面,具体包括是否建立信息公开管理制度、信息公开的具体实施情况,以及未来信息公开的规划。

3.内部治理改革的指导原则

在我国公益慈善事业快速发展的社会大背景下,加强我国慈善类公益组织的内部治理能力建设成为当下亟待解决的治理难题。在域外,欧洲基金会中心就提升捐助类法人如何强化内部治理能力建设,提出一套良好的治理准

---

① 王瑶:《英国慈善组织会计规范的演进特征及对我国的启示》,载《财务与会计》2012年第3期。

② 如《社会团体登记管理条例》就有专设"信息公开"一章,明确了登记管理机关、社会团体的信息公开义务,鼓励社会公众对社会团体进行监督,提高社会团体的透明度,提升公信力。

③ 王伟红、崔竹青:《基金会信息披露:制度演进、演进特征及优化方向》,载《财会月刊》2021年第1期。

则体系,并着重就治理的独立性、良好管理、透明度、问责制四个层面来加以评估与衡量慈善类公益组织内部治理能力的优劣。

(1)独立性

由财物聚集而设立的财团法人类非营利组织,如基金会,应采取理事会治理结构。就其理事会的人员构成来看,通常应由两部分人组成:一部分是组织内部选举产生的理事,另一部分是组织外部的利益相关者代表。针对目前理事会成员多数由政府任命的特点,在制度安排上应考虑建立独立的理事制度,同时在内部理事和外部理事构成比例上,应充分照顾外部利益相关者的席位,确保外部理事占有较大比重,从制度上杜绝内部人控制现象。为防止出现理事会执行主席左右投票的情况,在其提出议事内容或对某个问题作出解释后,会议执行主席可不参与投票表决。为提高理事会议决策效率,对某一问题会议作出讨论决定的,不再进行投票表决。在具体运作上可采取两种方式:一种是对重大事项通过理事会议民主协商讨论形成决议,按决议内容组织实施。通常情况下,召开理事会议,多半是由理事会选举产生的理事长来主持。一般来说,理事长也是该组织的法人代表,应当由具有强大的影响力的社会贤达担任,不能由公职人员担任,以确保独立理事制度的正常运行,减少和避免政府对组织的不当干预,维护非营利组织的民间性和自治性。另一种则是授权理事长个人自主决策,替代全体理事参与的"同意式决策"。即在满足特定条件时,无需召集理事会,可由理事长就相关事项直接作出决策,更好地满足反应迅捷的要求。同时,也可以节省会议成本、提高决策效率,确保执行效率的提升。

(2)良好管理

近些年来我国的一些民间慈善组织和草根慈善组织,如上海某公益基金会,其在运营绩效、公信力水平、在社会享有的美誉度及公益慈善形象等方面都得到了极大的提升与改善,从根本上是源于其拥有良好的管理水准、形成了全流域的、全要素的项目管理能力,在战略规划能力、战略实施能力上都得到了不断地提高,运营模式高效、回应能力强。要想发挥其社会作用,首先要把握好招聘标准,选择具有丰富管理经验和社会工作阅历的高素质人才,发挥其在组织管理上的创新创造能力,以保持组织的鲜活生命力;其次,要给予合理的待遇,薪酬福利要确定在一个同行业可以比较的水平上;最后,要打造动态的岗位选任与人才提拔机制,形成竞争有序的人才市场环境。

(3)透明度

对于一些资源依赖型的社会组织而言,缺乏透明度往往成为腐败滋生的缘由之一。这也促使一些组织、非政府组织和学者在研究治理中,对于如何在社会组织的组织机构建设与机制运行过程中提高透明度,特别是提高与财产管理与使用有关的透明度上予以高度关注。尤其是在以"郭美美事件"为典型的丑闻被新闻媒体曝光后,没有及时地给予回应,引发公众的不满。为此必须科学合理地塑造其内部评估与监督机制,以此来增强社会组织及其职员的责任感,从而督促其更加注重公共责任的履行。

(4)问责制

所谓问责制,重点在于问与责,即询问与担责两个方面,其主要蕴含两个层面的内容:一是担责的问题,即要对不当行为进行责任追究;二是询问的问题,责任人向问责人就其履行职责的情况做出清晰的解释。[①] 内部监督机制的缺失或运转失灵,直接将影响组织的问责性和透明度,并有可能由此滋生腐败问题。故而,在强化问责制的进程中,应全面地涵盖各类主体,实现制度管人和人管自己的有机统一。我国公益组织若不主动地建立起一套责任机制,主动地承担起责任,形成切实有效的自我监控与披露制度,有效地保障其责任性,将可能产生廉洁方面的问题。

4.内部治理改革的实施方案

作为捐赠法人的慈善类组织,具有高度的资源依赖性。意欲有效地运营与发展,必须获得良好的社会信誉与声望,赢得公众的信任与支持,确立起良好的形象。为此,一方面,要确保其在社会公益慈善类事业中积极发挥有效的支撑与助推作用。另一方面,要确保自身保持廉洁自律、尽职尽责工作作风。如此才能获得更多的社会捐助者对其活动的鼎力支持。此外,基金会必须接受公众发出的问责和监督。通过问责制下信息透明度的提高,基金会可募集到更多的资金,因而其应重视信息披露,并通过这种方式表达其合法性从而赢得公众的认可。[②]

(1)加强组织日常运行过程中的透明化建设

在我国慈善捐赠领域,长期困扰非营利组织和社会公众的突出问题是公

[①] 周仲飞:《银行法研究》,上海财经大学出版社 2010 年版,第 88 页。
[②] 王伟红、崔竹青:《基金会信息披露:制度演进、演进特征及优化方向》,载《财会月刊》2021 年第 1 期。

信力不高,人们想要捐赠又害怕上当受骗。在慈善捐款的使用管理上信息闭塞,不能及时向社会公布,接受公众监督,这是造成违法违纪现象的根本症结。财务绩效是非营利组织的核心绩效,是考核组织内部治理水平的重要指标,是非营利组织自身实力和综合竞争力的评判标准。由于非营利的组织属性,在指标设定上首先要考量组织的筹资能力,其次要评判资金使用方向和投资结构能否体现公益性和公平、民主、透明,能否规避内部人控制等问题,主要评判标准可参照企业财务指标设定,突出资金使用效率、财务积累能力、可持续发展能力等指标。细化完善基金项目支出事项的开支范围与开支标准,以明确慈善支出治理依据。[①] 在此基础上逐步建立多元的评估机构,即引入政府对社会组织的评估、利益相关者评估与独立的第三方负责社会组织的评估。

非营利组织开展活动,必须以稳定可靠的经费作保障,而获取与其规模能力相适应的足量经费,需要建立一套有利于获取社会资源的财务管理制度,这不仅是非营利组织内部治理的重要内容,也是其与外部保持良性互动关系的平台,更是非营利组织提高自身能力和社会公信力的可靠保障。因此,应有效地嵌入知识管理模式,并以此为基础,不断提升自身的透明度与公信力建设,进而确保可以赢得更多的社会支持,提升自身的活动能力。

在监督机制的完善上,一要通过慈善文化建设,加强社会捐赠主体的行业自律;二要细化规范管理、监督审计等具体环节的监督措施;三要建立慈善捐款信息发布和账目公开制度,让社会公众可随时查询捐赠资金的使用方向和效果,做到心中有数,以此行使参与某种公益活动的自由选择权。

(2)建立行之有效的绩效评价体系

当下对于我国公益慈善组织的评价属于真正意义上的非营利组织,但其仍处于成长发育阶段,在社会建设中的积极作用表现得还不够充分,人们对非营利组织的认识也存在一定误区。出现这种现象的主要原因是对非营利组织运营绩效考评的制度缺失,建立行之有效的绩效评价体系不仅是非营利组织健康发展的紧迫课题,也是推进社会管理创新的重要任务。

(3)注重专业人才培养和管理团队建设

运行机制有效性的可靠保障关键在于会员认真履行组织宗旨,对组织高

[①] 高建荣、吴佳美、刘涵等:《S公立基金会内部控制体系构建——基于慈善组织治理》,载《会计之友》2018年第17期。

度忠诚,参与组织活动的积极性、主动性,行使权利义务的自觉性和热情程度,这些都需要组织内部的高度民主,使每个会员都具备表达意愿的充分话语权,并确保会员行使权利有强劲的内在动力。

此外,还应采用企业家法则改造非营利组织高管层和执行层,提高服务绩效和效率绩效,要加大对组织高管的培育培训力度,对非营利组织高管人员进行培训,拓宽其战略视野、提高其领导能力,有条件的大专院校应开设与社会管理和社会建设相关的专业课程,培养高素质高质量的非营利组织管理人才;要建立对非营利组织成员的有效激励机制,我国非营利组织成员大部分是专业工作者,小部分是志愿工作者,这种成员构成情况与国外有着巨大差异。因此,除对组织员工要有针对性地采取精神和物质的激励措施外,还可提供一些助长措施,譬如创造一些提升素质和培育技能的机会,帮助其更好地成长进步,提升其获得感、成就感。

(三)事业单位法人内部治理的考察

1.大学内部治理的概况介绍

(1)大学内部治理的理念定位

大学是一类特殊性质的社会组织,源于它不同于其他社会组织的自身价值体系定位。大学治理作为教育治理的重要组成部分,承载着支撑我国教育事业发展使命,在国家和教育体系中扮演着至关重要的角色。眼下,对于大学而言,"立德树人"为其根本任务所在。创造知识和传播真知、传授方法、开新传统也是其使命所在。

也因此,大学作为一种社会组织,其所独有的价值体系定位,主要体现在四个方面:一是非营利性,这是大学作为社会的公共事业与社会经济组织的根本区别;二是行政与学术权力的二元结构,这构成大学区别于所有社会组织的独特价值定位;三是作为大学基本主体构成的教师,既需忠诚于职业和国家,又要忠诚于学术和真知,这是大学自具超越性的内在力量;四是文化的传承和创新,这既构成大学的独特使命,又是大学通过经验和想象将历史与未来汇聚为统一体的价值实现方式。

(2)大学内部治理框架

内部治理框架主要涉及治理主体及治理手段的设置编排上,其功能在于对大学若干利益相关者的协同加以制度化和永久化,并就内部权力的分配、协调与行使制定出科学合理的规划与安排,以保障大学治理主体在行使治理权力、处理大学内部事务的过程中能够有章可循,有效提升大学治理的效率和效益。如何协调好行政权力和学术权力的关系,关系到是否能以完善的治理机构确保权力有序运行,关系到大学教学、科研、社会服务等职能的落实与有效保障问题。[①] 在"双一流"建设的形势下,高校的内部治理改革问题引发了社会的广泛关注,在教育部、财政部和国家发展改革委联合印发《统筹推进世界一流大学和一流学科建设实施办法(暂行)》后,理论界也出现了一大批关于改革我国高校内部治理的成果。主要集中在大学内部治理主体协调、治理权限的配置等议题上。

在大学内部治理中,应然的治理组织架构应坚持以"党委领导、校长负责"为宏观指引,着力从各自相应的职能部门的职责与权限及运行方式上下工夫,构筑权责清晰、职责分明、分工协作的大学内部治理体系。此外,还应为相关利益群体参与提供通道,以期能够兼顾各方利益诉求,实现多元主体参与的共同治理。[②] 世界银行在《迎接世界大学的挑战》这一报告中,就指出:要建设世界一流大学,必不可少的衡量指标有"治理良好"、"云集人才"与"资源充足"。

自党的十九大以来,党中央高度重视我国高等教育事业的发展,在习近平总书记对我国高等教育事业的深切关注下,就我国高等教育发展作出了一系列新的重大战略部署,明确"要加快一流大学和一流学科建设,实现高等教育内涵式发展"[③],这一良好愿景、远大目标的实现,离不开大学内部治理体系和治理能力大力提升。因此,当下亟须在公立大学建立健全更为民主、法治、有效、负责、透明的治理体系。[④]

2.大学内部治理的改革方案

大学内部治理体系中,立章法是制定治理框架;建秩序是建立治理运行机制;分权责是构建行动操作机制,使之产生治理功效。治理的实质任务是厘清治理权责,权责不清晰导致组织治理效能低下,厘清各自的权责、方能更好地

---

① 叶文明:《差异化放权:大学内部治理变革的策略选择》,载《高等工程教育研究》2017年第2期。

② 赵智兴、段鑫星:《人工智能视域下的大学内部治理:逻辑、困境与路径》,载《西南民族大学学报(人文社科版)》2020年第10期。

③ 《习近平:在北京大学师生座谈会上的讲话》,https://qgxl.youth.cn/jyqnxs/202007/t20200723_12421533.htm,最后访问日期:2024年9月23日。

④ 金保华、刘晓洁:《大学善治的理论逻辑与价值要素》,载《现代教育管理》2019年第10期。

履行职责,实现个人与单位、部门与部门之间公私分明,在此基础上实现学校内部公共利益最大化。① 大学内部治理是以学术事务为轴心,以距离轴心事务远近为依据来确立权力和责任的分配。责任与专业是共同治理的基础,信任是共同治理的前提,共享权力是共同治理的核心,共同治理本质上是建立在分工明确基础上的协商。

好的大学内部治理,有主张认为应当体现为治校理念的现代化、治理主体的多元化、治理机制的科学化、治理过程的法治化;② 也有认为好的大学内部治理的关键及核心要义在于要建立一套能够有效适配其使命的权力配置和利益平衡机制。③ 而大学内部治理制度、治理结构和运行机制,涉及人、关系和方法三个维度,即"谁来治理、治理什么、如何治理"三个方面的内容。在给大学内部治理改进"开处方"时,倘若大学人、大学部关系以及治理方法三个方面的认识不到位、处理不当,那么大学的内部治理仍将无法摆脱掣肘、走出困境。因此,要破解大学内部治理之谜,有必要从这三个维度去深入考察探究,并且以最大限度地保障大学自治与学术发展为目标。据此,有学者提出了大学内部治理的关键,在于要建构起行政管理、教学科研、后勤保障三分的橄榄型治理结构,构建优良秩序,明晰职位和岗位权责;并在此基础上,明确院系的办学实体地位,充分发挥院系的主体能动性和自治动力功能。④

(1)系统完备、运行良好、科学规范的制度架构

我国政府的相关文件提出了要构建"党委领导、校长负责、教授治学、社会参与"的治理架构,为高校打造多元主体协同共治提供了政策依据。由此可见,解构大学内部集中化的单中心治理结构,构建多中心共享治理的大学内部结构是一个大趋势。要提升大学内部治理能力,就必须在大学内部培育学术文化、合作文化和互动文化,一个好的大学内部治理机构应该是开放的,并能根据大学的功能变化及时调整自身结构,在治理活动中,能够保证大学内部各个治理主体的有效参与,处理好内部治理中各种关系的平衡性,始终运用好大学的组织文化,从而坚持大学的组织使命。明确领导干部、职能部门、议事机

---

① 俞可平:《治理与善治》,社会科学文献出版社2000年版,第4～5页。
② 张继延、陆先亮:《大学内部治理体系现代化:理念、路径及内容》,载《江苏高教》2017年第11期。
③ 管培俊:《关于大学治理的辩证思维》,载《探索与争鸣》2017年第8期。
④ 汪明义:《对推进大学内部治理体系和治理能力现代化的思考(上)》,载《国家教育行政学院学报》2021年第2期。

构的职权范围和相应职责,并不断建立和完善与此相关的各项管理规章制度以及运行机制。①

(2)树立正确的大学治理价值理念

落实治理理念的基本依托是完善的大学治理结构。当下少数大学内部制度制定程序和内容,之所以同其所追求的办学价值导向存在"两张皮"现象,各项制度之间不衔接、不配套,进而使得同向合力不够,甚至陷入相互冲突内耗的恶性循环中,根源在于其过于依附上级指令思想、办学思想理念缺乏、情怀境界不高、愿景使命感不足。加之有关的学校激励约束机制不健全等多种因素叠加,使得大学治理面临着内部制度科学性、可行性、规范性不强,制度执行落实不力等问题。

治理体系与治理能力现代化的打造,需要有一套科学完备的制度体系来加以支撑。就高校内部治理体系与治理能力而言,眼下急切需要明晰构筑其各个院系治理体系的指导思想、发展总体目标定位及精神内核,然后,以此为基础,去铺陈院校治理架构。据此,应加强宣传,营造氛围,综合运用多种传媒手段的叠加效应,将"育人为本、提升技能"的教育理念铸入和镌刻到大学的教学科研活动中。另外,通过借助督导和审核等手段,逐步推动专业发展与教学科研水平持续进步提升,助推理念与目标的实现。

(3)强化大学内部治理的人员配置的科学合理性

一个组织或机构,要想实现高效有序运转,离不开一支素质过硬、业务精湛的管理队伍。高校自然也不例外,毕竟,其院系教学、研究、学科建设方向和发展进程,需要靠管理队伍来推动。因而,必须造就一支素质高和能力强的院系干部队伍。只有具备了懂教育、重人才、无私心、负责任的干部队伍,才能保持院系自身发展定力,破解大学内生性制度构建的意愿欠缺和能力不足的难题。

五、可供改革借鉴的关键评价要素

(一)"结构+过程"的治理理念

在推动"健康中国"建设,着力提高全民健康水平的进程中,体育是不可或缺的途径。其对于人民群众美好生活与人的全面发展的实现具有十分重要

---

① 陈锡坚:《大学内部治理的学术理性探索》,载《现代教育管理》2020年第3期。

的意义，也是拉动经济社会发展的一大动力，更是展现我国文化软实力的窗口。在体育领域，习近平总书记明确要求："要创新竞技体育人才培养、选拔、激励保障机制和国家队管理体制。"[1]为此应赋予行业自治组织自主制定相应规则，就其结构设置、内部机构的运作、成员的权利和义务以及内部纠纷的解决进行规制，更好地保障体育赛事的顺利组织、促进体育事业的有序发展。本质上强调组织的自主性、独立性的保持，终极目的在于提升组织绩效，进而更好地保障组织使命的达成。运动项目协会作为一种组织，也不例外，在体育赛事活动中赋予其商业行为自主权的目的，其实质也是为上述目标服务。

在国务院颁布的《体育强国建设纲要》中，则是更为明确地提出：要"探索建立权责明确、运转协调、制衡有效的法人治理结构，按照章程加强协会内部治理，依法依规开展体育活动"。也就是说运动项目协会内部治理机制改革的方向是要转向法人治理的结构和机制。而所谓的法人治理结构，就意味着必须在组织章程中，将组织机构的服务宗旨、业务范围、法定责任、理事构成、资产管理等问题清晰厘定出来，并在组织框架的搭建上涵盖战略规划层、执行决策层、项目实施层等多个治理层级和模式，并因循理性、契约精神来进行治理。

因此，运动项目协会内部治理是指协会内部利益相关者根据权责划分所形成的结构性制度安排，而其内部治理的架构包括内部治理结构和内部治理过程。[2]

从运动项目协会的内部治理结构来看，一个科学合理的内部治理，应当达到以下状态：能够切实地激励协会的决策者、执行者的积极性与动力，调动其主观能动性，充分有效利用资源，着力实现那些符合组织使命的奋斗目标；构筑起一套运行有效的内部分权与制衡机制、全面完备有用的监督机制，可以杜绝违背忠实义务及权力寻租的发生，并具备富于可操作性和执行性议事程序和规则，推动组织高效率的运转。[3] 这也就意味着在其内部治理中要形成科学民主的决策机制、有效的激励机制与管用的监督机制。

---

[1] 《习近平眼中的体育强国》，https://news.cnr.cn/native/gd/20210123/t20210123_525398162.shtml，最后访问日期：2024 年 9 月 23 日。

[2] 李福华：《大学治理的理论基础与组织架构》，教育科学出版社 2008 年版，第 17~18 页。

[3] 孙霞：《体制外行业协会内部治理困境探析》，载《商场现代化》2011 年第 4 期。

(二)对于内部治理结构的评估

1.科学民主的决策

要想达到良好的决策效果,必须首先得保证决策机构的独立性与代表性。另外,如果决策机构种类繁多,易于产生决策冲突,且如果决策机构组成人员的产生方面存在缺漏,易于产生操控决策机制的现象,与民主集中原则不相符。科学民主重点在于公开的责任,这也就要求相关决策与部署必须向社会公开,确保利益相关方能够获取信息、参与决策、表达意见。此种责任既能够减少国际单项体育联合会作为代理人出现过失,又减少了代理人懈怠的情况。除此之外,决策机制的科学性还依赖于规划、决策和实施层的组成人员学历层次、组织活力及道德素养。

2.激励机制的有效性

治理结构安排在一定程度上,可以视为对经营者的约束与激励机制的设计。治理结构是其有效运行的制度基础,有助于实现组织科学决策,从而提高其在市场中的竞争力,也是组织成员及其他利益相关者利益得以实现的制度工具。如果薪酬激励和教育培训激励运用不够,则难以调动协会内部员工的积极性,也无法激发协会的活力,将会影响协会的运作。为鼓励理事积极参加决策,应制定适当精神及物质奖励政策,加入关于奖励举措的法条,采取精神荣誉、奖金支持等激励手段,使得组织结构成员投机行为的动机大幅降低;并聘请专家为基金会内部管理人员培训,让内部管理人员到信息披露排名靠前的基金会学习经验。另外,结合我国上市公司治理评价系统,运动项目协会可通过进行审计对内部控制的经济效益方面进行评估,并以透明指数作为信息披露情况的参考,以此作为确定其工作评价和表彰指标之一。

3.内部监督机制的高效能

监督效能的高低与监督者独立性强弱密切相关,也与日常经营管理活动情况及财务记录是否完整、是否全部向成员公开透明等相关联。也因此,协会应当强化信息公开与披露机制尤其是财务方面披露机制建设,健全财务管理制度,构筑全方位、全链条式的财务审计体系,打造廉洁自律的协会治理文化,切实保障协会运营活动的合规性。

(三)对于内部治理过程的评估

从运动项目协会内部治理的过程来看,合法性、问责性与效率性三大要素,可以作为评判其治理优劣的衡量因素。当然,三者并非可以完全割裂,而是一个有机联系的统一整体。

1.合法性

就合法性而言,首先要合理地分置权力,确保决策机制的稳健性、独立性、科学性,杜绝不当影响决策情形的发生。实现有权必有责,滥权必担责。关于决策的主体依据决策的过程是否合法,可通过将决策过程中的相关会议记录及依据公开,并就作出所有关键决议的根本原因是否能够得以澄清和解释等加以评价衡量,着重从公布的信息是否及时、准确、易于理解的角度来考量。此外,为了有效应对组织内部的利益冲突问题,可通过对相关决议进行通告和披露,来确立其正当性与合规性,避免其成为人们口诛笔伐的小型"贵族俱乐部"。

2.问责性

问责实现的根本渠道,有赖于通过一套双向互动的交流机制,来为被追究责任的行为人提供一次自我申辩的机会,并希冀能通过这样一种机制来辨明是非曲直,以实现惩恶扬善、兴利除弊的功效。机构作为责任人向问责人就其履行职责作出解释,为自我行为的正当性进行释明。而为了有效实现问责制的功效,还应在官媒渠道上,明确人员分工、职能部门分类,梳理岗位职责权限,将责任落实到个人;组织内部不同部门、不同成员之间分工也相对明确,权责关系清晰。[①] 降低代理人懈怠出现的可能性。

3.效率性

一方面,协会内部组织机构应提升其工作的效率性,及时议政决策。另一方面,完善协会运营情况的披露制度,提高透明度。治理效能间接反映了完成使命与目标达成的质量,也是组织体实际运营状况的"晴雨表",更是组织价值目标和效益达成情况的"指针"。以此来看,将运动项目协会内部治理效能提升评价作为一项指标,据此来提炼影响和制约因素,探寻治理效能提升的路径与举措,也是非常有必要的。

---

① 王学梦:《行政"圈层"社会:新兴社会组织的三种类型及其比较》,载《浙江工商大学学报》2021年第1期。

(四)基于四维框架的经验总结

1.理念定位方面

我国律师协会的自律理念来源于立法规定,其实际支撑着协会的建设发展,是各类协会中较为典型的代表。其在规范、监督执业行为、强化职业道德与操守建设方面的成绩较为突出,也引起了社会各届的广泛关注。党的十八届四中全会还特别对其提出了相应的要求。要求其进一步完善相关的制度,更好地发挥其作为法律职业群体自治协会的功能,更好地推动我国律师执业的规范化、法治化建设,在全社会树立更加良好的法律职业共同体形象。通过科学的理念设计,将自律理念辐射在治理制度的方方面面,从而有助于理顺机构间的关系并释放各主体活力。

2.机构设置方面

机构作为协会实际运行的主体,机构设置的完善程度、机构职权的合理程度将直接影响协会功能的发挥。国际单项体育协会的权力膨胀、权力滥用、权力缺乏监督的事件直接作为反面示例证明了科学合理的机构设置的重要性。面对腐败现象,国际足联的改革给我们提供了可参考视角。调整权力的划分,删除此前权力过大的执行委员会,明确各机构之间的法定职责。虽然协会的出发点是通过职权的重新划分以实现机构间的分工与合作,然后事实上的理事会权力过大、不受监督将会影响治理效果,这也为我们后续机构改革提供了警示作用。国际田联同样进行了内部治理结构的重塑,其明确理事会的角色是作为这项运动的监护人,而执行委员会的角色将是作为国际田联这一组织的监护人。国际田联的领导和管理职位将通过最长任期不断更换,从而致力于实现机构间权力分配与制衡。

3.制度设计方面

人事任免制度往往对协会运行起到关键作用。任免专业的、优秀的领导一般能够带领协会走出专业、充满活力的道路,反之则相反。在人事任免制度方面,应该着力破除以往的有主管部门单向度的选派任命的方式,而应采纳双向的模式,让热衷于行业协会且能够胜任的人员来填充相应的职位。为此,我国商会类行业协会在改革过程中逐渐采用公开竞聘制度和机制,这样可以有效地选拔出更多的德才兼备、具有较强的胜任能力的良才干将,来充实协会的管理层。

4.运行调控方面

当前各类社会组织几乎都能够在章程中设置较为完善的机构、职权等制度,然而这些社会组织普遍面临着股东大会流于形式、执行机构实际操纵、监督机构功能失灵的情形,究其原因就在于各类组织内部治理机构相互制衡的运行机制缺失。为扭转协会运行调控能力不足、内部治理效能不高的局面,公司治理改革方案为我们提供较大参考价值。首先是重视激励机制,如将刚性兑现薪酬、严格考核退出等基本原则纳入公司章程,以此激励各类主体努力为公司的共同利益而工作。其次是强化监督机构运行机制,为监督机构配备专业人才以提高专业素养和整体监督能力。最后通过健全监事会议事方式和程序以保障监事会权力的实际开展。

第四章

我国运动项目协会内部治理的善治探索

体育治理体系和治理能力的现代化建设对于我国的社会主义建设事业具有积极而深远的影响。[①] 体育运动除了具有提高国民身体素质的积极影响外,20世纪下半叶以体育为突破口展开的"乒乓外交"成为我国国际关系破局的重要转折点,充分展示了国人"以小球转动大球"的智慧,有效助推了中国重返国际治理舞台。长期以来,中国积极参与以奥林匹克竞赛为代表的大型国际体育赛事,中国国家代表队在国际体育赛事中取得的优异成绩和高尚的竞技精神,对内提升了中国公民的国家认同感和民族自豪感,对外提升了中国的国际形象。继2008年举办夏奥会之后,我国于2022年又在北京成功举办了冬奥会,自此,北京成为世界上首座"双奥之城"。中国由过去单纯的参与者,成为大型国际体育赛事的举办者,向国际体育治理的舞台中央跨越了一大步。北京奥运会的顺利举办也是改革开放以来中国综合国力的一次集中展示,显著地提高了我国的国际地位,在政治、经济和社会文化等领域均产生了积极而正面的影响。简言之,中国一直积极地参与国际体育治理,是体育外交的开创者、引领者、发展者、倡导者和实践者,在完善体育治理的过程中获益良多。

[①] 王凯:《新时代体育治理体系与治理能力现代化建设的政府责任——基于元治理理论和体育改革实践的分析》,载《体育科学》2019年第1期。

❖我国运动项目协会内部治理研究

我国运动项目协会的内部治理事关我国体育法治及提升我国国际体育形象,[①]因此必须高度重视我国运动项目协会内部治理的革新。在我国运动项目协会的改革过程中,科学客观的评价指标及其建构模型不可或缺。评价模型由各项指标组成,所评价的对象是以管理行为为基础的协会与成员之间的内部治理状态,通过工具理性和价值理性对运动项目协会的内部治理框架进行合理定型,本质上即对体育治理、协会治理理想状态所制定得出的一系列标准,其功能在于对运动项目协会内部治理现状做出评价,同时对未来的改进方向提出参考。

一、运动项目协会内部善治理念及其引入

长期以来,"治理"属于公共管理领域的学术概念,反映的是政府在处理公共事务过程中的管理决策。自20世纪90年代以来,随着世界范围政治理念与经济环境的不断发展,治理理念开始具有更为广泛的适用场景,经济学和社会学等学科开始引入治理概念,用以阐述特定主体之间的互动关系与协调机制。在诸多治理定义中,国际治理委员会在20世纪末发表的一份研究报告中提出的观点最具有影响力。报告指出,治理的概念内涵十分广泛,无论是公共领域还是私人领域,主体是个人还是机构,凡是具有持续性的,通过制度设计或规则设置协调各方利益诉求的管理过程,均可被纳入治理的概念范畴。

本书所探讨的运动项目协会内部治理,属于体育治理的范畴,聚焦于运动项目协会的的内部治理行为,本质上是组织体的自我治理。运动项目协会是我国体育治理战略执行的关键主体和政策落实的重要抓手,是国家体育治理的枢纽,因此运动项目协会的内部治理状况具有较高的外部性,直接决定国家体育治理的状态,对本国范围内的体育产业发展具有深远的影响。基此,实现运动项目协会的科学治理不仅是当前体育治理改革的目标,也是我国体育产业发展的基石。新时期的运动项目协会如何实现科学的内部治理,不仅是我国实现体育强国战略的重要突破口,也是国家治理体系和治理能力现代化的重要组成部分。以此观之,实现善治即为国际运动项目协会内部治理的合理目标。

---

① 袁钢:《全国性单项体育协会改革的法治化路径》,载《体育科学》2019年第1期。

第四章　我国运动项目协会内部治理的善治探索

(一)何谓善治

善治,即良好的治理,自古以来就被认为是治理的理想目标。"政,善治。"我国古代著作《老子》早在先秦时期就提出国家治理应当以实现"善治"为目标。[1]"善治"作为管理领域的学术概念,则是从20世纪末开始兴起,用于评价政府的公共管理,成为出现频率最高的术语之一。早期观点认为,善治就是政府就公共管理与公民展开合作,最终实现公共利益最大化的过程,是国家政府与公民社会之间的一种理想状态。善治在治理理念的基础上发展而来,无论是公共领域还是私人领域,主体是个人还是机构,凡是具有持续性的,通过制度设计或规则设置协调各方利益诉求的管理过程,均可被纳入治理的概念范畴,[2]亦可以善治作为治理评价的重要参考指标。

善治是多方互动合作治理的最佳状态,或良性循环状态,它需要一定的条件,只有具备了这些条件,才称得上善治。[3] 由于治理是一个不断发展的过程,于是这些条件既是善治之因,又是善治之果,互为因果,推动治理过程形成良性循环。从原因来看,这些条件是原则,只有遵循这些原则才能算得上是善治;从结果看,这些条件又是特征,表示着善治的状态。根据联合国亚太经济和社会委员会(The Economic and Social Commission for Asia and the Pacific,UNESCAP)的总结,善治状态具有以下重要特点:(1)治理对象的广泛参与;(2)处置事务公平公正并妥善保障人权;(3)决策过程高度透明;(4)有效回应相关利益主体的诉求;(5)治理结果实现了整体利益最大化;(6)对异议的包容;(7)资源利用充分;(8)对权力的监督与制衡。[4] 由此可见,善治是一种治理的理想状态,对于治理过程的各个环节都存在极高的要求。尽管善治的实现对于任何治理主体都极具挑战,但对于运动项目协会的内部治理而言,

---

[1] 参见《道德经》第八章:"政,善治,事,善能。"
[2] Aucoin P, Heintzman R. The Dialectics of Accountability for Performance in Public Management Reform, *International Review of Administrative Sciences*, 2000, Vol.66, No.1, pp.45-55.
[3] 王利明:《法治:良法与善治》,载《中国人民大学学报》2015年第2期。
[4] 周安平:《善治与法治关系的辨析——对当下认识误区的厘清》,载《法商研究》2015年第4期。

善治恰好是一个理想的改革目标。①

我国运动项目协会的治理是代表不同利益的各方参与,以多种形式交互的动态过程,而不是一个静态的管理框架。② 在内部治理的过程中,参与互动的各方拥有平等的地位,享有各自的权利并承担对应的义务,不存在一家独大,控制他方的情况。各方在一个共有的平台上表达并协调利益,寻求并达成共识,最终形成有序的合作行为。首先,运动项目协会的治理不是一种成文的制度框架,而是一种动态的管理互动;其次,运动项目协会的治理不是一种固定的流程规范,而是一种在管理互动过程中灵活调整的状态;最后,运动项目协会的治理不是统治或控制的同义词,追求的是多方利益主体之间的良性协作关系。综上所述,善治理念是我国运动项目协会内部治理的科学评价标准和理想状态。

(二)善治理念在国际体育治理中的引入

国际体育治理体系,特别是以奥运会为代表的国际竞技体育治理体系是以层级制为方式运行的。在国际竞技体育治理体系中,国际奥委会位于治理链条的顶端,各国际单项运动项目协会则位列其下。根据不同的层级,国际运动项目协会的治理范围自上而下地涵盖了从全球、各洲、国家到地方的所有运动赛事。简言之,国际运动项目协会始终是国际体育治理体系的核心,在体育行业自治中居于承上启下的关键地位,国际运动项目协会的内部治理机制在协会内部的微观层面,以及在协会间的宏观层面发挥着双重的秩序建构作用。

作为特定领域或类型的体育运动的全球监管机构,各国际单项运动项目协会有其存在的必要性:一方面,举办体育赛事,发展体育品牌这些有助于促进体育事业长远发展,同时需要国际运动项目协会作为国际奥委会与基层体育参与者以及受众之间的纽带进行统筹协调。另一方面,国际运动项目协会需要制定明确且持续的规则,以实现体育产业健康发展和体育行业自治的目标。正因为国际运动项目协会承载着这些不可或缺的职能,国际体育事务的主导权也理所当然地由国际体育协会主持。但这种组织功能的定位无法自然地为治理权力提供合法性背书,更不能确保其内部治理必然臻于至善,事实

---

① [荷]Robert C.R. Siekmann:《论体育善治与体育精神》,姜熙译,载《体育科研》2014年第4期。

② 黄亚玲:《我国单项体育协会改革的软法之治》,载《体育科学》2020年第2期。

上,各运动项目协会内部治理逐渐发展出其负面性,亟须进行内部治理的改革。为实现国际体育治理的现代化,国际运动项目协会应当主动作为,基于善治理念改良内部治理的体制机制,消除体育产业商业化过程中的治理权力合法性危机,实现国际体育治理体系的现代化和治理效能的高效化。

早在 2008 年,国际奥委会颁布了《奥林匹克善治通则》(Basic Universal Principles of Good Governance of the Olympic and Sports Movement)。这份文件支持体育行业自治,明确提出善治理念应当作为优化国际体育治理的基本原则,最终实现体育行业内部治理过程的透明与公正。自此,善治理念的星星之火开始在体育治理领域迅速发展。

2012 年,国际运动项目协会总会(Sport Accord)在一份报告中指出,体育协会的内部治理应当符合体育道德和普遍价值的要求,为实现这样的治理目标,内部治理应当以善治为追求。事实上,近 10 年来善治理念逐渐成为国际和国家体育组织关注讨论的焦点和体制改革的目标,被广泛提出并应用在国际奥委会改革以及国际体育协会的内部事务管理中。[1]

善治作为一种组织体治理的理想状态,也与国际运动项目协会自身的特点、内部治理的需求相契合。国际运动项目协会天然具有四大特性:目标多样性、机构多层次性、性质多重性和治理对象的国际性。这四大特性使得国际运动项目协会的内部治理工作极为复杂而繁重。善治理念对国际运动项目协会的内部治理有着重要的引导作用。[2]

(三)善治与我国运动项目协会内部治理

行业协会是我国自改革开放以来实现国家治理的重要抓手,承担着治理过程中协调多方利益、调配发展资源的重要作用。在国家主导、政府主导的体育发展模式下,运动项目协会为我国体育事业的发展作出极为重要的贡献,在此过程中,运动项目协会依附于国家体育项目管理中心,无须具备完整的内部治理结构,以提高国家体育项目竞技水平作为协会的首要发展目标。[3] 我国运动

---

[1] 黄世席:《国际足联善治的法律解读》,载《体育科学》2016 年第 1 期。
[2] 任慧涛:《善治:奥林匹克运动及全球体育秩序的新起点?——从任海教授〈国际奥委会演进的历史逻辑〉谈起》,载《天津体育学院学报》2014 年第 6 期。
[3] 王家宏、蔡朋龙:《全国性单项运动协会社团法人实体化改革趋向与推进的法治化路径研究》,载《体育学研究》2019 年第 6 期。

项目协会在组织性质上属于非政府、非营利性的团体组织,[1]但长期以来很少作为独立的实体运行。我国的竞技运动项目承载着改善国际形象、提升国家认同和民族自信的历史使命。[2] 同时受体育产业化发展得不够充分,体育产业人才和管理人才储备不足等因素的影响,导致非政府的体育社团难以实现独立的生存和发展。基此,我国运动项目的运营与发展始终具有鲜明的政府属性。[3]

举国体制的发展模式忽视产业发展效益的弊端在过去逐渐显现,体育行业也终于融入了市场化的浪潮。内嵌于政府行政架构的运动项目协会处于"公"与"私"的夹缝之中,无法满足建设体育强国的国家治理目标以及治理现代化的行业协会发展趋势。当前全国性运动项目协会内部治理的外部环境正是全面性的行政脱钩改革,我国运动项目协会改革的目标在于改变协会内部的控制权配置,将政府手中的治理权力交还给协会成员,实体化改革后运动项目协会不再单纯扮演政府在体育治理事务中的助手角色,应当以保护协会及成员利益作为治理的根本目标。[4] 体育协会的善治评价亦侧重于关注协会内部委托代理权力的运转与制约,在多个方面与协会实体化改革的需求相契合。

1.契合运动项目协会治理的公平性

体育的多种功能,使得运动项目协会在组织目标设定上具有多样性的特点,且部分目标天然地与"善治"理念高度契合。在公平正义方面,运动项目协会追求公平竞赛,反对在体育运动中使用兴奋剂;在治理参与方面,运动项目协会始终关注大众体育的宣传推广,并与政府和民间组织展开广泛合作;在促进公共利益最大化方面,通过体育促进和平,实现人类的文化娱乐需求一直是体育的天然使命;在平等理念宣传方面,实现体育竞赛中的男女平等符合体育产业发展的要求。一方面,实现如此多样的组织目标,对于任何一个政府组织、企业和其他社会组织都是巨大的挑战。另一方面,运动项目协会的组织使命与善治理念具有高度契合性。因此,推动协会内部治理的善治则是实现运

---

[1] 谭小勇:《依法治体语境下的体育行业自治路径》,载《上海体育学院学报》2016年第1期。

[2] 陈丛刊:《体育治理体系和治理能力现代化的内在逻辑、构成要素与实现途径》,载《体育学刊》2020年第6期。

[3] 袁守龙:《从"举国体制"到政府、市场和社会协同——对中国竞技体育发展的思考》,载《体育科学》2018年第7期。

[4] 谭燕、王胥罩、谭劲松:《行业协会治理:组织目标、组织效率与控制权博弈——以中足协和中超杯"资本革命"为例》,载《管理世界》2006年第10期。

动项目协会组织目标的必然要求。

2.契合运动项目协会治理的结构化

体育的影响力遍及全球,体育治理在范围上属于国际性问题。宏观层面,奥运会体制下竞技体育项目的治理结构是金字塔形。在单项运动项目领域,国际运动项目协会处于治理结构的顶端,自上往下是洲际体育协会、国家体育协会、俱乐部和运动员。微观层面,国内运动项目协会的内部治理结构包括权力机关、执行机关、监督机关和纠纷解决机关等。换言之,运动项目协会内部治理的现实环境中,常常涉及多个主体,且各主体之间的地位、职能、利益诉求存在较大差异。这种差异在治理实践的过程中,如果处理不当,就会演变为治理分歧,阻碍整体善治目标的实现。因此,运动项目协会的内部治理需要遵循善治理念的引导,确保各层级在体育治理过程中的有效参与,确保内部治理过程中信息的有效传递。

3.契合运动项目协会治理的市场化

运动项目协会的实体化改革以体育运动的市场化为基石,特定单项体育运动市场化的成败,在很大程度上影响着该项目协会实体化改革的深入与否。举例而言,篮球协会和足球协会相比于其他市场化程度较低的项目协会,实体化运行往往也更为顺利。在体育产业市场化的今天,运动项目协会内部治理的内容不再局限于精神生活层面,市场收益的妥善分配成为新时代运动项目协会内部治理的重要主题。在运动项目商业化的背景下,运动项目协会不仅是非政府、非营利性的组织,也具有浓厚的公益属性。和大型的商业公司一样,大型运动项目协会具有丰厚的收入、政治影响力和巨大的全球社会影响力,在某些领域,运动项目协会的影响力可与政府间国际组织相媲美,在实质上实现了重大体育赛事的组织者、强大的企业实体和比赛监控者的三位一体。在如今的运动项目协会内部治理中,公益性与市场性相互纠缠,相关利益主体复杂多样,与公司治理及其他行业协会治理既有共性,也存在显著的区别。

4.契合运动项目协会治理的国际性

竞技体育项目的影响力并不仅限于国家之内,国内运动项目协会受到国际单项体育协会的统属,而国际单项体育组织位于单个体育项目国际治理的顶端,其组织规章和机构在特定领域具有全球范围的影响力,这就意味着运动项目协会的治理影响力是跨国家、跨文化的,其内部治理的效果天然具有国际性。单一运动项目协会不属于任何一个国家、国家集团,也不属于任何一个群体,甚至也不隶属于国际奥委会。体育治理所具有的国际性,意味着国内运动项目协会的内部治理客观上也在受到国际运动项目协会的制约,后者需要在差异程度较大的国际环境中调配国际体育资源,在全球层面实现世界各国的体育利益的协调发展。国际运动项目协会内部治理必须超越国家和地区的利益与冲突,此种复杂的外部治理环境也对国内运动项目协会内部治理的治理体系与治理能力提出了极高的要求。

二、基于善治理念的内部治理定性分析

以我国运动项目协会内部治理的样本进行考察,可从静态治理与动态治理两个维度进行定性分析。良好的内部治理表现为治理方式及架构的合法性,具体表现为运动项目协会内部治理过程中规范设置、机构设置、制度设计、运行调控这四大方面。如果运动项目协会的内部治理行为未能在此四大维度切实遵循体育善治的要求,就不能证明协会的内部治理行为代表了会员和体育产业发展的真实利益诉求。当体育协会的内部治理行为不能实现体育项目整体利益的最大化时,就无法自证其行为的合法性。如此,运动项目协会的内部治理就会产生"合法性赤字"。如果这种合法性赤字在内部治理的过程中不断增加,运动项目协会的内部治理就会产生"合法性危机",决策机构本身将会失去公信力。[1] 根据运动项目协会的内部治理指标评价体系的量化分析可知,我国运动项目协会的内部治理状态虽在实体化改革的过程中渐趋完善,但在内部机构设置、治理制度运行等具体环节依然存在合法性危机,这些危机具体可概括为静态和动态两个方面,静态治理问题表现为治理规范、治理机构、治理制度在设计层面的不合理,动态治理问题则是指内部治理行为未能严格执行,也并未通过事中或事后程序对治理过程进行调控。

(一)静态治理失当

治理规范是运动项目协会内部治理的基石,科学的治理规范是体育自治的重要法理基础,是内部治理规范化的重要保障。[2] 在公开渠道公布协会的治理规范是体育自治的重要环节,是协会成员作为被治理者所享有的知情权

---

[1] [比]阿诺特·赫拉尔特:《国际运动项目协会的合法性危机》,任慧涛、张俊涛译,载《体育与科学》2017年第1期。

[2] 黄世席:《国际足联善治的法律解读》,载《体育科学》2016年第1期。

第四章　我国运动项目协会内部治理的善治探索

的重要内容,也是内部治理过程接受监督的前提。因此,体育善治理念在规范层面的要求体现为规范的公开,协会应当将协会章程、条例、治理结构和协会工作人员名单在官网进行公布,确保协会成员及公众可从公开渠道获取协会内部治理的基本书件。同时,内部治理机构的财务和人事信息也是重要的治理内容,协会成员对于协会的重要决议文件、财务收支和人事任免信息的知情权利应当为协会章程所保障。

我国运动项目协会的发展困境在协会基本书件上集中体现,以协会章程为代表的基本书件是运动项目协会内部治理的基本纲领,负责划定协会内部治理主体的权责边界,主导了运动项目协会的发展方向和治理效果,是内部治理改革的重要支点。因此,为实现内部治理的善治,协会章程应当顺应体育治理的实际需求进行修改。通过实证考察可以发现,商业化较为成功的体育项目,协会章程的修改通常也较为及时,例如中国足协、篮球协会、羽毛球协会等均在近几年内进行了协会章程的修订。但我国运动项目协会普遍存在基本书件修订严重滞后的现象,例如中国游泳协会、射击协会章程的修订时间均已超过10年,甚至中国排球协会依然在沿用2001年修订的章程。这些修订时间过于久远的章程无法满足当下体育产业商业化发展的现实需求,也未能吸收过去十年之间运动项目协会内部治理的经验与教训,无法满足协会实体化运行的需求。[①] 以排球协会为例,作为主管奥运赛事项目的运动项目协会,与国际运动项目协会的对接应当是其最为重要的工作内容,但协会章程对于此类外事工作仅作原则性规定,对于具体的职能落实缺乏细则。若运动项目协会的基本书件因循守旧,则实体化改革亦无从谈起,行政脱钩后运动项目协会的职能丧失问题将更为严重。但我国的运动项目协会受制于事权分离的外部行政权力配置,运动项目协会外事管理职能的缺失也是我国体育治理结构条块分割的负外部性体现,而不是单纯的协会内部治理问题。[②]

通过对我国运动项目协会内部治理状况的实证考察,绝大多数协会在内部治理过程中需要进一步在规范设置、机构设立和制度设计等环节提升善治水平。

(1)治理规范的公开不足

有关内部治理的重要文件并不仅限于章程与规则,例如会员大会的会议

[①] 张春良:《体育协会内部治理的法治度评估——以中国足协争端解决机制为样本的实证考察》,载《体育科学》2015年第7期。

[②] 张琴、易剑东:《体育治理结构的域外经验与中国镜鉴》,载《体育学刊》2017年第5期。

151

议程和会议记录,也是体育协会内部治理的重要文件。作为协会的决策机关,会员大会的会议议程和会议记录忠实记录了大会所探讨的议题和会员代表的决策意见,可以直观地反映会员大会的决策过程是否充分考虑了协会成员的利益诉求。实践中,超过三分之二的运动项目协会没有建立会员大会会议记录的公开渠道,同时也拒绝外界媒体在会员大会期间的采访请求,采取的信息公开方式是有限度地向协会成员发布公开会后报告。这些会议报告通常也较为简略,无法起到提高会员大会决策透明度的作用。

(2)协会的机构设置未完全满足自治要求,尤其体现为内部治理机构领导岗位的人事任免的独立性问题

体育行业的自治性来源于其特殊性,因此对体育行业缺乏了解的人员通常不适合承担体育治理工作。同样以理事会为例,实践中,有三分之二的运动项目协会的理事长由非体育专业人士担任,理事长及副理事长存在兼职的情况屡见不鲜。由大量非专业人士组成理事会,行使体育协会的内部治理权力,造成内部治理合法性赤字的可能性必然大大增加。根据运动项目协会章程的要求,协会重要岗位的人事变动应当通过选举方式产生。我国运动项目协会的内部治理实践未能实现与政府监管的分离,在很大程度上,政府的主张在人员任免方面往往起到重要的乃至主要的作用。这样的人事选任机制既不符合体育自治的要求,也对内部治理的合法性造成了较大的干预。我国运动项目协会未能实现独立的人事任免,人事管理在顶层设计上内嵌于政府体制之内,协会中任职的多数领导人具有公务员性质,政府的主张在人员任免方面往往起到决定性的作用,[①]而非通过民主程序决定重要岗位的人员任免,内部治理未能实现协会与政府监管的分离。此类行政化色彩浓厚的人事选任机制不符合体育组织自治的要求。[②]

(3)我国运动项目协会在内部治理的制度设计环节有待完善

例如,多数运动项目协会缺乏独立运营的财务制度保障,未建立独立的协会内部的财务及固定资产管理制度,也缺少引入外部机构审计的尝试。协会财务信息的公开是体育商业化运营的必然要求,但在实践中只有少数协会主

---

① 史康成:《全国性体育社团从"同构"到"脱钩"改革的路径选择》,载《北京体育大学学报》2013年第12期。

② 王志文、张瑞林:《全国性单项体育协会脱钩后内部治理的完善——基于中国足协的实证考察》,载《天津体育学院学报》2020年第2期。

动向协会成员提供协会运营报告,协会成员无法通过公开渠道获取协会运营过程中的财务状况。

(二)动态治理缺位

静态的治理体系设置确立体育协会内部治理的基本框架,但科学的框架无法保障体育协会一定能在内部治理中实现善治。本质上,善治是一种状态,协会内部治理的动态过程是治理评价不可或缺的重要组成。运动项目协会要想实现组织善治的治理目标,必须以完备的静态治理结构为基石,同时在动态的治理过程中建立科学的运行机制,监督内部治理行为是否切实地在既定框架内运行,对于不符合善治要求的治理现象应当通过动态调控予以矫正。主要问题包括:

(1)决策的民主化程度不足

协会成员民主参与是体育协会内部治理权力的合法性基础。协会的内部治理决策事关协会成员的基本权益,因此,运动项目协会内部治理的制度运行必须充分吸纳被治理成员的民主意见,才能充分保障协会成员的合法权益。当前,我国运动项目协会内部治理普遍存在决策制度运行缺乏民主性的问题,主要表现为民主决策制度的存在的设计缺陷和实践运行部分失效。机制设计缺陷主要体现在民主决策环节缺乏配套保障措施。例如采取无记名投票的方式,不仅是对意见提供者的身份保密,也确保了投票的真实性;明确规定决策会议的参会人数要求以及决议通过的意见占比要求等。但在实践中大部分运动项目协会的民主程序缺乏保障协商民主实现的配套措施,导致制度缺乏落实。[1]

运动项目协会内部治理决策制度的实践运行失能表现在于代表民主集中的会员大会未能按期召开,无法发挥应有职能。会员大会作为体育协会的决策机构,也是协会成员利益诉求民主集中的重要渠道。会员大会的召开本身不仅是协会决策功能发挥作用的过程,也是运动项目协会内部治理民主化的体现。[2] 从实证调查的结果来看,我国运动项目协会的会员大会存在功能虚

---

[1] 李启迪、周妍:《全国性单项运动协会现状与发展对策研究》,载《北京体育大学学报》2012 年第 12 期。

[2] Despina Mavromati, Autonomy and Good Governance in Sports Associations in Light of the Case Law Rendered by the Court of Arbitration for Sports, *International Sports Law Review*, 2014, Vol.4, pp.71-78.

设的问题,使得许多职能没有发挥出来,包括足球、篮球、排球在内的大部分运动项目协会章程都规定会员大会每 4 年召开一次,召开频率过慢,实践中的会议间隔则可能更久,部分运动项目协会的会员大会甚至极少召开。例如中国高尔夫球协会,成立于 1985 年,但直到 2021 年才召开了 4 次会员代表大会,无法更好满足实际的治理需求。因此在我国运动项目协会内部治理实践中,存在着内部治理决策民主参与程度不足,进而导致内部治理决策缺乏民意乃至合法性的现象。

(2)执行制度运行方面,部分运动项目协会存在执行制度无法常态化运转的问题,主要体现在秘书处、理事会、监事会的职能运转不畅等方面

以理事会为例,在我国体育协会内部治理实践中,理事会发挥着至关重要的行政职能,但通过样本考察,可以发现我国绝大多数运动项目协会的理事会人员配置严重不足,平均人数不足 25 人,甚至出现了理事会仅有一人构成的极端情况,其内部治理权力行使的合法性自然大打折扣,秘书处人员的设置不足反而不当地扩大了高层管理人员的权力范围,既不利于日常工作的开展,也造成了权力的过度集中,在很大程度上会出现权力滥用甚至权力腐败等问题。秘书长通常是协会的最高负责人之一,主导会员大会的决议落实,负责秘书处日常运转、协会年度工作及财务汇报等职务,因此原则上秘书长一职应采取专任制。一方面,要求秘书长不得保留协会外的社会兼职,另一方面,秘书长通常不得兼任协会主席。

(3)我国运动项目协会内部治理普遍存在治理权力缺乏监督的问题

监事会是协会成员监督协会行政权力行使的重要媒介,监事的任免权力由会员大会掌握。监事有资格列席旁听协会的日常会议并监督会员大会、理事会决议的具体落实,保障协会集体利益不因个体私益受损。[①] 但在我国运动项目协会的治理实践中,即使协会章程的相关规定井井有条,但协会内部治理实践中普遍存在行政人员配置不足的问题。以中国滑冰协会为例,负责内部治理权力监督的部门如果存在人手短缺的问题,则部门职能的发挥也就无从谈起。具体而言,如果秘书处人员不足或秘书长职位空缺,则可能导致运动项目协会内部治理的决策职能完全由协会主席、副主席所掌握,秘书处成为协会内部治理命令的"传声筒"而非参与者和执行者,不仅行政命令的传达过程

---

① 邓永炯、李艳玲:《全国性单项体育协会内部治理路径研究》,载《体育成人教育学刊》2020 年第 1 期。

缺乏自我完善的环节,运动项目协会内部治理的整体效率也将大大降低。运动项目协会内部治理权力的监督应当由监事会完成,但我国绝大多数运动项目协会在监事会的机构设置方面存在真空,直接导致了体育协会内部治理无人监督的窘境,严重阻碍了协会的健康发展与运转。部分运动项目协会如中国滑冰协会和中国拳击协会采取的替代方案是由党建部门进行监督。此种"自治"方式使得我国运动项目协会的内部治理严重缺乏程序合法性。

三、基于善治理念的内部治理定量评价

我国高度重视并着力提升运动项目协会的治理体系和治理能力的现代化。体育治理是国家治理体系与治理能力现代化的有机组成。新时期的中国体育不再满足于获得体育赛事中的优异成绩,更要提高我国在国际体育治理过程中的话语权。[①] 在体育强国战略落实和协会实体化改革政策的双重驱动下,体育领域内部积极地开展全面性的运动项目协会治理改革。为全面梳理、科学评价我国运动项目协会的治理改革成果,对我国运动项目协会内部治理现状拥有更为科学、具象的认识,有必要结合运动项目协会内部治理的特点和重点影响因素,建立中国运动项目协会内部治理定量评价指标体系,全面量化评价我国各运动项目协会内部治理水平,为运动项目协会内部治理改革的进一步深化提供有力的理论支撑。

(一)内部治理善治评价的指标设置

基于此前章节对于运动项目协会内部治理概念的界定及其关键评价要素的分析,同时综合参考国际奥委会、国际运动项目协会对于体育善治理念的规范实践及治理评估,在充分征求专家意见及实践考察的基础上,遵循科学性、代表性、独立性的原则选择运动项目协会内部治理模型评估指标。结合四维分析框架,本章节从理念定位、机构设置、制度设计、运行调控四大维度遴选并设定相关指标建立国内运动项目协会内部治理评估指标,以全面客观评价我国运动项目协会内部治理状况。

1.理念定位

作为致力于独立化改革的实体,运动项目协会的内部治理首先应当从明晰

[①] 周青山:《论中国体育治理法治化》,载《北京体育大学学报》2016年第6期。

协会的理念定位开始,将抽象的理念定位写入协会的章程、纪律条例等规范之中,并以此引导协会内部治理实践中各主体的行为,划定明确而具有可执行性的权力责任边界。本书提出体育运动项目协会内部治理的"善治理念",并将善治理念设定为我国运动项目协会内部治理改革的总体目标。这一理念应具体地体现在各级各类有关内部治理的形而下的规范之中,共同彰显形而上的善治理念。具体而言,善治理念落实到规范设置维度的考察主要包括以下两个方面:

(1)是协会内部治理规范所包含的精神文化理念

这里主要是考察和观测运动项目协会的独立性,从而表现为三个观测点。这三个观测点分别是:第一,协会内部治理规范是否反映出协会自身在内部治理中的主导意识;第二,是否摆脱了对政府部门行政决策的依赖;第三,是否形成了以协会自身为治理主体的本位意识。

(2)是协会内部治理规范所包含的组织制度理念

这里也主要是考察和观测运动项目协会内部治理的组织化程度,从而表现为三个观测点。这三个观测点分别是:第一,协会内部治理规范中是否包含对于内部治理运行的详细而又有可操作性的规定;第二,是否将国务院、国家体育总局等部门下发的导向性政策文件消化吸收;第三,最终结合本协会所在运动项目的专业特点转化为专业性的协会规范。

2.机构设置

内部机构是实现运动项目协会内部治理的系统要素。内部治理的善治必须通过内设机构之间的相互配合才能实现,而机构设置必须遵循协会规范所划定的初级框架,两相配合最终组建起稳定的科学管理体系。运动项目协会机构设置的基本要求是实现协会治理体系和治理能力的现代化,科学的内部机构设置将最大化地保障运动项目协会内部治理权力的科学化运转,而大多数运动项目协会内部治理的状态之所以不如人意,也往往与内部机构设置的不合理性有关。通过对国际运动项目协会的纵向考察以及国内诸多运动项目协会的横向比较,内部治理的基本机构设置主要包括权力机构、执行机构、监督机构以及纠纷解决机构这四大类,当然也包括其他一些辅助和支持性的机构设置,但此四类机构作为构成运动项目协会内部治理的基本配置是观测和衡量运动项目协会内部治理善治程度的核心观测点。

首先,我国运动项目协会的权力机构一般是会员(代表)大会,这是协会治理结构中的重要组成部分,通过定期召开大会实现协会的内部治理事务的决策。其次,执行机构直接向权力机构负责,辅助权力机构管理协会的内部治理工作,通常为理事会或执委会,运动项目协会的领导人员,如主席、副主席、秘书长等属于执行机构的组成人员。再次,运动项目协会的监督机构通常为监事或监事会,主要职责是对运动项目协会各机构、人员的日常工作进行监督,对违反协会章程、条例及其他规范的行为予以质询、建议、申诉或相应处罚。最后是纠纷解决机构,由于体育纠纷的特殊性以及体育行业的自治性,运动项目协会内部治理过程中的纠纷通常应当由协会内设的纠纷解决机构予以解决,通常以仲裁为主要的纠纷解决方式。体育仲裁是一种具有法定约束力和强制执行力的纠纷解决方式,其裁决生效后,当事人应当自觉履行裁决结果。这些机构的有无、设置特定、健全程度等构成重要的善治观测点。

3.制度设计

制度设计维度所考察的制度是指运动项目协会在协会规范、内部机构的基础上所建立起的静态制度系统,主要包括决策治理制度、执行治理制度、监督治理制度以及解纷治理制度这四大类,是对运动项目协会内部治理四大核心机构功能赋予、实施及其限制的制度安排。运动项目协会的内部制度设计以实现协会的善治为目标,同时也需要满足运行过程中的风险可控、权责对等、可操作性强等治理原则。首先,决策制度是运动项目协会内部治理的制度起点,运动项目协会的决策制度设计应当确保内部治理的决策过程实现对协会民主意见的有效集中;其次,执行制度应当与决策制度形成明确的权责区分,同时忠实执行决策机关所作出的治理决策;再次,监督制度应当保障监督主体的独立性,监督对象不仅限于运动员、教练、俱乐部等协会成员,也应当将内部机构纳入监督视野;最后,纠纷解决制度的运行以专门纠纷解决机构的存在为前提,纠纷解决制度主体自身的独立性也是影响纠纷解决制度有效性的重要因素。

4.运行调控

运行调控是运动项目协会内部治理动态运行及其控制,它是内部治理的重要组成部分,是对理念设定、机构设置、制度设计等治理要素在效果上最终"变现"的保障,因而是影响我国运动项目协会内部善治程度及其提升的关键环节。组织规范、内部机构以及制度设计是运动项目协会内部治理的静态构成要件,运动项目协会必须通过内部治理制度运行过程中的动态调整保障协会规范在内部治理的过程中得以落实、各内部机构的功能正常发挥,以及在制度运行偏离预设轨道时进行纠偏。对内部治理制度运行调控的过程,本质上也是对内部治理状态的一种矫正与自我监管。具体而言,运动项目协会内部治理的运行调控分为内外两方面,内部调控的重点在于确保规范执行、机构运行、制度运转符合内部治理的预期目标,外部调控的重点在于确保协会的独立性、由协会成员实质掌握内部治理资源配置的主导权。

(二)内部治理善治评价的指标体系

指标体系是对运动项目协会内部治理进行选点观测,并在定性研究的基础之上进一步进行量化精确研究的工具。各运动项目协会内部治理的善治程度如果只进行定性分析,就缺乏对关键环节和关键问题的深入考究;如果补充量化研究的维度,就能够一方面对各运动项目协会内部治理的善治程度进行一个量化的评价,精确化我们的研究对象和结论,同时也能够为各运动项目协会内部治理善治程度的横向比较提供一个具体的、具有可比性的尺度。当然,必须指出的是,量化研究也是一种具有局限性的研究,它只是关注所遴选的观测点,并难以避免地在赋权、评分等方面存在一定的主观性和片面性,从而影响总体评价工作的完整性和准确性。因此,必须对量化研究的局限性铭记在心,并始终结合定性研究进行综合考虑。在评价工作开展过程中,按照科学的研究与分析方法,对各项指标进行权重确定、赋值和计算打分阶段,得到我国运动项目协会内部治理的综合指数。综合指数的形成过程,可分为两个阶段。

1.选取评价指标

根据上述建立指标体系的考虑,对我国运动项目协会内部治理的现状进行梳理,结合体育协会治理特点和协会内部治理重点影响因素,本书立足规范设置、机构设置、制度设计、运行调控四大维度搭建运动项目协会内部治理的评价指标。整个指标体系对于运动项目协会内部治理状况的评价由四级指标的具体状态组成,共涉及四维分析框架中的理念定位、机构设置、制度设计、运行调控等4个一级指标;下设自治化、民主化、法治化等共17个二级指标;各二级指标之下共设自治性、自主性、自决性等57个三级指标;以及在三级指标下共设置行政脱钩及其程度、人财物自主等共140个四级指标。该指标体系涵盖但不限于联合国亚太经社委员会设定的8类善治维度和国际奥委会颁布的《奥林匹克善治通则》中设定的相关内容,也综合考虑了中国特色社会主义法治体系的构成等内涵,最终形成如表4-1所示的指标体系。

表 4-1 我国运动项目协会内部治理善治评价的指标体系

一级指标	二级指标	三级指标	四级指标
I. 理念定位	自治化	自立性	与行政脱钩与否
			脱钩程度
		自主性	人事自主
			财产自主
			自负盈亏
		自决性	自主决策
			自主执行
			自负其责
	民主化	主体参与度	治理对象的广泛参与③
		过程民主度	决策过程高度透明④
		程序民主度	质询与救济，即对民主过程产生的结果有无接受质询和补救的机会
		结果民主度②	对异议的包容程度
			治理结果实现了整体利益最大化
	法治化①	法治完备度	法律规范体系是否完备及其程度
		法治高效度	法治实施体系是否高效及其程度（含处置事务公平公正并妥善保障人权⑤）
		法治严密度	法治监督体系是否严密及其程度（含对权力的监督与制衡⑥）
		法治有力度	法治保障体系是否有力及其程度
		法治完善度	贯彻党委领导是否完善及其程度

---

① 该指标借鉴中国特色社会主义法治体系的五大子体系进行构建，并根据我国运动项目协会内部治理与国家治理的差异，对第五个指标作了调整。参见习近平：《坚持走中国特色社会主义法治道路　更好推进中国特色社会主义法治体系建设》，https://www.12371.cn/2022/02/15/ARTI1644910478701578.shtml，最后访问日期：2024 年 5 月 17 日。

② 吸收联合国经社委员会关于善治设置的指标。

③ 吸收联合国经社理事会关于善治设置的指标。

④ 吸收联合国经社委员会关于善治设置的指标。

⑤ 吸收联合国经社委员会关于善治设置的指标。

⑥ 吸收联合国经社委员会关于善治设置的指标。

续表

一级指标	二级指标	三级指标	四级指标
Ⅰ.理念定位	高效化	执行力	从决策到落实的速度与力度,从落实到效能的实现的转化效度
		回应度	有效回应相关利益主体的诉求
		利用率	资源利用充分
Ⅱ.机构设置	权力机构	设立及方式	是否设立,如何设立
			是否设立日常权力代表机构
		职能赋予	职能赋予是否科学合理、完备
			有无交叉、弱化
		职能行使	能否行使职能
			是否存在虚化、形式化倾向
			能否有效行使职能
	执行机构	设立及方式	是否设立独立和常设的执行机构
			执行机构设置的方式是否体现效率、法治等理念
			是否与权力机构等存在明晰权界、职责划分
			是否设立有执行机构的协助支持配套机构
		执行决策	执行决策是否有据可依
			执行决策是否民主透明
			执行决策程序合理合规
			执行决策是否权责一致
		执行效能	是否严格落实权力机构的决策和协会章程要求
			执行机构及人员的专业化程度
			是否及时、勤勉和忠实地履行执行职务
			执行投入、执行产出与执行目标之间是否三点一线,是否存在偏差及其程度
			执行投入、执行产出与执行目标之间的相对比如何

续表

一级指标	二级指标	三级指标	四级指标
Ⅱ.机构设置	解纷机构	设立及方式	是否设立有解纷机构
			设立多少类型的解纷机构
			设立多少层级的解纷机构
		独立化程度	与执行机构等内设机构是否保持独立地位
			解纷机构的人事任命是否保持独立
			解纷程序、规则适用与解释、结果的裁决等是否保持独立
		法治化程度	是否与执行机构形成制约
			是否严格落实有法可依、有法必依、执法必严、违法必究的原则
			是否形成解纷正当程序，包括是否对当事人有效送达参与解纷的通知
			是否保障当事人参与解纷的机会
			是否给予当事人提交意见或参与答辩的机会
		专业化程度	是否设立有专门和专业化的解纷程序
			是否有较为规范的专业化的规范资源库
			是否有专业化的内部解纷管理、行政与服务人员
			是否有专业化的解纷人员
			是否有专业化的解纷场所与设备
			是否有专业化的解纷知识讲座、培训和普及活动
		权利救济度	是否给予相关利益者接近正义的机会和程序
			是否设置平等、合理的纠纷解决程序的使用条件
			是否存在限制权利救济的范围，限制是否合理
			是否存在法律援助类的咨询、释疑等安排
			是否存在内部上诉救济安排
			是否存在外部上诉救济安排

续表

一级指标	二级指标	三级指标	四级指标
Ⅱ. 机构设置	监督机构	设立及方式	是否设立独立的和常设的监督机构
			监督机构与其他机构的职能、权责边界是否清晰
			监督机构及其职能设置是否符合章程规范或权力机构的决议
		专业化	监督人员是否具有专业知识或经过专业训练
			监督程序和文件是否规范
			监督职能行使是否有据可依
		严密性	监督程序的启动是否合理
			监督程序的进行是否严密
			监督标准的设置是否严谨
			监督结论的作出是否严备
		有效性	监督职能的发挥是否有效
			监督途径和方式是否有效
			监督机制能否及时启动和顺畅展开
			责任设定是否有效
			问责能否落到实处
	其他机构		如各专业委员会等
Ⅲ. 制度设计	决策制度	设立	是否设立有决策制度
		完善度	决策机制的设置与落实是否要素完备
		合理度	决策机制设计是否符合常理、是否科学
		独立化	是否存在影响独立决策的障碍,及其程度
	执行制度	设立	是否设立执行制度
		便捷度	执行制度的落实是否便捷
		法治度	执行制度的落实是否有据可依
			是否严格依据章程或权力机构的决策行事
			是否存在越权
		有效度	执行制度是否能够发挥执行激励作用
			执行行为与执行目标之间是否一致
			执行与效果之间的转化率是否合理

续表

一级指标	二级指标	三级指标	四级指标
Ⅲ. 制度设计	解纷制度	设立	是否设立内部解纷制度
			设立的解纷制度是否合理、科学
		便利度	是否形成以当事人为中心的解纷制度安排
			是否考虑并融入了和解、调解等便利前置程序
			是否设计了鼓励和解、促进调解的制度元素
			是否嵌入了现代信息技术对解纷解决的便捷支持
		法治化	解纷人员是否有法治训练背景
			解纷框架设计是否嵌入法治裁判的中立化要求
			解纷框架设计是否体现当事人平等对待的要求
			解纷制度是否满足纠纷解决的正当程序标准
			纠纷解决是否给予当事人申诉、上诉等权利救济
		有效度	纠纷解决制度是否满足协会内部治理的基本需求
			纠纷解决制度的利用率,过高还是过低
			促成和解、调解的成功率
			纠纷解决的化解率
			针对纠纷解决结果的外部上诉率
			协会成员对纠纷解决制度设计与适用的满意度
	监督制度	制度设立	是否设立有独立或相对独立的内部监督制度
			内部监督制度是否有据可依,是否符合上位规范
			内部监督制度是否完备、合理
		监督广度	监督范围是否实现关键部门全覆盖
			监督范围是否实现关键领域全覆盖
			监督范围是否实现关键环节全覆盖
			监督范围是否实现关键人员全覆盖
			监督范围是否实现关键职能全覆盖
			监督范围是否实现关键问题全覆盖

续表

一级指标	二级指标	三级指标	四级指标
Ⅲ.制度设计	监督制度	监督力度	监督措施是否有力
			监督人员是否给力
			监督动作是否到位
			监督过程是否持续
			监督问责是否落实
		监督效度	监督动作的完成度
			监督举措的实效度
			不能、不敢、不愿腐的威慑力是否形成
			风清气正、廉政为民的文化是否成形
	其他制度		
Ⅳ.运行调控	内部分工	分工明确	分工无重叠、冲突
			分工无漏缺、空白
		各司其职	各机构职能发挥无重叠、冲突
			各机构职能发挥无漏缺、空白
		相互制衡	各机构职能发挥形成合理的制衡关系
			避免或遏制职能发挥失灵
	内部合作	彼此衔接	各机构之间的职能无缝衔接,从决策到执行,从执行到监督,从监督到解纷,形成环环相扣、相互合作的良好秩序
		相互补位	在机构职能发挥失灵或障碍的情形下,存在应急补救机制,实现机构之间的补位,替代履行职能
	内部协调	协调制度	设立协调制度,对内部治理中的分工与合作出现问题时实施介入、干预,进行协调
		协调途径	设计相应途径和举措,实现分工与合作的协调
		协调效弦	协调功能的发挥应有效率,避免出现次生的高额协调成本
		协调实效	协调制度及其落实具有效果,通过协调协会内部治理的分工与合作,确保协会整体功能和目标的实现

2.确定指标权重

针对形成评价体系的一级、二级、三级和四级指标,综合考虑各指标对于运动项目协会内部治理的重要程度、相关专家调研和部分运动项目协会、成员的走访、交流,即可对这些指标进行赋权,在最终得到评价指标体系中每个一级、二级、三级和四级指标之间的相对权重之后,就可以作为一个"批判的武器"对各运动项目协会内部治理的善治程度作一个"武器的批判",在该指标体系的合理性和局限性范围内对各运动项目协会内部治理的善治进行量化的分析和比较。

经斟酌考究,本书初步对前三级指标的权重赋值如下:

(1)一级指标的权重赋值

考虑到对于运动项目协会内部治理善治程度的影响度和贡献力,可将理念定位的权重赋值为20%,机构设置的权重赋值为35%,制度设置的权重赋值为35%,运行调控的权重赋值为20%。之所以在权重赋值上作出如此安排,是因为考虑到运动项目协会的内部治理机构及其制度设计在决定其内部治理善治程度上具有主要的决定力量,此两类要素一旦设定,运行调控和理念定位也就得到了安排和落地。

(2)二级指标的权重赋值

关于理念定位部分,共有自治化、民主化、法治化和高效化四个二级指标,其中自治化是最重要的前提,因此权重赋值为30%;民主化与法治化立足自治化基础,对体育协会内部治理发挥着实质性的决定作用,故分别给予权重赋值25%;高效化是在民主与法治的保障下实现的内部治理效率,其权重赋值为20%。四个二级指标共同构成理念定位的观测点,其权重共计100%。

关于机构设置部分,共有权力机构、执行机构、解纷机构、监督机构和其他机构五个部分。其中,其他机构作为加分项,不占比重。四个机构作为运动项目协会内部治理中不可缺少的核心机构,其权重赋值均分为25%,共计100%。

关于制度设计部分,共有决策制度、执行制度、解纷制度、监督制度和其他制度等五个指标。其中,其他制度作为加分项,不占比重。四种制度对应于四大机构的职能,也构成运动项目协会内部治理的四大关键,在权重赋值上也各均分为25%。四类指标共计占比为100%。

关于运行调控部分,共有内部分工、内部合作和内部协调三个指标。鉴于分工明晰是运动项目协会内部治理最基础、最重要的工作,在此基础之上才进一步有合作与协调的必要。鉴此,本书对三个指标的权重赋值设定为内部分工40%、内部合作30%和内部协调30%。三者统计占比为100%,具体指标占比见表4-2的内容。

表4-2 我国运动项目协会内部治理善治评价的指标权重

一级指标	二级指标
Ⅰ.理念定位(20%)	自治化(30%)
	民主化(25%)
	法治化(25%)
	高效化(20%)
Ⅱ.机构设置(30%)	权力机构(25%)
	执行机构(25%)
	解纷机构(25%)
	监督机构(25%)
	其他机构(加分项)
Ⅲ.制度设计(30%)	决策制度(25%)
	执行制度(25%)
	解纷制度(25%)
	监督制度(25%)
	其他制度(加分项)
Ⅳ.运行调控(20%)	内部分工(40%)
	内部合作(30%)
	内部协调(30%)

必须指出的是,关于我国运动项目协会内部治理善治度的评价指标、体系构成及其权重赋值,是本书作出的探索性尝试,笔者尚未发现有其他全面、体系化的类似的评价方案。因此,本指标体系和权重赋值带有试验和探索性质,其合理性和科学性,以及进一步的、对第三、四级指标作更为具体细致的权重赋值,都有待反思和深入考究。本部分仅作为本书力所能及的尝试,提供出来作为参考,表明下一步努力的方向。

四、运动项目协会内部治理的善治要求

我国运动项目协会在组织性质上属于非政府、非营利性的团体组织[1],但长期以来很少作为独立的实体运行。运动项目协会是体育自治的基础执行主体,在体育治理框架中承担着体系枢纽的作用,因此,为了推动国家在体育领域治理体系和治理能力的现代化,运动项目协会自身的治理状态成为制约体育治理水平的重要前提,其实体化运营和内部治理优化始终是体育治理改革的永恒主题。国内经济、社会、行政体系以及国际体育事件的发生和变动形成了动态的外部环境,对协会内部治理不断提出新的挑战与期许,为保持体育治理与国家治理能力、治理体系现代化的同步与协调,运动项目协会对于善治状态的追求永无止境。

我国自首次颁布《体育法》以来,至今已有近三十年,运动项目协会制度也已积累了近七十年的经验,中国体育事业在近二十年所获得的跨越式发展举世瞩目,但体育行业内部治理的状况依然存在诸多不足,与我国在国际体育赛事中所展现的强大实力不相匹配,优秀的赛场表现与僵化的行业治理形成了强烈的对比。历经数次行业改革,我国运动项目协会已作了突破,但协会内部治理的状态依然存在较大的完善空间:从协会权力机构、执行机构、监督机构等内部治理机构的职权划分与边界明晰,到行政系统对于协会自治的过度干预,从协会内部成员的权力不受监督到部分存在的操纵比赛的现象,再到运动员的赛场内部纠纷等,这一系列现象反映了我国运动项目协会内部治理中长期存在的各类痼疾仍然有待新一轮运动项目协会治理改革的针对性处理。

近二十年来,体育行业经历数次改革,但改革的重心往往在于协调运动项目协会与行业内部其他利益主体之间的关系,但这种更重视外部环境调整的改革措施,实施效果也尚未达到预期目标。赛场之外的运动项目协会治理在体育商业化的大背景下市场显示出部分治理失能现象,为突破体育治理之困境,实现体育强国的战略目标,解题对策在于摆脱和克服对既有治理结构和治理机制的路径依赖。

需要指出的是,严格满足上文所述的善治理念下的定性和定量分析的运动

---

[1] 谭小勇:《依法治体语境下的体育行业自治路径》,载《上海体育学院学报》2016年第1期。

项目内部治理,显然是一种非常理想化的治理状态。但要实现运动项目协会内部治理的可以让人接受的善治状态,至少应该从以下四个维度贯彻善治理念。

(一)善治理念在理念定位维度的贯彻

效力明确的治理规范是体育协会善治的前提。协会规范是内部治理的基础性文件,以协会内部的机构设置、职权划分、组织运转为主要的规范功能。根据效力地位的不同可以分为任意性规范和强制性规范,二者各有其存在的价值。强制性规范是指运动项目协会内部治理所涉及的各方主体均必须遵守的规范,其所规定的程序及义务不得在内部治理的过程中进行变动或减损。任意性规范则并不具备强制的约束效力,在内部治理的过程中,治理主体可对规范内容做一定程度上的变通。

在组织体治理领域,任意性规范往往更受学者推崇,例如现代公司治理实践中,削弱规范的强制性是现代各国公司发展的显著趋势。但运动项目协会内部治理的诉求显然异于公司治理,相较于后者对于治理效率的孜孜以求,体育治理应当更加关注内部治理的合规性。原因在于,体育行业自身具有相对独立的特点,其治理状态的外部性不如行政、经济体系那般显著,因此,当规范内容涉及协会内部组织架构设置、制度设计和运行调控时,应当明确赋予治理规范以强制性效力。

首先,在运动项目协会内部机构设置方面,会员大会、秘书处、监事会的设置规范应当具有强制性。对于运动项目协会内部治理而言,作为决策机构的会员大会、作为执行机构的秘书处和作为监督机构的监事会是运动项目内部治理所必需的治理机构,因此上述机构的设置规范应当具有强制性。

其次,对于运动项目协会内部机构的职权规范,应当根据具体情形来确定其规范效力。区分的依据在于,特定内部治理职权是否具备专属性质,若特定职权必然专属于特定机构,否则该机构设置则失去其应有功能时,例如决策权力之于会员大会,那么该项职权规范就应当具备强制性效力,反之则否。

最后,对于运动项目协会内部机构的运行规范而言,应当由体育法规定任意性规范的边界,再由运动项目协会根据自身情况自主安排和调整。例如运动项目协会会员大会每年的召开次数、召集方式、通知、主持事宜,秘书处人数及监事的任期以及是否可以连选连任等,虽然不涉及协会外部当事人以及社会公共利益,但在运动项目协会内部治理的过程中,协会成员往往处于弱势地位,若缺乏外部法律规范的约束,其合法权益将无法得到保障。

第四章 我国运动项目协会内部治理的善治探索

(二)善治理念在机构设置维度的贯彻

运动项目协会内部治理模式的选择,是体育治理制度改革过程中所需要解决的基础性、前置性问题,根据运动项目协会内部治理的权力重心在于决策机构还是执行机构的不同,可分为决策机构中心主义和执行机构中心主义。

在传统的运动项目协会治理模型中,作为决策机构的会员大会往往对于协会内部治理过程中的重大事项拥有终局性的决策权利,而作为执行机构的秘书处通常以实现治理决策的助手身份出现。然而,体育善治目标与协会内部治理模式的选择,二者之间属于目的与手段的关系,即使殊途亦可同归,实现体育善治并非只有会员大会中心主义一种模式,根据具体的治理环境和治理需求,运动项目协会内部治理实践同时存在着适合两种治理模式存在的土壤:对于规模较小,盈利能力有限的运动项目协会而言,决策机构中心的治理模式使决策者与执行者的合一,可显著降低内部治理成本,有助于保障协会成员参与内部治理决策以及作为决策者的地位;对于规模较大、日常事理事务较为繁杂的运动项目协会而言,执行机构中心的治理模式更容易发挥作为常设机构的执行机构在内部治理决策方面的及时性。

我国目前的运动项目协会内部治理模式处于一个相对两难的阶段,从体育法以及各协会章程的规范内容上看,作为权力机构的会员大会通常拥有协会内部治理中的最高权力,但体育治理实践呈现出与制度设计的脱节。由于会员大会的召集成本较高且召开频率较低,诸多运动项目协会内部治理的主导地位,实际上已经被作为执行机构的秘书处取而代之,此种制度设计与治理实践错位的普遍现象应当引起改革者对于运动项目协会内部治理模式选择的反思。从现实环境出发,我国运动项目协会的实体化运行状态,目前处于一个相对复杂的环境中,不乏如足协、篮协等商业化运行较为成功的协会,同样也存在着数量庞大且运营能力堪忧的中小型协会。各个协会的行政脱钩状态、实体化运营能力差异较大,就导致现阶段从两种治理模式中择取其一,然后全面推行的做法并不合理。如上所述,两种内部治理模式各有其可取之处,且各运动项目协会内部治理状况差异较大,因此不妨将治理模式的选择权利交由运动项目协会自身,允许各协会根据自身的运行状况、人员构成、治理目标等方面自行决定采取何种治理模式。具体而言,可以通过把决策机关和执行机关的内部治理职权条款设计为任意性条款,允许协会章程对于内部机构职权自行调整,如此既发挥了体育法作为示范性规范的价值,同时也给予了各运动项目协会充分的自治权利,摆脱体育治理制度设计与治理实践脱节的立法窘境,不失为我国体育协会治理改革阶段的一种明智之举。

(三)善治理念在制度设计维度的贯彻

1.决策制度的职能保障

内部治理的重点在于决策制度的实际运行状态,即如何更好地发挥会员大会的决策职能,以及促进更多的协会成员参与到运动项目协会内部治理的具体决策当中。当前的运动项目协会应当重视电子表决机制的引入,通过技术赋能贯彻运动项目协会内部治理的权力机构更便捷地运行,解决决策机构较为普遍的缺位、失语状态。按照大多数运动项目协会章程的规定,会员大会需要大会成员出席决议并现场进行表决,但在实践中,尤其是大型的运动项目协会中,其会员大会成员出席的比例相对较低。这样的现象产生了两方面的不良后果,一方面,会员大会自身对于集体决策的职能很难得到实现,且由于会员大会难以及时、常态化地召开,进而影响协会内部治理事务决策的时效性。另一方面,会员大会的缺位也直接导致内部治理决策权旁落于执行机构手中。运动项目协会内部治理的善治也要求协会治理融合现代信息技术的发展,在条件允许的情况下,应当通过网络、电话等电子通信媒介召开会议,通过线上渠道行使投票权。通过运动项目协会章程,对于会员大会电子表决效力予以认可,这样就可以使电子表决机制在运动项目协会内部治理过程中发挥最大的作用,不仅可以跨越地域和时间的障碍,也使得会员大会的召开更加方便灵活,进而充分发挥会员大会的决策职能。

2.监督制度的职能重构

在运动项目协会的内部机构设置方面,决策职能往往由会员大会承担,作为执行机构的秘书处,其职责通常在于执行会员大会的决议,作为常设机构负责各项决议的具体落实,在这样的框架下,运动项目协会内部治理所缺乏的恰恰是外部的监督职能,在现行的协会内部治理框架下,监督职能应当由监事会承担。但在多年来运动项目协会内部治理实践中,极少见到监事会的有效作为,大部分时候处于形同虚设或实质缺位的困境,无法发挥有效的监督作用。归根结底,监事会的监督职能能否有效实现,不仅在于该机构是否客观存在,更为重要的是监事会人员是否能够承担专业性、职业性极强的监督工作。以协会内部治理工作中最核心的财务监督为例,财务工作是专业性极强的工作,客观上也需要投入大量的时间和精力来不断学习财务知识,缺乏财务专业知识的工作人员,尤其是普遍存在的依靠兼职人员来承担财务监督岗位的做法,根本无法胜任运动项目协会内部治理财务监督的任务,其强行履职的成效也可想而知。因此体育善治就要求运动项目协会必须加强监督人员的职业性筛选选拔不同专业的优秀人才进行监督,充分发挥监督的作用。

(四)善治理念在运行调控维度的贯彻

在会议决议的程序保障方面,无论是会员大会决议还是执行会议决议,均应当明确最低表决权的出席比例。在调研实践中发现,大多数运动项目协会对于会议表决仅规定表决须高于出席会议决议的成员的特定比例,但在运动项目协会内部治理实践中,此种规范就意味着实践中可能存在某项决议通过或否决的表决权,可能仅占协会成员中的极小比例的情况,换言之,此种治理决策缺乏合法性,没有建立健全的会议机制。对于会议表决最低,出席比例规定的缺乏,不仅可能导致内部治理权力的过于集中,也可能导致协会成员的合法权益难以得到应有的保障。因此,体育甚至要求协会章程规定会议表决的最低表决权出席比例就达到相应出席比例的会议决议方为有效,如此可以强化集体决策制度在运动项目协会内部治理实践中的作用,也有益于限制协会高层人员滥用权力的现象,客观上也加强了对于协会内部治理事宜的监督,确保了内部治理的有效性和安全性。

在协会成员的合法权益保障方面,如何加强对协会利益相关者的保护,是现代运动项目协会内部治理优化的重要目标。运动项目协会是该运动项目下从业人员的协会,内部治理决策的最终目的在于保障协会成员的合法权益。协会成员不仅是协会内部治理事务的利益相关者,也是内部治理程序中的弱势群体,因此体育善治理念要求必须对于协会成员尤其是运动员的合法权益予以兼顾和重视。具体而言,首先要赋予协会成员必要的知情权。协会成员是协会内部治理决议的主要利益相关人,理应知晓治理决议的通过时间、程序、参与会议表决的民主集中,如此才能充分保障协会成员对内部治理决策的参与。此外,运动项目协会也应当加强协会成员对于治理决策的事后救济,而救济权利的实现,则以运动项目协会设立独立、有效的纠纷解决机制为前提,独立运行、不受其他协会内设机构干预的纠纷解决机构对于运动项目协会的善治必不可少。

第五章

我国运动项目协会内部治理的改革要略

以运动项目协会内部治理改革为支点，是支撑我国体育由大转强、深入推进体育治理体系和治理能力现代化成为体育强国建设的题中应有之义。在回顾我国运动项目协会内部治理现状，并剖析目前存在的主要问题后，通过总结国内外几类行业协会的内部治理经验，形成了可选择性的内部治理模型。在此基础上，直面现存问题，以我国运动项目协会内部治理的更高质量的改革完善为需求侧，以相关经验、指标设计为供给侧的参考，促进供给与需求之间的契合，可据此最终构建符合我国国情和体育实践的运动项目协会内部治理中国式改革方略。

一、我国运动项目协会的外部环境改革

党的二十大报告明确指出，必须坚持问题导向，必须坚持系统观念。系统思维也就是按照全局与一域、万世与一时的关系处理好当前的局部问题。我国运动项目协会内部治理的改革也应当坚持系统思维，这里的一域就是内部治理的改革，这里的全局就是包括我国运动项目协会外部改革环境在内的格局；这里的一时就是当下的改革，这里的万世就是具有面向将来的准确识变、科学应变、主动求变。据此，我国运动项目协会的内部治理改革必须处理好内部治理与外部环境的辩证关系，强化自身的治理能力，运动项目协会治理与环

境之间存在着一种函数关系,其中内部治理安排是因变量,其所依托的外部环境是自变量。所谓函数关系就是说因变量随着自变量的变化而变化,用到这里是指协会外部环境的质量将会被客观地反映到内部治理中,并对后者产生不可避免的正负影响。简言之,运动项目协会内部治理改革可以产生外溢效应,更具有主动性的是,运动项目协会在推进内部治理进程中,其外部环境及其改革的质量必将产生相对于运动项目协会而言的内渗效应。诸多外部环境因素本身存在亟须改革的问题,已经对运动项目协会的内部治理产生程度不同的影响。因此,在真正回应内部治理改革之前,需要一揽子统筹考虑我国运动项目协会赖以存在和运行的外部环境。根据前文所述,这些外部环境主要包括:规则环境、政社关系、司法环境、社会环境乃至国际环境存在的问题,为我国运动项目协会的内部治理改革提供一个优质的外部环境。

(一)外部规则环境的改革

在推进全面依法治国的新时代,体育法治已经成为国家体育发展的代名词,所有与运动项目协会内部治理有关的活动必须在法律允许的范围内进行,以保障参与者的相关权利。当外部法律环境给内部治理带来负面影响的情况下,需要根据问题所在,对症下药,从而为内部治理营造一个科学、规范的法律环境。

1.配套体育组织条例

虽然在《宪法》为运动项目协会的设立提供宪法基础的情况下,存在多位阶法律为其内部治理改革提供外部规则支持,但是纵观协会内部治理的法律法规,仍然存在位阶低、较分散、不完整和滞后性四种主要问题,导致各个运动项目协会内部治理存在程度上的问题,缺少一些科学的共性的顶层设计,解决这些问题的有效途径在于配套体育法等正式、上位立法,制定一部包含主要针对运动项目协会内部治理问题的组织性条例,即《中华人民共和国体育组织条例》。

该条例的产生基础在于运动项目协会的法人属性,因为目前我国大多数运动项目协会的章程都将其定位为非营利性、体育类社团法人。随着《民法典》的问世,此种定位已经成为一种共识性的事实。但由于法人内部治理的逻辑基础起源于公司治理,运动项目协会的内部治理在一定程度上可以套用《公司法》有关公司治理的相关规定。但是由于公司属于营利法人,而运动项目协会本身不属于营利法人,带有体育特有的习性,并且坚持体育自治,有必要在借鉴《公司法》的基础上,对运动项目协会的内部治理进行单独立法,健全内部治理机制,加强行业自律。有学者建议制定一部《社团法》[①],为体育社团的设置、管理和运作提供法律依据。与之相对,值得一试的我国运动项目协会内部治理的更合理方案是制定体育组织相关条例。理由在于:一方面,我国已经修订的《体育法》专设体育组织一章,在该章中对各运动项目协会的基本职能作了规范;《民法典》也在主体章节对社会团体作了规范,在此基础之上进一步制定社团法的可能性较弱。另一方面,即便制定社团法或社团条例,它也是将基于社会团体这一共性进行设立,更适合成为民法典的配套条例,对体育运动项目协会的针对性调整过于薄弱,不能更好体现体育社会团体的个性。因此,更为合理的建议方案可以把握两点:第一,这一立法形式目前来看很难采取全国人大立法的方式,在立法形式上采取行政法规的方案更具现实可操作性。待行政法规颁布实施、积累相当经验之后,再在合适时机升级成为正式立法。第二,这一立法内容应当体现针对性和特定性,专门用以规范体育组织的治理主题,以规范运动项目协会的组织和行为为主要立法目的。据此,本书主张制定配套的更具针对性的专门的《体育组织条例》更为适宜,作为《体育法》体育组织章的配套行政法规,实现对我国运动项目协会治理环境和内部治理的专门规范。该条例是对所有在中国设立的运动项目协会的外部环境与内部治理共性的高度浓缩,为其内部治理提供顶层设计。简言之,该条例的设计和施行将为我国运动项目协会的改革、职能发挥提供本领域的"基本法"的功能。其可解决如下问题:

(1)消除相关规则位阶低的问题

现存的与运动项目协会内部治理有关的法律、行政法规的数量较少,例如,《民法典》为协会的非营利法人属性提供法律支持,《体育法》为协会健全内部治理机制作出原则性规定,《社会团体登记管理条例》等行政法规单独对这些协会的登记管理进行规定,但是并没有对这些协会、更没有专门针对体育社会团体如何进行组织进行具体规定。《社会团体章程示范文本》作为规范性文件,虽然能够为运动项目协会的内部治理的各个方面提供系统的规范指引,但是不具有法律效力,仅仅属于示范性、指南性的文件。由此,为了消除规范性文件不具有法律拘束力,以及法律规定存在缺失的弊端,通过制定运动项目协

---

① 罗思婧:《我国体育行业自治及其法律规制重构》,载《北京体育大学学报》2017年第3期。

会组织条例,能够提高法律位阶,作为《体育法》配套的体育组织方面的行政法规为运动项目协会内部治理提供具有法律拘束力的关于外部环境的立法指引。

(2)解决规则分散的问题,对运动项目协会的组织和行为进行统一立法

现有法律规范分别从运动项目协会存在的合法基础、登记管理、准入制度、管理制度、经济制度等层面设置明确规定,存在立法碎片化现状,增加了运动项目协会内部治理的法律查询成本。为此,通过制定一部单行的体育组织条例,对现有分散的法律进行整合,对不具有科学性的法律条文进行修订,对不同位阶的规范、示范规则等进行统一,从而为运动项目协会治理的外部环境与内部要素提供全面、系统且具有科学性的法律根据。

(3)弥补规则不完整的问题,消除运动项目协会内部治理无法可依的情形

现有法律虽然能够为运动项目协会的内部治理提供最基本的法律依据,但是也存在部分问题无法可依的情形,这将导致一些内部治理活动处于无序状态。例如,现有法律没有对财产盈余分配、财政年度支出比例等问题作出规定,没有对协会内部治理的年度披露等透明度要求作出规定,对于协会内部治理的内部监督、外部环境的优化等问题,也付阙如。以上种种问题都将对体育社会团体的存在和更好发展产生重大影响,为了确保财政公开,规范协会内部财政运行活动,阻断外部对体育协会内部治理的不当、违法干预,有必要在组织条例中对前述问题进行明确规定,为运动项目协会更高质量的发展斩断束缚因素,奠定基石,同时也能够提供法律指引,不断完善内部制度。

(4)解决规则滞后性的问题,保障运动项目协会内部治理的时代性

为顺利推动体育管理体制改革的深入进行,国家体育总局于2014年颁布了《以运动项目管理中心和单项体育协会改革试点为突破口、深化体育管理体制改革的方案》,全国性的运动项目协会即开始走上实体化改革之路,与运动项目管理中心进行脱钩,实行内部自治。而现行有效的《社会团体登记管理条例》规定社会团体实行双重管理体制,将运动项目管理中心作为业务管理机关,这一规定实际上仍延续着运动项目管理中心与运动项目协会"两块牌子,一套人马"的做法。[①] 这一管理体制在协会—中心并存时期对运动项目协会以及运动项目的发展起到了积极的推动作用,但是在协会脱钩的自主存在、

---

① 刘苏、汤卫东、许兰:《基于法治的自治——后脱钩时代全国单项体育协会改革的思考》,载《武汉体育学院学报》2019年第8期。

自治发展的时代,已经逐步显示出其滞后性,将阻止运动项目协会的自主性发展。因此,有必要在组织法中消除运动项目管理中心给运动项目协会内部治理改革带来的弊端,促进这些协会的自主性发展,适应脱钩这一发展趋势。

总之,通过制定一部符合体育强国战略的《中华人民共和国体育组织条例》,一方面承接《宪法》《体育法》《民法典》的上位法之精神与原则性规定,另一方面对下进行专门化统合、清理和优化,对现有法律、规范、示范文本中存在的有关运动项目协会等体育组织的个性化、独特性问题进行全面、系统的回应,从顶层设计上规范这些协会的存在环境、组织形式和活动职能,为运动项目协会的改革环境、管理登记、设立目的、业务范围、机构设置、制度设计和运行调控等问题做出积极回应,为运动项目协会提供一个风清气正、规范有序、积极引领的外部规则环境,指引协会在科学、合法发展的基础上促进我国由体育大国向体育强国转变。

2.修订现有法律法规

运动项目协会内部治理的外部法律环境是一个体系庞大的体育法律法规体系,除了制定一部适合运动项目协会的组织法之外,还需要对其他相关法律法规进行修改与完善。《社会团体管理登记条例》第13条第2款规定,在同一行政区域已有业务范围相同或相似的社会团体,没有必要成立的,登记管理机关不予登记。这意味着在相同行政区域内,业务相同或相似的体育社会团体在一定条件下不能取得登记。但是,由于《社会团体管理登记条例》对业务相同和相似的标准、是否有必要成立的标准没有进行明确规定,可能导致某些体育社会团体无法得到登记或者并存两个以上相似社会团体。因此,该条例应当对标准进行明确界定,以保证标准的科学性、规范性和时效性。此外,针对运动项目协会内部治理重导向性政策,轻专业指导文件的问题,体育行政部门可以借鉴中国足协的做法,在组织法的基础上,通过制定相关的改革方案,为运动项目协会的内部治理提供明确具体的方案指引。

综上所述,在制定一部单行的运动项目协会组织法统领内部治理改革的基础上,对现行的涉及内部治理某一方面的法律、行政法规等进行修订,以适应运动项目协会内部治理改革的趋势,从而为其提供一个优质的体育法律法规体系所形成的法律环境。

第五章　我国运动项目协会内部治理的改革要略

(二)外部协政关系的改革

如上文所述,"政协"关系是指我国体育行政机关与我国运动项目协会之间的关系构架。这种指导关系的设立,旨在确保二者能够在工作上形成有效的沟通与协作,共同推动工作的开展。这是我国运动项目协会深度推进内部治理改革质效的最关键的外部环境因素。这一环境因素具有双刃性:一方面,它本身就是推动运动项目协会内部治理改革的力量之一,甚至在某些方面成为主导力量;另一方面,它有可能演变成为束缚运动项目协会进一步改革发展的消极制约力量,实质地影响运动项目协会的自立、自主和自治。当前,在很大程度上运动项目协会与体育行政部门之间的关系,决定了内部治理由谁真正负责管理的问题,是运动项目协会进行内部治理改革需要解决的先决性问题。随着体育强国战略的推进,两者之间的关系经历了"隶属关系—依附关系—协会自治"的发展过程。如今,运动项目协会内部自治已经成为理论和实践共识,协会与体育行政管理机关的脱钩正在如火如荼地进行。但是,有些全国性运动项目协会的实体化改革速度较慢,与体育行政管理机关之间的依附关系形式上脱钩、实质上藕断丝连,还没有完全解除,还需要在巩固既有改革成效的基础之上,进一步深化两者关系的改革力度和向度。

1.协政关系的明确界定

据考察,从世界上其他具有代表性国家的运动项目协会的管理体制和治理结构来看,典型的协政关系主要有四种:第一是英国、西班牙和澳大利亚的政府与社团合作型。第二是美国、意大利、德国的社会团体主导型,政府与体育社会团体是相互监督与服务的关系。第三是日本的行政部门主导型,两者之间是承办关系。第四是芬兰的横向联合的全社会管理型,国家和地方政府只进行法律监控和资金介入而不是具体管理体育事务。[1]

国家体育总局在《"十四五"体育发展规划》中指出:"加快政府职能转变,强化统筹管理和行业监管,重点做好运动项目发展规划和宏观指导。加快全国性单项体育协会实体化改革进程,强化党的领导,加强协会党建工作,推动会员组织建设和规范化管理,促进行业自律。积极发挥市场机制作用,鼓励社会力量参与,形成政府办与社会办有机结合的体育发展新模式。"结合《体育

---

[1] 张琴、易剑东:《体育治理结构的域外经验与中国镜鉴》,载《体育学刊》2017年第5期。

法》第67条的规定,"单项体育协会应当接受体育行政部门的指导和监管",从顶层设计层面表明我国全国性单项体育协会与政府之间既是合作的关系,又是指导与被指导、监督与被监督的关系。

2.协政关系的具体完善

《体育法》对行政机关与单项体育协会的关系作出的明确界定是一种原则性规定,由于该关系由多种具体领域的关系组成,还需要在原则性规定的基础上,合理清理各关系领域中存在的依附于体育行政部门的障碍。《脱钩总体方案》明确规定,脱钩任务在于机构、职能、资产、人员管理、党建和外事等事项的分离,那么协政关系就主要包括且不限于机构关系、职能关系、财产关系、人员关系以及党建、外事关系。目前,运动项目协会与体育行政部门在机构、职能、财产和人员关系上还存在着程度不同的联系,需要在法律位阶上进行明确厘定。

事实上,有部分单项运动项目协会面对的并不是"脱不了钩"的问题,相反,是"不愿意脱钩"的问题。因此,就我国运动项目协会与体育行政机关的关系而言,客观上存在着四种状态,构成我国协政关系的当前格局,这就是:已脱钩、不能脱钩、不愿或不敢脱钩。不能脱钩的运动项目协会,是主观愿意、但客观难以脱离行政机关的管理;不愿和不敢脱钩的运动项目协会,则是客观上能够、但主观上存在相反意愿的状态。针对这些不同的脱钩状态的运动项目协会,需要进行分类分析,做好类型化的脱钩改革。从健全的运动项目协会治理方式看,脱离行政、走向独立是理想模式,否则永远处于行政佑护之下难以成为本领域的管理者,难以充分尊重本领域运动项目协会的发展规律,充分释放自主自治的治理潜能,合理衔接市场与政府的关系,利用好市场与政府两种资源和两种治理手段。

关于协政关系的正确合理厘定,应把握好这样几个层面:

(1)为深化协政关系,需要对协会的主体性质进行明确和强化,把握其民事主体的基本地位,同时明晰和区分其接受行政委托、行使体育行政职权的特殊法律地位,二者和谐并存,不能混为一谈

只有强化协会作为独立的民事主体的定性和定位,才能够从根源上激发协会的主体性,苏醒主体的责任意识、使命意识,进一步激发协会的自主自决自治的担当与作为,如此才能内在地产生和巩固与行政机关真正脱钩的效果。根据《民法典》的规定,将运动项目协会界定为非营利性社团法人不存在争议,因此其主体性质为民事主体。关于协会行使管理权力被认为具有可行政诉讼

的问题,需要首先考察行使的权力是否由行政机关委托或授权,而不是进行"一刀切",将所有的行使管理权力引起的纠纷全部纳入行政诉讼范围,否则协会的去行政化仍然无法得到真正实现。因此,一般情况下,协会具有民事主体性质,其行使法律授权或契约让渡的权力所产生的纠纷不属于行政诉讼范围。但是如果在得到行政授权或委托的情况下,由于权力被赋予了行政性质,其行使行政处罚等行为产生的纠纷理应被纳入行政诉讼范围。简言之,我国运动项目协会作为主体在行为时可能呈现出行政委托主体与民事主体两种面目,法律在设定责任和救济时也需要进行区分,各运动项目协会也必须清楚区分自身的两种身份和两种行为性质,不能混为一谈。

(2)在机构关系上,要处理好运动项目协会与运动项目管理中心的关系

管理中心的设立作为特定时代的产物,是运动项目协会从完全隶属到过渡,再到完全独立这个进程中的缓冲产物。从理论而言,伴随着运动项目协会的独立之后,这些管理中心即应退出,但在协会推进过程中,不同的管理中心有不同的处理方式,从而需要在机构改革过程中处理好运动项目协会与管理中心的关系。中国足协与运动项目管理中心脱钩后,足球运动管理中心已经被撤销。但是,中国篮球协会在与篮球运动管理中心脱钩的情况下,篮球运动管理中心仍然存在。因此,根据《脱钩总体方案》,视运动项目管理中心能否并入运动项目协会来处理两者之间的关系,如果能够并入,则撤销运动项目管理中心,以法人治理方式对脱钩后的运动项目协会进行治理;如果不能并入,则将运动项目管理中心的相关业务转移给行政管理部门,移交完成后,再将这些中心进行撤销。因此,此种做法,不仅要求两个机构在形式上独立,更加强调在实质内容上的独立。从管理中心的命运浮沉也可以部分看到,管理中心实际上扮演着行政机构与民事主体两种角色,其职能中属于行政职权的部分在协会独立化过程中被保留下来并视适当机会回转给行政机关;其职能中属于协会自治的部分则在协会独立化过程中随协会而剥离中心。相应地,随着协会独立,行政机关收权之后,管理中心的职能被掏空而空壳化,从而没有存的必要。但这需要一定的过渡时间,在这个过渡时期,必须处理好继续存在的管理中心与独立化的运动项目协会之间的关系,一方面要防止管理中心久撤不销,成为一个"二政府"或"影子政府",对运动项目协会仍然实施事实上的干扰;另一方面也要持续巩固协会独立化的成就,各运动项目协会必须强化和明确自己的主体地位和意识,强化自决自主自负其责的担当使命。

(3)在职能关系上,需要对运动项目协会与体育行政机关之间的职能进行明确界定

在前者依附后者的情况下,两者之间的公权和私权较为模糊,[①]导致权利界限不明,脱钩后下移的一些事务的最终决定权仍在于体育行政部门,无法直接判定运动项目协会实际享有的职能范围。《体育法》只规定了全国性单项体育协会制定相应项目技术规范、竞赛规则、团体标准,规范体育赛事活动,未对其职能进行规定。为了消除中国足协、中国篮球协会等协会与运动项目管理中心的职能重叠和交叉,以及《体育法》法律条文的原则性,双方应当通过利益表达和协商,使双方职权配置达成一个公认的阈限内,[②]并将各自的职能范围在组织法中明确规定。鉴于行业自治范围较大,在一定程度上能够承接运动项目管理中心的某些职能,建议采取"负面清单＋兜底条款"的形式明确运动项目协会的职能范围。负面清单在于防止能够自治的职能被排除在外,兜底条款通过赋予法律解释权,防止协会肆意行使不具有自治性的职能,起到一种法律监管作用。一放一收的立法技术能够保障运动项目协会的职能处于自治与过度自治的理性平衡之中。

(4)在财产关系上,明确政府向运动项目协会内部发展提供资金支持的途径

全国性单项体育协会的大部分资金来源于政府拨款或政府资助,财政不独立导致协会出现过分依赖政府拨款的局面。这不仅打击了其自主发展的积极性,如果政府依据脱钩方案停止财政拨款,还可能产生生存危机。改善这一情况的立法支持在于增加政府购买服务的规定,能够将消极地接受政府拨款或资助转化为协会积极谋求发展的动力,降低协会对政府的经济依赖性,探索社会各界的有利资源,促进体育市场和事业的发展。除政府购买服务外,政府还应当积极寻找其他途径拓宽运动项目协会资金来源面。

(5)在人员关系上,实现运动项目协会内部人员与体育行政机关的分离

政社分开、行业自治要求两者禁止人员交叉,实现运动项目协会自主选人用人机制,尊重社会组织的独立性和自治性。但是,现已脱钩的全国性单项体育协会与运动项目管理中心之间仍存在人员重叠的现象,严重阻碍了协会对

---

① 袁钢:《全国性单项体育协会改革的法治化路径》,载《体育科学》2019 年第 1 期。
② 赵翼虎、黄亚玲、吴昊:《探索与优化——全国性体育协会实体化改革执行研究》,载《天津体育学院学报》2021 年第 6 期。

人员的招聘、选用、开除等自主权利的行使,偏离了《脱钩总体方案》。按照《脱钩总体方案》的规定,已在全国性单项体育协会任职的公务人员,可以自主选择去留,要么担任协会工作人员,要么退出协会工作;若在全国性单项体育协会兼职的公务人员,应当限期辞去兼职工作。但是在脱钩实践中存在人员行政化的两种现象:一是在运动项目管理中心存在的情况下,与全国性单项体育协会存在人员交叉现象。如在中国台球协会已经脱钩的情况下,该协会负责人与相关的管理中心负责人有混同现象,这与《中国足球改革发展总体方案》的规定有所不符。二是在运动项目管理中心已经撤销的情况下,该中心的公务人员仍可转化为全国性单项体育协会的工作人员。在某些运动项目协会已经与相关运动管理中心脱钩,并且后者已经撤销的情况下,管理中心的领导班子代表体育行政部门入职相关运动项目协会,显示出了脱钩不彻底的情形。目前,前述两种情形也存在于大量其他全国性单项体育协会之中。

针对上述两种情形,在全国性单项体育协会已经脱钩的情况下,应当按照预定方案逐步撤销相对应的运动项目管理中心,逐渐取消运动项目协会工作人员的事业编制,并对相应公务人员做出妥善安排,并在运动项目协会组织法中规定在一定期限内,这些人员不得到协会中进行任职或兼职,防止行政影响力对协会的去行政化改革产生不良影响。

(三)外部司法环境的改革

改革运动项目协会与司法机关之间的关系,所要解决的核心问题是体育纠纷由谁来裁决的问题,是对运动项目协会内部治理的外部评价,这一外部评价直接对体育行政部门、运动项目协会以及运动员、教练员等个人涉及的体育权利义务进行分配。体育纠纷的救济大致存在四种方式,即协会自决、体育调解、体育仲裁和体育诉讼。由于协会自决是运动项目协会内部治理的问题,与外部司法环境无关,此处不作讨论,下文再行展开。体育纠纷通过调解产生的和解协议虽然在我国不能直接执行,无法等同于体育仲裁裁决的准司法性质,但是其与司法确认和审查存在联系,故将其纳入本部分讨论。

1.体育仲裁环境的改革

体育仲裁环境的改革必须处理好两大问题:一是运动项目协会外部的不同仲裁机构类型之间的管辖分工问题;二是运动项目协会外部仲裁机构与其内部解纷机制之间的衔接关系。对于前者,主要是要明确不同类型的体育类争议与商事仲裁机构、体育仲裁机构和劳动争议仲裁机构之间的管辖关系。

《体育法》专设"体育仲裁"一章,对体育仲裁制度的设立进行了几乎全新的界定,这为独立仲裁机构在我国的设立迈出了重要一步。但是该法律条款的内容对体育仲裁的规定还有待进一步细化,并且还存在一个突出的与现行修订中的《仲裁法》之间的协调问题。我国最新修订的《体育法》中有关建立体育仲裁机构的一系列规定有待明确,其中最为主要的问题在于体育仲裁与体育商事仲裁之间的关系问题。从逻辑上讲,体育仲裁和商事仲裁主要存在三种关系:一是与体育有关的平等主体之间的合同纠纷或其他财产权益纠纷交由商事仲裁机构,体育仲裁机构不享有管辖权;二是此类纠纷交由体育仲裁机构,商事仲裁机构不具有管辖权;三是体育仲裁机构和商事仲裁机构对此类纠纷均具有管辖权,并视当事人意思自治情况受理此类案件。

《体育法》第九章规定体育仲裁机构不处理平等主体之间的合同纠纷或其他财产权益纠纷,这表明立法上具有采取第一种关系的趋势,从而实现我国体育仲裁和商事仲裁的独立发展,各司其职,互不交叉。但是该种立法做法过于理想化,有待进一步讨论。例如,依据我国《仲裁法》,可将体育合同纠纷交由商事仲裁机构处理,并且部分商事仲裁机构如西安仲裁委员会专门设立体育商事仲裁院负责处理体育商事争议。但是由这些机构负责处理体育商事纠纷主要存在两方面问题:一是体育商事争议也往往与管理和纪律纠纷不可分割,[①]由普通的仲裁机构处理后可能存在合理性和合法性危机。二是商事仲裁机构的专业性和执行力可能受到质疑,使得外援或者外籍运动员等体育纠纷主体转而选择由国际单项体育协会、CAS 解决相关纠纷,[②]造成体育纠纷案件的流失。

独立的体育仲裁机构是否具有处理体育合同纠纷或其他财产性权益纠纷的合法性,是界定两者关系的中心问题。在明确体育仲裁机构能够处理此类争议的基础上,赋予当事人对商事仲裁机构和体育仲裁机构的选择权,符合体育发展的国际趋势。目前,CAS 和多数国家的体育仲裁机构没有将合同纠纷和其他财产性权益纠纷排除在管辖范围之外,基于这类纠纷的专业性以及与纪律处罚等纠纷的牵连性,同时考虑到普通的商事仲裁机构缺乏专业的从事体育研究的仲裁员,由体育仲裁机构处理这些纠纷具有合理性。涉及体育的

---

① 李智、刘永平:《我国〈体育法〉修订进程中体育仲裁制度的构建与完善》,载《北京体育大学学报》2021 年第 11 期。

② 李智:《修法背景下我国独立体育仲裁制度的设立》,载《法学》2022 年第 2 期。

劳动争议能够由体育仲裁机构进行仲裁也可如此分析。因此,我国未来应赋予体育仲裁机构处理合同纠纷和其他财产性争议,甚至赋予其受理体育类部分劳动争议的法律权限,似更为妥当;并且进一步明确商事性体育类争议可赋予当事人对商事仲裁机构和体育仲裁机构的选择权。

我国体育仲裁正在推进具体建设之中;《仲裁法》的修订也进入后期深度攻坚阶段。从《仲裁法》目前修订中的征求意见稿看,其在第2条涉及可仲裁事项的规定中拟作一个重大突破,这就是删除原有的"平等主体"的规定。根据相关说明,这一删除的目的旨在将仲裁法扩展适用至体育仲裁、投资仲裁。考虑到体育仲裁主要适用的协会管理者与其会员之间的纪律处罚争议具有非平等属性,显然,仲裁法这一调整就自然将一般商事仲裁的管辖范围覆盖扩展至纪律处罚类竞技体育争议了。这一立法扩展一旦落定,在未来将可能导致设立后的体育仲裁委员会与一般商事仲裁委员会在管辖上的冲突或竞合。《体育法》第92条的规定进一步加剧了管辖冲突的可能。该条第2款规定:"《中华人民共和国仲裁法》规定的可仲裁纠纷和《中华人民共和国劳动争议调解仲裁法》规定的劳动争议,不属于体育仲裁范围。"这就出现了如下这一情况:一方面,《仲裁法》采取了进军体育仲裁的态度,通过删除争议事项的"平等主体"限定词,将体育类争议囊括其中;另一方面,《体育法》又主动明确放权,规定《仲裁法》所明确的可仲裁纠纷不属于体育仲裁的范围。这一做法,从逻辑上将导致体育仲裁机构无管辖事项,即便《体育法》第92条规定的三类事项可以申请仲裁机构进行仲裁,[①]但该三类事项在本质上已经属于《仲裁法》征求意见稿拟纳入管辖的范围。如果征求意见稿一旦如此通过,这就直接产生了两法的直接冲突。

这一冲突在规范层面的解决来看不利于体育仲裁机构。首先,从规范冲突的性质看,《体育法》与《仲裁法》都属于全国人大立项推进的正式立法,具有同等法律位阶和效力。但从两法的规范主题看,前者是关于体育领域的一般性规范,后者是关于仲裁的专门性规范,二者的关系因此属于一般法与特别法的关系。在法律位阶同等的前提下,我国解决此类法律冲突的规则是"特别法

[①] 该条规定的三类事项是,当事人可以根据仲裁协议、体育组织章程、体育赛事规则等提起体育仲裁的纠纷:(1)对体育社会组织、运动员管理单位、体育赛事活动组织者按照兴奋剂管理或者其他管理规定作出的取消参赛资格、取消比赛成绩、禁赛等处理决定不服发生的纠纷;(2)因运动员注册、交流发生的纠纷;(3)在竞技体育活动中发生的其他纠纷。

优于一般法"。因此,《仲裁法》的规定应当优先。其次,从相冲突的规范属性来看,《仲裁法》作为全国人大推进的正式立法,而我国由国家体育总局牵头的体育仲裁委员会进行设立的根据属于部门条例或规章,其法律位阶低于《仲裁法》,二者之间的冲突应以《仲裁法》的内容胜出而结束。据此,《仲裁法》在仲裁领域将优先于《体育法》与体育仲裁委员会及仲裁规则的设立依据,从而扩展了商事仲裁的管辖范围,普通商事仲裁机构将具有管辖和仲裁竞技类体育争议的案件的权利。体育仲裁与商事仲裁两条线索分别推进的现行规则制定格局,为未来竞技类纪律处罚性体育争议的管辖埋下了冲突隐患。这一冲突也必将通过其对运动项目协会的"内渗效应"带来治理上的困境。

因此,如何处理好体育仲裁机构与商事仲裁机构在管辖上的分工,是运动项目协会内部治理改革需要明确的外部"司法环境"要素。合理的做法是区分体育类争议的法律属性,分类管辖是值得推荐的:对于竞技类纪律处罚性争议,由设立中的体育仲裁机构专属管辖,商事仲裁机构应在管辖上予以排除;对于商事类体育争议,可由当事人在商事仲裁机构与体育仲裁机构之间进行选择;对于劳动类体育争议,由于其具有独立和独特的纠纷解决安排,因此此类争议现阶段宜保留给劳动争议仲裁委员会按照既有方式进行解纷,待后续机构管辖理顺、体育仲裁委员会在劳动争议解纷能力建设上做好准备后,可将此类涉体育的劳动争议划转给体育仲裁机构,由后者进行专属管辖。当然,这些动作的先导性、基础性和根源性改革,还应当首先从立法依据上进行调整。

除了体育仲裁机构、商事仲裁机构与劳动仲裁机构之间的分工之外,应当建立有能力处理体育商事纠纷的商事仲裁机构/劳动仲裁机构与体育仲裁机构之间的联合机制,在体育合同纠纷涉及体育仲裁机构专属管辖的纠纷时,或者将该纠纷附条件移送给体育仲裁机构,由其负责进行仲裁;或者建立仲裁中止制度,待体育仲裁机构针对相关联的案件作出仲裁裁决之后,再据此推进关联的商事类体育纠纷的商事仲裁程序。[①]

2.体育诉讼环境的改革

体育纠纷解决遵守体育自治,即由体育组织内部、CAS以及其他体育仲裁机构负责解决竞技体育纪律性纠纷。一般情况下,各国法院不涉足该领域。但是体育仲裁裁决以普通仲裁裁决为基础,也涉及法院的司法审查。当属于

---

① 关于体育仲裁管辖权更为统筹的体系化分析,可参见黄晖、段营营:《多法统筹视角下我国体育仲裁管辖权界的协调论》,载《体育科学》2024年第1期。

国内体育仲裁裁决时,法院可以予以撤销或不予执行;当属于国际体育仲裁裁决时,法院可以审查是否予以承认和执行。这表明,法院的司法审查对体育仲裁裁决具有重要作用,需要在立法上对司法审查进行明确规定。除法院的司法审查外,由于法院坚持最终解决原则,[①]在体育无法自治或所作裁决无效的情形下,对这些争议进行解决,以作为保障体育权利,促使体育义务履行的最终方式。因此,体育争议可诉性范围以及与体育组织、体育仲裁机构如何分工合作,促进体育争议得以解决至关重要。但是,现行法律,乃至体育领域的基本法律《体育法》并未对这些问题进行解决,导致运动项目协会内部治理的外部诉讼环境需要针对性的改革,以更好适应运动项目内部治理的完善需求。

(1)体育司法审查的改革

法院进行司法审查的程序问题是体育司法审查改革的主要内容,《中华人民共和国民事诉讼法》《体育法》虽对其进行了部分回应,但存在有待进一步合理完善之处。在对体育仲裁裁决的司法审查程序中,最值得注意的问题是人民法院的审查范围,即事实审、程序审还是混合审。这一问题的解决需要考察两个因素的影响,一是体育仲裁裁决是否具有涉外性,二是司法审查中体育自治的影响力。

从第一个问题出发,在我国,体育仲裁裁决是否具有涉外性应当采用的标准是法律关系的要素,根据《最高人民法院关于适用〈中华人民共和国涉外民事关系法律适用法〉若干问题的解释(一)》的规定,在体育对外交往中,只要体育法律关系的主体、客体和内容具有涉外性,其产生争议后由我国体育仲裁机构做出的仲裁裁决便具有涉外性。在对涉外体育仲裁裁决进行司法审查时,可借鉴普通仲裁的司法审查的做法,只审查程序问题。对涉外体育仲裁裁决的审查范围限定在程序问题上是各国趋势。例如,《瑞士联邦国际私法法》第190条的规定即如此。对于CAS仲裁裁决在符合该条5项规定的情况下,当事人可以向瑞士联邦最高法院提出审查申请。

在涉外体育仲裁裁决应该采取程序审的情况下,纯国内体育仲裁裁决是否遵循混合审的进路需要考察体育自治对司法审查的影响而决定。从立法上讲,国内体育仲裁裁决作为仲裁裁决的一部分,其司法审查的范围包括程序问题和实体问题。根据《最高人民法院关于适用〈中华人民共和国仲裁法〉若干问题的解释》第21条的规定,对于证据是伪造的、隐瞒足以影响公正裁决的证

[①] 陈彬:《民事案件可诉范围初探》,载《现代法学》1993年第6期。

据的情况下,人民法院可以要求重新仲裁。根据现行《民事诉讼法》的规定,当事人可请求人民法院根据上述实体条件对仲裁裁决进行撤销或不予执行的司法审查。无疑,此种重新仲裁或请求撤销的要求将会干预体育自治,不利于赛事开展以及体育仲裁裁决终局性。① 因此,国内体育自治是国内普通仲裁不具有的非常之处,为了最大限度地保障国内体育自治,将司法干预最小化,应当采取与普通国内仲裁裁决司法审查的不同进路,将审查范围限制在程序问题,并且只要不违反本国的公共秩序便不过多对体育仲裁机构的纠纷解决权进行干涉。

反观《体育法》第98条的规定,该条是对撤销仲裁裁决的规定,审查范围包括程序问题和事实问题,该规定基本上与仲裁法、民事诉讼法关于国内仲裁案件的撤销依据是一致的。从撤销裁决看,未区分国内和涉外体育仲裁裁决,因此逻辑上应视为采取的是单一制而非双轨制的仲裁裁决司法审查模式。从审查范围看,将其限定于程序和实体问题上未体现体育自治原则的影响力。鉴于前述分析,可考虑对该条进行修改,对国内和涉外仲裁裁决的撤销机制进行区分,同时规定对涉外体育仲裁裁决的程序问题和公共秩序问题进行司法审查。

(2)体育司法诉讼的改革

在我国长期的体育纠纷解决实践中,由于存在体育争议可诉性、多个主体之间的管辖权如何分工合作的立法缺陷,出现了法院拒绝受理并管辖体育纠纷的司法现象,从而导致一些争议最终无法通过有效途径得以解决,司法最终解决原则也无法在体育领域得到实践,部分地导致诉讼在体育面前"形同虚设"。因此,需要在立法上对前述问题进行回应,能够使体育协会内部救济机制获得更高程度的法治补偿,②为运动项目协会内部纠纷的解决提供良好的诉讼环境,从而为体育当事人权益保障提供最后安全阀。

哪些体育争议能够提交人民法院通过诉讼途径得以解决,是体育诉讼应当先行解决的问题。一般情况下,体育争议主要可以划分为竞技性体育争议和商事性体育争议。前者是指非平等主体之间基于纪律处罚所形成的争议,

---

① 董金鑫:《论我国单独的体育仲裁法的制定》,载《北京体育大学学报》2016年第3期。

② 张春良:《论竞技体育争议的程序法治——行业自治与接近正义的关系视角》,载《体育与科学》2012年第2期。

包括禁赛、取消参赛资格、兴奋剂违规等;后者是指平等主体之间基于合同或其他财产性权益所形成的争议,包括体育行纪合同、知识产权等争议。对于可诉讼的体育争议的范围,需要根据前述两类进行类型化分析。

就竞技性体育争议而言,特定兴奋剂滥用行为在刑事诉讼中已经由《中华人民共和国刑法修正案(十一)》予以规定,相关主体对体育行政部门作出的行政处罚、行政强制措施等不服,提起行政诉讼可见于《中华人民共和国行政诉讼法》等,涉及技术规则(rules of game)的争议不具有可诉性、涉及法律规则(rules of law)的争议具有可诉性,这已经成为CAS仲裁的先例准则。《体育法》《民事诉讼法》等法律在此方面的规定有待明晰。但是针对技术性规则是否具有可诉性,在学术中存在两种对立观点:一是此类争议具有可诉性。有学者认为对于体育纠纷的解决采取"或裁或审"方式最为合适,其依据在于仲裁领域意思自治、强制仲裁管辖权的法治风险以及当事人诉权保护,[①]这也从侧面反映了对此类争议可诉性的支持。二是此类争议不具有可诉性。此类争议的解决坚持体育协会自治,得到了许多国家的司法认可。在对体育协会内部处理决定不服的情况下,不论是否存在内部上诉机制,最终都可以依据法律或章程授权以及当事人的意思自治向体育仲裁机构提出仲裁。此种仲裁裁决作出后一般具有终局效力,法院的司法管辖权已经转变为司法审查权,主要通过司法审查进行司法监督。鉴于我国对体育自治的重视,人民法院对此类争议的司法态度,应当顺应国际趋势,因此建议法院放弃此类争议的可诉性,通过司法审查起到监督作用,也能发挥体育自治和司法治理的平衡作用,并未过分扩大体育自治空间。因此,我国可明确规定人民法院不享有竞技性体育赛场裁判争议的管辖权,除非该争议涉及执法裁判收受贿赂或存在类似的违法犯罪行为,以及在执法裁判方式上存在滥用职权的行为,对于赛场裁判本身的实质标准、理解与执行,则不予干预。

就商事性体育争议而言,此类争议背后是一种私法关系,符合《民事诉讼法》的受案范围。鉴于其不具有以纪律处罚为主题的竞争性体育争议的特殊性,体育自治应当进行一定程度的弱化,不能直接剥夺当事人的诉权。因此,这意味着人民法院、行业协会、商事仲裁机构或体育仲裁机构均可行使管辖权。解决此类争议,解决管辖权冲突的标准便在于是否存在有效的仲裁协议,

---

① 姜熙、王家宏、谭小勇:《我国体育纠纷解决"或裁或审"制度研究》,载《体育学刊》2019年第3期。

其运作机理在于当事人的意思自治,而不是基于强制性的仲裁协议。这一理论逻辑使得《中国足球协会章程》第54条、第55条第2款有待商榷。从管辖的事项范围看,凡属于该协会或该协会管辖的体育争议均不得诉诸法院,涵涉商事性体育争议,并且可以在《中国足球协会仲裁委员会工作规则》第5条中得到证明。这一规定要求协会、足球俱乐部、教练和运动员等当事人之间的经纪人合同等事项不得向法院提起诉讼。对于这一规则是否有效,可能存在不同的认识。一方面,从意思自治的角度看,此种约定有其正当性;另一方面,从意思自治的贫困化角度看,这可能涉嫌对当事人诉权的剥夺,并且也不适合再以体育协会自治作为例外理由。简言之,如果此类约定事项另行约定了体育协会外部的中立的仲裁机构管辖,则不得向法院起诉是当然的法律效果,应受保护;但如果没有约定外部仲裁机构管辖,而只是通过章程规范的形式保留给体育协会内部解纷机制独占管辖,则可能引起相对人向法院起诉的可能,从而产生正当性危机,在此种情形下,保护当事人的诉权,维护其合法权益,可能是法院倾向于采取的立场。为此,赋予当事人充分、真实的程序选择权以明确协会、法院和仲裁机构之间的管辖分工才是最佳方式。

(3)体育调解制度的设立

《体育法》虽然规定了体育仲裁机构的设立,仲裁机构往往在进行仲裁的同时也承担调解职责,但是该法未给调解工作的开展提供明确的指引。例如,缺乏仲裁的适用范围、调解程序和适用法律等。体育调解的设立需要从体育争议的可调解性出发进行讨论,其可调解性可以从商事性体育争议和竞技性体育争议的角度进行类型化设计。

关于商事性体育类争议的可调解性问题。从商事性体育争议出发,此类争议涉及平等主体之间的合同争议或财产权益,与普通商事争议不同之处在于其与体育相关,但仍然具有普通商事性。换言之,对于此类争议,在仲裁调解的情况下,调解程序依据《仲裁法》进行。在体育仲裁机构负责调解的情况下,由于在此类争议中,该机构承担的角色与普通商事仲裁机构相同,可以准用《仲裁法》关于调解的规定。如果交由独立的调解机构进行调解,我国目前缺乏关于商事调解的统一立法,因此此类争议的调解工作有待我国商事调解立法予以规定。

关于竞技性体育争议的可调解性问题。对于竞技性体育争议是否具有可调解性,需要视我国对体育实践的态度而定。CAS作为国际体育世界的"最高法庭",[1]其对调解的态度对我国有重大影响。《CAS调解规则》(CAS Mediation Rules)第1条第2款是关于适用范围的规定,该款以体育合同纠纷为原则,以有关纪律事项争议为例外。一般情况下,涉及兴奋剂、操纵比赛、腐败等问题不具有可调解性,但是CAS规定了两个例外条件,分别是"情况需要"和"双方明确同意"。因此,此类争议是否具有可调解性的问题是体育领域特有的问题,《仲裁法》和未来的商事调解立法无法为其提供法律依据,需要《体育法》对竞技性体育是否以及在具备何种标准下具有可调解性,如果具有可调解性,调解程序如何设计的问题进行回应。

不过,从现行的刑事和解制度的类似制度安排看,公法性的法律关系在附条件的情形下也是具有可调解性的。且从CAS调解规则的立意看,它也没有否定纪律处罚性争议进行附条件和解的可能性。考虑到调解本身具有的解纷优势,尤其是体现了中国智慧,是中国提供给国际社会解决解纷的"东方经验"和"中国方案",因此,非常有必要在体育纠纷解决之中引入调解制度。此外,尤其需要注意国际层面国际调解制度的发展趋势,比如已经通过且经我国签署、但尚未批准的《联合国关于调解所产生的国际和解协议公约》(简称《新加坡调解公约》)就是值得关注的重大趋向。该公约补齐了仲裁、诉讼之外的第三种主要的国际商事解决机制,我国目前也面临着加入与否、如何加入的问题。在当前情形下,体育类争议中部分争议无疑是可以调解的,核心问题仍然是竞技类纪律处罚争议是否具有可调解性的问题。我国有必要对此进行研究,并对调解介入竞技类体育争议的解纷止争功效持审慎的但不保守的态度。

综上所述,体育争议除了运动项目协会内部处理之外,建议构建附条件的调解、仲裁和诉讼一体的外部体育纠纷解决体系,为体育纠纷解决提供多种外部选择,促进其友好、高效和正义的解决。

(四)外部社会环境的改善

外部社会环境对运动项目协会内部治理的"内渗效应"主要是指外部社会的监督,按照监督主体分类,主要包括政府监督和社会监督。运动项目协会与行政机关脱钩体现了国家对体育行业协会自治的支持,此种行业自治并非绝对的,而是有限的。运动项目协会的自治如果不能得到外部的有效监督,必将

---

[1] 张春良:《论国际体育仲裁协议的自治性——特别述及国际体育仲裁院之规则与实践》,载《天津体育学院学报》2011年第6期。

出现内部治理的混乱现象,从而阻碍运动项目协会前进的步伐。因此,需要对两个主要的外部监督途径,即政府监督和社会监督进行检视,以保障监督的有效性和严肃性。

1.政府监督内容的重构

对运动项目协会进行的政府监督,主要涉及两个主体,即登记管理机关和业务主管机关。由于业务主管机关与运动项目协会之间的行政联系最为密切,存在过度行政监督的问题,因此本书重点讨论业务主管机关的监督。同时,以全国性单项体育协会为视角,主要围绕监督主体、监督范围和监督方式存在的问题,寻找革新问题之路径。

(1)在监督主体上,主要存在监督主体单一,监督对象多样,导致监督分散且不到位的问题

根据行业协会与行政机关的脱钩改革,已有一批全国性单项体育协会完成脱钩,并且有大批全国性单项体育协会已经纳入拟脱钩行列。全国性单项体育协会脱钩既是推动体育发展的重要手段,也是多年来改革的难点。在已脱钩和拟脱钩过程中,伴随着去行政化的趋势,将有大批运动项目管理中心被撤销。这些中心撤销之后,国家体育总局将面临着对几十个全国性体育社会组织同时进行行政监督的问题,以至于行政监督成本较大。解决这一问题的一条可供参考的有效途径是将撤销或者将要撤销的运动项目管理中心进行整合,由原来的"管理"职能转变为"监管"职能,由微观的事无巨细的管理转变为宏观的行政监管。其理由在于:首先,这些中心已经对全国性单项体育协会进行了多年管理,具有管理基础和经验,较为熟悉协会内部治理情形,能够降低监督成本,便于对协会实施外部监督。其次,对这些协会进行内部整合,有利于对公务人员进行重新配置,从而合理地利用人才资源,充分发挥人才作用。此外,这些中心的整合需要根据一定的标准进行。现有的整合标准有四类,一是以体育战略地位为标准,二是以市场基础为标准,三是以是否具有竞技性为标准,四是混合型标准,包括是否为奥运项目、运动项目的发展目的等。[①] 但是为了便于行政监督的统一,可统一整合设立一个行政监督机构,在其内部再按照分类设置模式进行细化监督。其分类标准可以是不是奥运项目,以及项目的相似度为标准进行评判。是不是奥运项目意味着监督内容存在不同之

---

① 杨丽芳:《我国单项运动协会体制改革研究》,载《南京体育学院学报(社会科学版)》2015年第6期。

处,管理奥运项目的运动项目管理中心对奥运项目的监管更为专业,而项目的相似度也降低了监督主体的监督成本。因此,首先以是不是奥运项目为标准,将运动项目分为奥运项目和非奥运项目;其次依据运动的相似度,将奥运项目划分为夏季和冬季运动项目;最后再将前者分为球类项目、水上运动项目、田径类项目,以及摔跤击剑柔道等其他奥运项目。由此,统一的监督机构内部可以类型化为球类运动、水上运动、田径运动、其他奥运项目和非奥运项目5类,作为具体的监督主体,分类对负责的运动项目协会进行行政监督。

(2)在监督范围上,建议制定监督范围清单,防止监督过度

《中国高尔夫球协会章程》(2009)规定章程的修改需要经过国家体育总局审查同意,并报民政部核准后生效。但是对于国家体育总局审查同意的具体标准,并未在行政主管机关的规章制度中查询到有关内容,表明了体育行政部门对章程、解散事项进行自治的行政约束以及较大的约束权,实际上与脱钩规定存在矛盾。对于章程制定权应当交由运动项目协会内部自治,行政机关不应作过多干涉,即使进行事后监督也应当明确限制其监督范围。《中国足球协会章程》已经将上述问题交由协会自治,体育行政机关不在事中进行干涉。因此,有必要明确体育行政部门行政监督的范围,保障监督内容的可预见性,从而使运动项目协会的内部自治得到行政监督的支持。这里的关键是,避免混淆行政监督与运动项目协会自主自决之间的差别,如果一个运动项目协会的章程这一制度"脊梁"有赖于体育行政机关进行批准,那么这一运动项目协会无疑是很难脱钩的。

(3)在监督方式上,建议采取"事前—事中—事后"相结合的方式,但是需要明确不同监督内容的监督方式

例如,在对章程、协会终止动议问题上就应当采取事后监督,在对章程监督上,其制定、通过、修改等问题应当由协会的权力机关自行决定,但是行政机关需要监督章程是否违反宪法、法律法规、国际条约,以及是否合理。[1] 在对协会终止动议的监督上,体育行政部门不应当插手是否同意终止的问题,应当由登记管理部门对是否应当同意运动项目协会办理注销手续等问题进行监督。

---

[1] 王学辉、陈兴萍:《我国体育社团监督机制的建构》,载《成都体育学院学报》2013年第11期。

2.社会监督途径的新设

由于运动项目协会的非营利性,涉及公共利益的存在,所以应由社会主体对其进行监督。人民群众的监督是最有效的监督,同时也是最薄弱的监督。因此,如何将运动项目协会内部治理陷入人民监督的"汪洋大海"之中,是最能产生监督实效的监督形式。但是,作为外部监督的薄弱环节,社会监督的改革需要在监督途径上进行突破。

①在监督动力上,关于群众监督,该监督往往具有消极性,运动项目协会对什么内容进行信息公开,群众才会监督什么,一般不会主动行使监督权。但是,目前一些运动项目协会的信息公开制度尚未建立或者不健全,导致信息公开的内容较少,且公开的内容表述过于笼统,无法满足群众对监督内容的需求。因此,需要协会在组织内部完善信息公开制度,保障内部治理工作透明化,以满足群众的被动监督。在群众监督的基础上,建议建立第三方监督途径以弥补被动监督的不足,通过积极主动的监督倒逼运动项目协会进行良好的内部治理。在第三方监督主体的设立上,建议由体育专家、运动员、教练员等多方主体组成,以保证监督的合理性和公平性。

②在监督内容上,建立监督主体制定运动项目协会内部治理评价体系,将章程制定、理念定位、机构设置、制度设计和运行调控作为一级指标,然后对应一级指标设计具有合理性的二级指标,以保障监督内容的完善性。

③在监督方式上,可以采取走访调研、问卷调查、网络调查等方式开展监督。最后将监督评价指数反馈给体育行政部门和运动项目协会,从而以量化的监督结果保障协会良性自治。

(五)外部国际环境的改善

在奥运会范围内,国内和国际体育社会有一种大融合的趋势,以"金字塔"的治理形式实现由上而下的梯级治理。处在金字塔顶端的机构为国际奥委会,第二梯级为国际单项体育协会和国家奥委会,第三梯级为全国性单项体育协会,第四梯级为地方性单项体育协会。这些协会在内部治理、体育竞赛、反兴奋剂等问题上存在纵横关联。因此,国内运动项目协会的内部治理与国际体育社会之间存在着密切联系,需要在汲取"国际治理的域外营养"的基础上,优化内部治理,并且向国际输出中国经验。

1.国际治理规则的中国化

良好的国际体育环境,包括国际体育组织的内部治理环境,这一环境能够

第五章　我国运动项目协会内部治理的改革要略

为我国运动项目协会的内部治理提供借鉴。面对国际体育组织一些较好的内部治理经验,我国并未积极汲取的情况下,应当对这些经验进行整合,吸收其精华并考虑我国国情和体育实践。这些经验主要包括章程制定、机构设置、制度设计和运行调控。例如在机构设置上,国际足联、国际游泳联合会等国际单项体育协会内部设有纪律委员会、道德委员会、上诉委员会、司法机构等,能够为内部纠纷解决提供组织基础。而我国一些协会的内部纠纷解决机制还尚未建立起来。

因此,可以借鉴国际体育组织的机构设置经验,尽快完善内部纠纷解决机制。在机构独立性上,艾尔玛·甘德尔案成功地对 CAS 的独立性与公正性发起了挑战,引发了 CAS 与国际奥委会关系的改革,之后国际体育仲裁委员会应运而生,[①]国际体育仲裁委员会管辖下的 CAS 独立于国际奥委会和各国际单项体育联合会,具有相对独立性。这至少为我国运动项目协会内部的会员代表大会、理事会等权力或执行机构与内部解纷机构之间的关系提供了良好的国际实践。事实上,也为我国建立起来的体育仲裁机构的独立化提供了一种启示,即我国体育仲裁委员会最好能够从国家体育总局的推动设立,移交到中华全国体育总会之中,依托中华全国体育总会这一具有民间性质的协会进行治理,如此可更好契合体育自治的原则和精神。总之,我国运动项目协会等组织应该积极从事国际体育组织内部治理经验的研究,扬长避短,并将其转化为我国运动项目协会的内部治理改革的参考经验,从而促进与我国运动项目协会的结合,在尊重我国国情的基础上,进行本土化建设。

2.中国治理规则的国际化

国际体育治理规则的本土化,在于以国际经验滋养国内运动项目协会改革。而我国体育治理规则的国际化,在于我国积极参与国际体育治理,使优秀的内部治理经验"走出去",向国际体育社会提供中国体育治理经验,使外部的国际体育环境更有利于中国体育的发展。在对运动项目协会的治理中,我国已经形成了一些公正、合理的治理经验,尤其在反兴奋剂领域更加突出。在兴奋剂检测问题上,我国《反兴奋剂条例》第 35 条要求检测人员不仅要出示兴奋剂检测证件,还要出示一次性兴奋剂检测授权书,是"一人一授权"的体现。而根据文义解释,《世界反兴奋剂机构检测和调查国际标准》(ISTI)第 5.3.3 条

[①] See History of the CAS, https://www.tas-cas.org/en/general-information/history-of-the-cas.html, 最后访问日期:2024 年 5 月 17 日。

常常被认为不需要每一个检测人员都获得授权,只要"一次一授权"即可。在这种情况下,如果运动员认为某一兴奋剂检测人员不具有检测资格的情况下,只能保持沉默,否则可能面临被认定为兴奋剂违规,导致产生禁赛的后果。相比而言,我国关于兴奋剂检测的标准更高,对兴奋剂检查官的综合素质也提出了更高要求,运动员享有要求每一兴奋剂检测人员证明检测资格的权利,这也是对运动员权利保障的体现。虽然 ISIT 已经颁布了最新版本,但是在前述问题上没有做出过多回应。[①]《世界反兴奋剂条例》的颁布加强了对运动员的保障,能够根据此精神对 ISTI 第 5.3.3 条进行解释,将其解释为"一人一授权",从而保障运动员权利。但是,规则解释存在主观性,并非所有 CAS 仲裁员都能做出相同的解释结果。因此,明确兴奋剂检测的标准更具有保护运动员权利的实践意义。此时,我国关于兴奋剂检测人员的资格标准具有输出国际的重大意义。

因此,无论我国在兴奋剂检测,还是其他内部治理问题上的优良做法,只要有利于运动员权利保护,能够维护体育秩序和发展,都存在通过有效途径向国际输出的必要,这也是我国由体育大国向体育强国转变,更加有效地捍卫我国体育多元主体合法权益的有效路径。需要说明的是,我国体育治理规则"国际化"的有效途径之一便在于,发挥在国际奥委会、CAS、国家单项体育协会以及 WADA 等国际体育组织中的中国籍任职人员的力量,在规则制定中发出中国声音,提出中国方案,以理服人,输出体育治理中的中国经验,促进国际体育治理的改革,从而塑造优质的国际体育环境,助力于我国运动项目协会的内部治理。

二、我国运动项目协会内部治理的四维改革

当外部的法律、行政、司法、社会和国际因素为运动项目协会创造良好的外部环境之后,以现存的内部治理问题为突破口,对协会如何实现良好的自我管理进行回应。本章仍以上文提出的四维分析框架为逻辑构造,在借鉴其他协会内部治理经验与模型的基础上,结合时空属性和国情特色,探索内部治理的改革路径。在具体改革方案过程中,本章也将对以下两个问题进行答复:一

---

① 张春良、侯中敏:《后裁决阶段世界反兴奋剂组织诉孙杨与国际泳联案的反思——基于 ISTI 第 5.3.3 条解读的对策检讨》,载《北京体育大学学报》2021 年第 8 期。

是区别对待我国与国际、区域等运动项目协会内部治理的个性安排;二是区别对待我国运动项目协会内部治理个性安排的特色和局限。

(一)内部治理改革之理念重构

对于运动项目协会内部治理理念的划分可分为精神文化型理念和组织制度型理念,由于后者与体育法律法规相关,其问题已经在外部法律环境改革中得到论述,此处不再赘述。前者作为运动项目协会进行内部治理改革的观念指引,主导整个治理方向,因此理念构建尤为重要。

1.内部治理的理念定位

依据运动项目协会在内部治理中所起到的作用,可以将治理理念分为权威型、中和型、法治型和善治型。权威型治理理念强调延续政府权威的"命令—控制"模式,此种理念在协会成立、发展和协会中心并存时期还具有存在空间,在协会脱钩时期再坚持政府的主导地位已经不合时宜。中和型治理理念强调体育行政部门与运动项目协会之间的合作,但是可能会逐渐使协会沦为行政管理的工具,导致自治理念不强的协会对政府产生依赖。在脱钩时期,运动项目协会应当树立起自治理念,在章程制定、机构设置、制度设计和运行调控方面进行自我管理,加强行业自律,摆脱对政府的过度依赖。在树立自治理念的过程中,不代表运动项目协会能够对内部进行绝对自治,而是有限度的自治,需要法治型或善治型理念进行辅助。在这两种理念中,选择善治理念并且引导成为运动项目协会内部治理的指导思想较为合适。其理由在于:

第一,实现多方位治理。善治理念能够寻找多样化手段为评估对象设置综合性的平衡指数,能够综合并协调多种手段对运动项目协会进行治理。[1]在协会的内部治理中,面临多种治理对象,包括机构、人员、财物、制度等,不同治理对象需求的治理方式不同,善治理念的综合性能够适应内部治理方式多样性的变化。

第二,善治理念的范畴涵摄了法治理念,包含了后者无法涵摄的内容。善治理念作为体育人对运动项目协会内部治理未来的常规化设想,[2]出现了大

---

[1] 张琴、易剑东:《问题·镜鉴·转向:体育治理手段研究》,载《上海体育学院学报》2019年第4期。

[2] 战文腾、孙晋海、曲爱宁:《国际体育组织善治改革问题研究》,载《西安体育学院学报》2018年第5期。

量善治评估指数。其中,有学者将善治的基本要素概括为:合法性、法治、透明度、责任性、回应、有效性、参与、稳定、廉洁和公正。[①] 可见,法治是作为善治理念的一个构成要素出现,囊括了其不具有的内容,表现出了善治的优越性。

第三,善治理念已经成为国际体育组织改革的主要内容,我国采取该理念指导运动项目协会内部治理符合国际体育的发展趋势。例如,"国际体育组织善治计划"课题组制定了体育治理观察指数,以促进国际体育的善治。国际足联主席特别强调了国际足联根据欧洲委员会的核心目标是促进透明度、儿童安全运动和保护人权的努力,[②]这也是善治在国际足联领域的体现。因此,我国运动项目协会应当在体育自治的框架内进行体育善治。

2. 重构理念的要素设置

虽然前面章节存在公平与效率、民主与集中、分工与合作、权力与职责的理念定位,但是这一划分不能完全直观地展现出内部治理追求的目标,例如权力与职责。因此,在体育自治的善治过程中,对适合运动项目协会内部治理的善治要素进行具体化,给内部治理主体提供明确的理念指引具有重要意义。除了国际体育组织追求体育善治之外,我国体育学界也展开了体育善治指标研究的学术争流。例如,有学者将指标划分为透明度与公共参与、民主进程、制约与平衡以及共同责任;[③]还有学者在考察国际体育组织善治情况时,从透明度、民主程度、制衡和团结出发。[④] 结合现有体育善治指标的共性要素、本书析取的评价要素以及我国运动项目协会的特点,此处重点聚焦体育善治的五个基本要素,包括法治化、民主性、透明度、权力制衡以及良好秩序,进行阐述。本书第三章的内部治理评价元素中的合法性被法治化代替,不再单纯地强调被动地遵守法律,而是要求运动项目协会在法律范围内,积极主动地依照

[①] 俞可平:《论国家治理现代化》,社会科学文献出版社2014年版,第27~30页。

[②] FIFA President highlights commitment to good governance and human rights in Council of Europe, https//www.fifa.com/about-fifa/president/media-releases/fifa-president-highlights-commitment-to-good-governance-and-human-rights-in.,最后访问日期:2024年5月17日。

[③] 罗思婧:《我国体育行业自治及其法律规制重构》,载《北京体育大学学报》2017年第3期。

[④] [比]阿诺特·赫拉尔特:《国际单项体育联合会善治评价体系构建及其实证研究》,任慧涛译,载《体育学研究》2018年第1期。

协会规则、制度进行自我管理。问责性被前述五个基本要素进行了吸收,法治化、分权制衡要素明确了机构、个人之间的职权关系,透明度提供了问责渠道,良好秩序对机构和工作人员的不当行为进行追责。此外,只有运动项目协会按照善治理念进行内部治理,效率性自然而然会得到凸显。

(1)法治化理念

运动项目协会内部治理的法治化是体育法治的必然要求和应然体现,对其他要素起统领作用。该要素要求内部治理的一切工作必须在法治的框架内进行。习近平总书记指出,要加快建设中国特色社会主义法治体系。[1] 体育事业作为中国特色社会主义事业的一部分,体育治理也应当努力建设体育法治体系,建成体育法律规范、体育法治实施、体育法治监督以及体育法治保障相协调的法治体系。主要表现在以下几个方面:第一,在体育法律规范体系上,运动项目协会应当严格遵守与内部治理有关的法律规范,例如我国《宪法》《民法典》《体育法》《社会团体登记管理条例》等。除此之外,还应当遵守协会内部的规则体系,保障内部选举制度、人事制度、财务制度等制度制定的合法性、规范性和程序性。第二,在体育法治实施体系上,协会内部的各个机构应当全面履行各自的职能,其权力机构和决策机构依据法律、规则行使权利和进行决策。第三,在体育法治监督上,协会要保障内外监督渠道畅通,自觉接受监督,树立廉洁意识,保持自身的公正和廉洁。第四,在体育法治保障体系上,要做好人才、机构、科技等保障工作,要学会留住专业人才,建立充足的机构、增强内部治理所需的科技能力。

此外,还应当保持内部治理思维、主体职能、治理规则和治理方式的法治化。[2] 特别是对于法治化的信念树立问题,我国运动项目协会的主要负责人特别需要补强法治化的信念,"法律必须被信仰,否则形同虚设"。[3] 我国运动领域从业人员的法律意识行业法治信念亟须提升,[4]在体育领域出现的诸如假球、黑哨、赛场殴打、挑战乃至殴打裁判等乱象即明证。如何强化,道阻且长,但通过抓体育行政机关和运动项目协会对治理具有决策权、话语权和重要

---

[1] 习近平:《坚定不移走中国特色社会主义法治道路 为全面建设社会主义现代化国家提供有力法治保障》,载《人民日报》2020年11月18日,第001版。
[2] 周青山:《论中国体育治理法治化》,载《北京体育大学学报》2016年第6期。
[3] [美]伯尔曼:《法律与宗教》,梁治平译,中国政法大学出版社2003年版,第3页。
[4] 张春良:《建构体育法治信念的中国攻略》,载《武汉体育学院学报》2012年第4期。

影响的负责人等"关键少数"的法治意识和法律责任,就能在解决这一问题上具有事半功倍之效。

(2)民主性理念

民主性是保障各个主体权利的要素,决定协会成员对内部治理参与、投入与认可的程度。该基本要素主要表现在章程和制度等内部治理规范的制定与修订、会员组成、人事任免、事务决策、治理监督等事项上。在这些事项上,要有适当比例的、代表不同主体、不同利益的代表组成去进行决策、执行和监督,确保参与的机会平等、代表的多样性和表达意见的充分性。例如,在章程和制度制定中,协会不仅由会员大会(会员代表大会)投票进行,更要举行听证会,听取体育专家、群众、运动员、教练员等人员的声音,并鼓励其提出修订意见,不断健全会员大会的制度。在会员组成中,应当包括单位会员和个人会员,这样的组合方式可以反映会员构成的多样性。现实结果是各个运动项目协会基本上都有单位会员,但是一些协会没有在章程中规定个人会员,导致民主程度不高。民主性决定了社会认可度,运动项目协会应当做好协会内部的民主工作,以不断提高协会的凝聚力和稳定性。

(3)透明度理念

透明度要素要求运动项目协会内部治理状况暴露在"阳光"下,是内部治理的外部展现,是保障协会公信公开的重要途径。该要素要求协会建立保障透明度的机构,以及明确透明度的范围和途径。在机构上,运动项目协会内部的监督机构承担起内部监督职责,有权利将协会治理状况向社会公布,便于社会监督。在透明度范围上,只要是涉及公共利益,对运动员权利造成影响的事项都应当是公开的内容,例如机构设置、人事任免、制度情况等。在透明度途径上,运动项目协会公开的内容主要包括官网、报纸、宣传栏等。此外,还包括群众意见畅通机制,建立电话专线,方便群众电话咨询和监督。

(4)权力制衡理念

权力制衡要素是对协会领导和工作人员的要求,能够对内部权力的滥用情况进行有效控制。该要素需要以机构制衡为前提,运动项目协会按照公司法人治理方式进行,内部权力机构、决策机构、执行机构、监督机构和解纷机构之间既有联系又存在独立。在相对独立的权力中,各个机构互不干扰,从而导致权力的划分,处于相互制衡状态。该要素通过要求通过内外部监督倒逼行使权力的机构和人员依照规定行使权力,禁止集中、滥用权力。

(5)良好秩序理念

良好秩序为运动项目协会提供优质的治理环境,能够保障协会按照章程规定的宗旨和业务范围稳定发展。这种秩序需要运动项目协会内部的机构、人员来共同建立,以不断完善内部秩序。例如,权力机构通过制定各种制度来保障协会的规则秩序,监督机构通过监督保障权力秩序,纪律委员会通过纪律监督保障比赛纪律,道德委员会通过道德监督保障比赛的公平与道德,法律机构通过第三方裁决分配纠纷当事人的权利与义务,从而恢复被破坏掉的原有秩序等。总之,通过机构、人员、制度以及具体运行的努力,能够保障运动项目协会内部有条不紊,保障协会在不断的内部治理过程中表现出来的连续性、反复性和可预测性。[1]

总之,在体育善治的理念指导下,能够保障体育进行高效的自治,并且符合国际体育组织改革的趋势。因此,建议各个运动项目协会在章程中以体育善治为内容,根据协会实际设定具体要素构成"基本原则",从而使协会树立起以善治为保障的自治理念。

(二)内部治理改革之机构设置

四维分析框架主要参照公司治理结构,由于体育协会自治包括纠纷解决的自治,并且法律、章程授权协会纠纷内部解决,从而具有公司所不具备的解纷机构。因此,本书采取了五部制,即运动项目协会应建立健全的权力机构、执行机构、监督机构、解纷机构以及其他机构。

1.运动项目协会权力机构设置的改革

针对目前一些运动项目协会的权力机构,即会员(代表)大会无法召开、形同虚设的问题,其病因通常不在于章程等规范的设计和规定本身,而在于未得到有效落实。例如,虽然中国高尔夫球协会在2021年召开了第四届会员代表大会,但是从其官网披露的信息看,在2009年至2021年这段时间内未发现其召开会员大会的信息,而《中国高尔夫球协会章程》(2009)第四章明确对全国会员代表大会的召开时间、条件等内容进行了规定。面对协会脱钩进展,运动项目协会进行章程修订、完善组织机构等内容都需要会员(代表)大会行使权力,从而满足内部治理改革的需要,因此解决无法定期召开会员大会等问题迫在眉睫。上文已经分析得出不能定期召开的部分原因在于体育行政机关对会

---

[1] 付子堂主编:《法理学进阶》,法律出版社2016年版,第128页。

员(代表)大会的行政干预,因此解决这一问题还是要回归到去行政化这一问题根本上。主要的改革措施可考虑如下几点:

(1)运动项目协会应当进行人事改革

根据政社关系的改革方案,此类协会应当逐渐消除与体育行政部门的人员重叠和交叉,取消事业编制,真正掌握协会事项的自决权。

(2)运动项目协会应当加强会员(代表)大会建设

除了行政化原因之外,产生前述问题的部分原因也在于协会内部权力机构行使权力的惰性,部分存在"等、靠、要"的依赖惯性,还没有从行政依靠向自立自强的姿态转变,自主自决意识与行动还没有健全形成。有必要转化观念、强化主体意识,进一步细化大会议事规则,使大会代表内心形成法治化理念,自觉行使主体权力。

(3)决策机构积极行使召开会员(代表)大会的权力

权力机关依法享有制定章程、选举罢免主席等、审议年度财务报告等权力,其中审议上一年度财务报告和下一年度财务计划和预算意味着会员代表大会至少应该每年召开一次,但现实中各协会大多规定召开会员代表大会的时间是几年一次,如此不得不将此种事关全局的大事要事的处理权限转移到会员大会闭会期间常设的代理机构或代理人员手中,逻辑上看这也是符合当代治理的委托代理结构的,但在实质上削弱了决策机构的决策机会和能力。例如,中国高尔夫球协会规定每四年召开一次会员大会,中国空手道协会要求每5年至少召开一次。大会召开时间的周期过长,也容易导致会员代表大会的最高权力被架空,会员参政议政的意识淡漠,能力退化。因此,有必要对部分协会章程进行修订,缩短大会召集时间,并由执委会/理事会/全国委员会积极组织会员代表大会的召开。

(4)运动项目协会应当建立权力机构履职的激励机制

该激励机制在于反向激励会员(代表)大会定期召开,变被动为主动行使权力。例如,通过内外部监督机制、意见反馈机制、设立精神荣誉等激励手段督促大会如期、规范召开。

2.运动项目协会执行机构设置的改革

(1)规范执行机构的名称

针对运动项目协会的执行机构名称不一问题,建议协会统一机构名称。因为名称的不统一将可能产生以下不利影响:第一,外部监督不便。外部监督主体对运动项目协会进行监督首先需要对协会内部情况有初步了解,如果执行机构名称不一,监督主体无法像对公司一样,通过尝试判断不同名称的执行机构的职能。在协会内部情况不透明的情况下,需要通过多种途径获取相关信息,从而会增加一定的监督成本。第二,法人治理结构不明确。《体育强国建设纲要》要求建立法人治理结构,而《公司法》规定公司的组织机构包括股东(大)会、董事会、经理和监事(会),对公司内部机构的名称作了统一规定,有利于法律监管,明确职责。而运动项目协会内部执行机构名称不一,无法直接体现法人治理结构。例如中国高尔夫球协会的组织机构包括全国会员代表大会、全国委员会、常务委员会、秘书处,不具有法人治理结构的直观性。第三,增加运动项目协会组织法的制定成本。此问题的存在,导致该组织法的制定不如《公司法》中的组织机构一样容易。因此,有必要统一运动项目协会执行机构的名称。在多种名称中,如执委会、理事会、全国委员会,为了与法人治理结构更近似,与《民法典》第91条第2款保持一致,可以统一选用"理事会"命名。

(2)厘定执行机构的职权

少数部分运动项目协会的执行机构设置混乱的问题,主要原因在于未明确按照章程规定行使各自权力。出现这一问题的深层次原因在于协会内部的权力滥用造成的权责不清晰,以至于权力集中于少数人。针对这一问题需要通过外部激励予以解决,建议协会内部主动建立问责机制。通过问责机制,对不符合章程,主席一人行使决策权的不当行为进行责任追究,但不能剥夺不当行使权力的个人对履行职责的行为进行解释。由此,可以促使协会内部人员依照章程合理、高效地行使权力,防止权力实施的不规范与过分集中。

(3)明确组成人员的数量

对于运动项目协会执行机构的组成人员而言,目前在组成人数、产生方式、任职情况下存在以下问题,需要分别处理。

第一,在执行机构组成人数问题上,针对一些运动项目协会的章程未对其组成人数明确规定的情况,建议通过运动项目协会组织条例对人数进行原则性规定。然后根据法治化理念,由协会根据实际情况设置本协会的人员数量。目前已经有协会章程对该问题进行了回应,例如《中国健美协会章程》第21条规定理事会人数不得超过70人,《中国足球协会章程》第34条规定执委会人数最多不能超过39人,但是有的协会没有对此问题进行回应。因此,借鉴《公司法》第44条、第108条的规定,在对依规定组成人数的协会的共性进行考察的基础上,由运动项目协会组织法对该人数的上限和下限进行规定,由协会章程在该范围内进行选择。由此,不仅能解决人数设置无统一规则的弊端,还能够对不同运动项目协会的特殊情况进行区别对待。对于发展基础好,会员数量多的协会,可以适当增加人数,对于发展基础弱,会员数量少的协会可以适当减少人数。

第二,在组成人员的产生方式问题上,部分协会还存在以推荐方式产生人员的问题。而推荐方式往往由协会领导、体育行政部门进行推荐,协会无法保障对这些人员的管理、沟通等能力有确切的认知,导致一定程度上的贿赂、腐败等不良风气的产生,严重毒化社会风气,同时也不利于内部治理。既然运动项目协会坚持行业自治,就必须保障决策人员关于体育、管理等知识的能力和水平。那么,取消推荐方式,借鉴商业类行业协会提升内部治理的策略,实行公开竞聘和选举的方式,更符合决策权力的需求。

第三,在组成人员的任职情况上,针对人员兼职情况,应当具体问题具体分析。若主席、副主席和秘书长等重要人员采取兼职方式行使职权,具有不合理之处。例如,主席在协会中具有主持会议、领导监督秘书处工作、提名分支机构负责人、检查决议落实情况等职责,如果由兼职人员担任,会造成其工作量巨大,难免力不从心,不能全心全意地投身于协会的内部治理工作。因此,主席等重要组成人员的任职采取专职较合理。针对执行机构的其他组成人员,可以适当地设置兼职标准和比例,附条件地允许一定数量的兼职人数。

此外,针对部分协会不设立秘书长,加大主席或副主席工作任务的情况,建议主席积极形成设立秘书长的提议,交由理事会决定。由此,不仅能够减轻主席或副主席的工作,还能够促进执行机构的良性运行。

3.运动项目协会监督机构设置之改革

运动项目协会设立健全的机构,是内部善治的前提。其中,监督机构尤其具有重要的实践价值。权力必须放到阳光下,才能健康地运行。提高被监督对象的透明度,是提升监督效果、强化监督威慑力的有效手段。但是我国部分运动项目协会目前仍缺乏独立且专门的监事会或监事,这样的情况很容易导致内部治理改革缺乏有效监管,不利于协会的长久发展。从国内层面讲,不论是作为法人的公司,还是具有非法人性质的慈善类捐助类法人,监督机制不可或缺;从国际层面讲,一些国际单项体育协会已经并且逐渐建立起监督制度。我国运动项目协会作为非营利性法人,在遵循法人治理结构的基础上,迫切需要建立独立且专门的监督机构,制定监督机制,对权力机构和执行机构进行制衡。在一定意义上言,有多好的监督机构,就有多好的内部治理。不仅如此,监督机构作为威慑力量同时也是一种成本最低、对违规违法乃至犯罪行为具有预防功效的制度设计。特别是针对我国运动项目协会较为普遍的行政化主导思维的情形下，监督机制还有助于抵消行政化的消极影响，以督促建、以监促立，助推运动项目协会在体制机制和观念意识上的行政脱钩和民间化进程。针对监督机构的设置改革，应重点把握如下几个方面：

(1) 从根本上确保监督机构的独立性

为确保监督机构独立行使监督权，避免外在的干涉，防治监督的形骸化，应强化监督机构的独立性，在独立性方面可以借鉴我国国家机构的设置，协会的监督机构由会员（代表）大会产生，赋予其职务上的豁免权，仅仅产生于、服从于会员代表大会，不受行政机关、执行机构和其他机构与个人的干涉。彻底斩断监督机构与行政机关，特别是与运动项目协会执行机构及其负责人之间的关联。在专门性上，监督机构的组成人员应当与权力机构、执行机构的组成人员分离，不能存在人事重叠和交叉的现象，实现监督职能的纯粹化。

(2) 提升监督机构在运动项目协会内部治理的地位

在实践中，很多监督机构，包括法人制度最为完善的公司的内部监督机构通常具有有名无实的监督权限，其监督权限被各种方式和路径架空，丧失了监督制约的功能。监督机构成为可有可无的"民主的点缀"。具体表现为，监督人员的兼职现象较为突出，监督人员的经济与人事任免权被执行机构或其他机构掌控，监督机构缺乏实质上的监督动力，监督机构也缺乏专门的监督职能的训练和必要的监督能力，等等。为此，需要首先在章程规范中将监督机构提升至与其他核心机构同等的法律地位；其次，赋予其履行职责的便利权限，包括调阅卷宗、接近资料、参与会议等方面的权利，以及在职责履行过程中的言行豁免权，解决其后顾之忧；再次，明确规定执行机构、解纷机构、纪律机构以及其他机构的重要决策决议，必须建立监督机构负责人核阅权；次之，赋予监督机构负责人质询权利，就运动项目协会内部治理重大事项直接向决策者、实施者和利益相关者进行调查，对主要负责人提出异议，进行质询的职权；最后，应赋予监督机构负责人在必要时启动会员（代表）大会的权利。

(3) 提升监督人员的专业化程度

过硬的监督能力、敏锐的监督意识和敢于善于监督的技巧，是有效监督最必要的三种要素。这三种要素都源于监督人员的专业化程度，否则容易导致监督机构和监督人员陷入"有心无力"的监督状态，无法起到第一道重要防线的作用。鉴于此，对监督人员进行专业化培训，乃至形成一支素质过硬的监督专业化队伍,是非常必要的。在此方面,可供采取的建议措施包括但不限于:一是中华全国体育总会应当建立监督人员培训上岗机制,严格要求所有运动项目协会的监督岗位必须持证上岗;二是监督人员的"入口"资格方面,应具有法律专业或纪检监察方面的训练,或者工作经验,并强化运动项目协会内部监督方面的能力供给;三是做好监督人员的"出口"退出机制,对于存在重大过错、监督过失、能力匮乏等问题的监督人员,应退出监督岗位,避免监督岗位成为一个解决烦冗过剩人员的虚职闲职,避免监督机构空置空转、监督职能形式化。

4.运动项目协会解纷机构设置之改革

运动项目协会内部建立纠纷解决机制是体育自治的要求,也是体育善治中实现良好秩序的保障。同时,《体育法》也鼓励体育组织内部建立纠纷解决机制,该机制的行使依托协会内部解纷机构的建立。此外,体育诉讼将体育纠纷先行通过体育组织内部纠纷解决机制进行解决作为前置程序,已经得到了国内外司法实践的认可。如果我国部分运动项目协会内部缺乏解纷机构解决内部纠纷,可能不符合我国司法实践和国际趋势。因此,未建立解纷机构的运动项目协会应当如期召开会员(代表)大会,对该机构的设置进行讨论和投票,从而促使该机构的设立成为运动项目协会改革的应有之义。在机构设置中,也应当由会员(代表)产生,不受行政机关、执行机构和个人的干涉。

此外,运动项目协会内部的解纷机构通常以仲裁方式解决争议,因此,可以借鉴《中国足球协会章程》,将其命名为"体育仲裁法庭"。需要指明的是,纪律委员会和道德委员会虽然本身承担着一定的监督功能,但实际上处于内部救济机制行列。例如《中国足球协会章程》将纪律委员会、道德与公平竞赛委员会、仲裁委员会共同规定于"法律机构"一节。因此,在解纷机构设置上,可以考虑将三者一同独立于执行机构,不再将其作为执行机构的分设机构或专项委员会,确保裁决的公正独立。

(三)内部治理改革之制度设计

机构设置的改革是制度设计的依托,但是制度设计可以保障机构设置的完善。机构基于组织内部的不同职能和职责可以被划分为权力机构、执行机构、监督机构和解纷机构,相对而言,制度可以被划分为决策制度、执行制度、监督制度和解纷制度,由于执行制度是现行运动项目协会最为完善和成熟的方面,而且有过度的倾向,因此,当前制度设计方面的改革,对于执行制度而言就是一种限制,相反,对于其他三类制度才是应当着力改革完善的方面。以下从执行制度之外的其他三类制度出发,探讨其改革完善的重点举措。

1.决策制度的改革

针对运动项目协会内部重大决策依赖于少数人决定,且未形成权责明确、制衡有效以及运转协调的决策机制的问题,本书主要提出以下改革建议措施:

(1)提高决策透明度

运动项目协会的会员(代表)大会、理事会/执委会权力的行使应当主动对外公开,包括但不限于决策机构、决策事项、决策方式、投票结果等内容。作为相应的配套措施,在每次召开重大决议之前,协调应建立制度确保决策参与者能够事先获得决策事项的资料,并根据其需求披露相关信息,确保决策参与者能够在决策前对决策事项提前知悉并熟悉,做好准备工作,以提升决策的科学性。通过提高透明度,促使会员(代表)大会行使决策权,防止执行机构过度行使属于权力机构所享有的权力。此外,建议及时建立重大决策跟踪反馈以及评估制度,对决策不当、拖延以及违法的行为进行跟踪反馈,通过监督和公开反向督促协会科学行使决策权力。

(2)制定决策工作细则

通过分别制定权力机构、执行机构、监督机构以及解纷机构的工作细则,在协会章程的基础上,对各自职责和责任范围进一步细化。通过规则治理保障协会权责更加明确,实现权力之间的制衡。

(3)完善事项分级决策比例制度

协会内部重大决策依据少数人决定的情况不符合善治理念的要求,也体现了决策权行使的不均衡。只有将少数人决定的情形转变为多数人决定的情形,多数决定才能符合善治理念,尤其是民主性。《中国足球协会章程》第38条第5款规定,在与会执委会成员超过半数表决的情况下,决议生效。但是第6款规定如果票数相同,主席享有最终决定权,这就直接导致某些决议的最终结果受主席左右。对该问题的解决方法在于具体问题具体分析,即视决议事项的重要性而定。对于重要的决议事项,例如暂停职务决定、临时暂停会员资格、决定分支机构负责人和成员等问题,可能涉及机构成员、会员、协会的权益,属于重大事项,应当适当地提高决策生效的比例,例如与会成员三分之二以上同意通过,来保障决策的民主性,防止主席一家独大的情况。对于非重大事项,例如,执行会员(代表)大会决议中产生的问题,由于存在权力机构决议的限制,一般不会影响协会或个人重大利益,可以实行简单多数决,或半数决,并适当赋予主席最终决定权。简言之,通过区分决议事项的重要程度,建立不同重要性级别的事项,然后合理利用绝大多数决,包括重要人员的多数决、简单多数决、过半数决、主席加权决等多样化的票决方式,提升决策民主性,平衡兼顾决策的效率性。

(4)提高决策的广泛性和专业性

权力机构、执行机构的代表应当具有广泛性,包括地方协会代表、体育专业人士、会员、学者、专家等,保障代表的广泛性和专业性。通过决策的专业性防止决策结果被主席会议牵着走,促进决策的公正、合理和效率。

2.监督制度的改革

在增设独立且专业化的监督机构的机构改革中,面对监督机制缺失的问题,除了运动项目协会组织条例从法律角度为其提供指引之外,还需要协会内部积极制定监督机制,可以在协会章程中增加一章"监事会/监事"予以回应机制缺失。该机制的建立,包括但不限于对机构地位、组成人员、职责、任职资格、处罚权力进行明确规定。这些具体规定的设置均需要在机构独立、权力制衡的理念下进行,防止监督权力受到权力机构、执行机构的不当干涉。

(1)监督机构的地位

章程应当首先明确监事会/监事是监督机构,依照法律和章程行使监督权力,并且对会员(代表)大会负责。这里的关键点包括:一是,提升监督机构的法律地位,将其置于与执行机构等平行的地位,仅仅对且直接对会员大会这一权力机构负责;二是,赋予监督机构及其监督人员以必要的调查权力、质询权力和履行豁免权利;三是,明确监督机构必须采取的监督举措,确保关键环节、关键领域、关键事项、关键活动、关键人物均纳入监督对象的范围之内。运动项目协会或中华全国体育总会还应根据具体的监督实践与经验,滚动更新内部治理监督范围的关键重点对象清单,并在运动项目协会章程更新中进行强制性的嵌入。

(2)监督机构的组成人员

该机构的组成人员应当具有广泛的代表性和专业性,主要由地方协会代表、运动员、裁判员、教练员、相关工作专家等人员组成。在组成人数上,应与执行机构保持一致,应当明确规定人数的范围,对于群众基础差或者会员较少的协会可以允许设立一名监事。但数量并不代表质量,即便是1人监事也必须充分保证其监督权力发挥最大效用,配套建设完备监督相关细则。

(3)监督机构的职责

纪律委员会和道德竞赛委员会分别从惩罚比赛违规和道德与公平方面对机构行使监督权,而监督机构应当侧重于对协会内部工作部门的决策权、执行权等权力进行监督,监督范围包括但不限于职责行使、财务情况等内容,实现关键对象的全覆盖。此外,还应当赋予监督机构充分的监督权,包括提出质询和建议、建议罢免、提起纪律处罚动议等权力。

(4)监督机构的任职资格

其任职资格可以借鉴协会内部关于执行机构组成人员的任职资格。但是不得任职的条件包括其他机构成员,例如主席、副主席、秘书长、专项委员会主任,以及体育行政部门人员,因为这是基于内部机构独立和政社关系分离做出的考虑。

(5)授予监督机构处罚动议权

没有处罚权做后盾的监督就相当于没有牙齿的老虎。监督权的行使需要具有震慑性,如果该权力过于软弱可能导致机构成员无法产生敬畏权力之心,依然会造成权力过度集中、无法形成权力制衡的良性决策环境。因此,应当赋予监督机构适当的处罚权。补强薄弱的监督生态和体系,武装到牙齿的监督机构才能有效进行监督,这些处罚动议措施包括但不限于:通报批评、警告、罚款等。当然,由于运动项目协会内部可能另行设立有纪律处罚机构,则此时作为一种权力制约和制衡,监督机构也不能擅自独揽纪律处罚权限,而是对纪律处罚机构提出处罚动议。为避免监督职责落空,纪律处分机构如果对监督机构的处罚动议进行否决的,必须提供书面答复并附具充足理由。监督机构对答复不满意的,可以向纪律处罚机构负责人反映并要求复议。在必要时,经监督机构负责人核准,可动议召开临时会员大会,讨论所作纪律处罚动议。

除此之外,各运动项目协会还要注意加强党组织的监督作用,强化政治监督,加强监事会/监事与纪律委员会、道德委员会之间的分工与合作。

3.解纷制度的改革

"穷尽内部救济原则"是协会自治的一项基本权利,[①]运动项目协会优先解决内部纠纷也已经成为体育界共识,协会内部未设立解纷机构或未独立于执行机构,将导致无法实现纠纷解决自治,并且容易受到执行机构的不利影

---

① 张春良、张春燕:《论国际体育仲裁中的"接近正义"原则——接近 CAS 上诉仲裁救济的先决条件》,载《体育文化导刊》2007 年第 11 期。

响,作出不能体现其独立性的裁决。因此,在协会已经或者需要设立体育仲裁法庭的基础上,对该机构的运行机制进行明确,以保障其独立办案,不受执行机构、个人的干涉,并作出合乎公平正义的独立裁决。该机构的运作制度可以先行在章程中作出规定,例如,专设"体育仲裁法庭"一章,大致包括机构地位、产生方式、人员组成、管辖范围、管辖争议解决等内容。可供借鉴的一种方案如下:

(1)设立独立的解纷机构

主要是说设立并明确运动项目协会内部的体育仲裁法庭及其地位。建议章程明确规定体育仲裁法庭的解纷机构,这是目前得到国际体育社会普遍接受和认可的体育纠纷解决机构,也有助于与国际接轨。解纷机构的法律地位应提升到与执行机构、监督机构平齐的地位,以减少纠纷解决过程中来自其他机构的干预。

(2)体育仲裁法庭的产生方式

该法庭应当由会员(代表)大会产生,并且独立于执行机构。针对部分运动项目协会将仲裁法庭作为执行机构的分支机构,受到后者一定干涉的情形,应当对章程中关于解纷机构设置的规范内容进行修改,明确体育仲裁法庭的独立地位和独立解纷、不受干涉的原则。

(3)体育仲裁法庭的人员组成

该法庭应当由具备体育解纷专业知识并且具有长期纠纷解决实践经验的人员组成,包括从事体育研究的专家、学者、仲裁员,以及体育业从业人员中具备相应资格者,等等,以保证仲裁结果的真实性和正确性。根据我国《仲裁法》的规定,我国采取了高门槛、高准入的仲裁员资格制度,能够担任仲裁员的人士要满足"三八两高"的要求[①],或者其他同等的专业资质。尽管对此要求存在一定的争论,但这样的高门槛的"入口"制度也的确保证了仲裁员的专业性。我国运动项目协会内部解纷机构虽然名为体育仲裁法庭,但其本质上不等同于仲裁法所规定的仲裁员,没有那么专业化和高标准的要求。同时,该法庭的成员也不能由权力机构、执行机构的成员担任,以保障纠纷解决的独立性。所

---

① 《仲裁法》规定了担任仲裁员需要满足一定条件,第13条规定除了要求仲裁员公道正派外,还要符合"三八两高"条件之一,即从事仲裁工作满八年;从事律师工作满八年;曾任审判员满八年;从事法律研究、教学工作并具有高级职称的;具有法律知识、从事经济贸易等专业工作并具有高级职称或者具有同等专业水平的。

有解纷人员必须保证独立性、公正性和专业性,对于运动项目协会内部体育仲裁法庭而言,其解纷人员也应当具有此种品质,但在标准上可参照仲裁员资质适当降低要求。然而,对于特定运动领域的解纷人员而言,他们还应当强化这一体育领域的专业化知识和经验的要求。

(4)体育仲裁法庭的管辖范围

该管辖范围涉及主体范围和事项范围,也常称为主观可仲裁性和客观可仲裁性。据此,只有当特定体育纠纷在满足主体和事项适格的情况下,体育仲裁法庭才能行使管辖权。一方面,从主体范围讲,法庭能够管辖的主体需要与运动项目协会具有隶属关系,即组织上的隶属性,[①]包括协会本身、会员协会、体育俱乐部、运动员、教练员、经纪人,等等。简言之,体育纠纷当事人必须具有身份上的共同性,即同属协会共同体。协会以外的人员针对协会,或者协会针对协会以外的人员提起的纠纷,已经超出协会章程管辖范围,从而进入了超协会的也就是国家法律治理的范围。此类纠纷当然只能够向国家解纷机构而非协会内部解纷机构提交解决。另一方面,从事项范围上讲,可以采取管辖标准,即只要是协会管辖范围内的行业争议均可提交该法庭作出仲裁裁决,具体包括体育合同争议、纪律处罚争议等。此外,独立的体育仲裁机构的可仲裁范围同样适用于协会内部的体育仲裁法庭。例如,可以借鉴《中国足球协会章程》第54条第2款的规定,即争议当事人或争议事项属于本会管辖范围的为国内争议,法庭具有管辖权。

当然,这里需要注意的是,对于协会内部涉及社团处罚的事项,即协会章程中赋予协会对会员的纪律处罚性决定引发的争议事项,属于协会内部体育仲裁法庭的当然管辖范围。但对于协会内部成员之间具有民商事性质的争议,协会内部纠纷解决机制能否要求穷尽内部救济,则不无争议。从尊重行业自治角度言之,此类解纷程序如同当事人之间设置的磋商、和解、调解程序一样,无疑是可以适用的,但体育协会是不能通过章程垄断管辖此类争议的。简言之,当事人应有机会就此类民商事性质的争议在穷尽体育协会内部救济之后向独立的协会外解纷机构启动解纷程序。这就兼顾了协会内部先行解纷与协会外独立解纷的双重需求。

---

① 张春良:《竞技体育仲裁程序析论——对CAS之考察及其本土化》,载《天津体育学院学报》2011年第2期。

(5)体育仲裁法庭与外部解纷机构管辖冲突与协调问题

该管辖冲突从逻辑上言,主要涉及与独立仲裁机构、人民法院、国际单项体育协会相关机构以及 CAS 之间的管辖冲突。首先,该法庭与法院之间的管辖冲突,可以借鉴独立的体育仲裁机构与法院之间的冲突解决路径。将竞技性体育争议排除在法院管辖范围之外,由法院通过司法审查进行监督,对于商事性体育争议则赋予当事人程序选择权。如此设计,既能够保障协会内部自治,不构成对司法的僭越,同时也保障了当事人寻求司法救济的机会,[①]从而能够实现体育自治和司法保障的平衡。

其次,该法庭与外部独立的体育仲裁机构的管辖冲突,遵循《体育法》第 95 条的规定,原则上应当由内部体育仲裁法庭先行解决,但是存在两种例外情形,即不存在内部纠纷解决机制或未及时处理的情况下,由体育仲裁委员会受理并作出裁决。

最后,该法庭与国际单项体育协会相关机构或 CAS 的管辖权冲突。一般情况下,此类冲突属于虚假冲突,因为国内单项运动项目协会内部解纷机制区分国内纠纷和国际纠纷,被认定为国内纠纷的由我国运动项目协会管辖;属于国际纠纷的,才由国际单项体育协会相关机构以及 CAS 管辖。这一标准也能够得到国际单项体育组织的认可。例如《国际篮联内部规则》第 229 条体现了对国内上诉机构管辖权的支持,这也为我国运动项目协会体育仲裁法庭的管辖权设定提供了国际层面的支持。[②] 鉴此,《中国足球协会章程》第 54 条第 2 款可以为此类管辖冲突的解决提供借鉴。[③]

但不无争议的是,对于纯粹的国内竞技赛事,如果赛事结果涉及国际单项体育协会或国际奥委会参赛的积分计算,此时该赛事争议究竟应视为是国内纠纷还是涉外纠纷,这是一个需要继续研究的问题。如果依据《最高人民法院关于适用〈中华人民共和国涉外民事关系法律适用法〉若干问题的解释(一)》第 1 条之规定看,一个社会关系的主体、标的物和法律事实等三要素不涉外

---

① 张春良:《体育纠纷救济法治化方案论纲》,载《体育科学》2011 年第 1 期。

② 《FIBA INTERNAL REGULATIONS》General Provisions 229:"The Appeals' Panel shall hear appeals filed by an affected party against decisions of FIBA including its organs and disciplinary bodies, unless such appeal is the competence of an Appeals' Panel of a FIBA Zone or expressly excluded in the FIBA General Statutes or Internal Regulations."

③ 《中国足球协会章程》第 54 条第 2 款:"争议各方或争议事项属于本会管辖范围内的为国内争议,本会有管辖权。其他争议为国际争议,国际足联有管辖权。"

的,则该社会关系即国内关系。据此观之,上述在国内赛事中产生的竞技赛事争议无疑不具有涉外因素,因此应认定为国内纠纷,从而专属于国内运动项目协会内部解纷机构管辖。但从结果看,其又的确具有涉外元素,因此此类纠纷当事人如果向CAS或国际单项体育协会解纷机构提起解纷程序,就很有可能出现管辖和程序的冲突。对于此类冲突,本书认为应根据当事人的争讼标的,是否具有涉外因素进行评判,如果争讼的是奥运会或国际单项体育协会举办的国际赛事的入场券或参赛资格,则宜认定为具有涉外因素,从而将其划归CAS或国际单项体育协会管辖并进行裁决。

(四)内部治理改革之运行调控

运行调控指运动项目协会的组织机构将静态的制度转变为实际行动,从而促进协会良性运作,实现协会的宗旨和目标的行为。内部章程决策未落实,协会运行调控不独立的问题会导致这一运行调控过程的异化,需要通过改革使其转变回归正轨。

1.章程决策的落实捍卫

运动项目协会章程作为协会良性运行的"宪法",[1]其本身制定不科学、未落实,以及决策制度不尽完备的问题将导致协会运行混乱,需要经过合理化改革使其回归正常。

(1)修订协会章程

通过对运动项目协会外部环境和内部治理现状剖析后,发现组织机构、制度层面均存在不同程度的问题。例如,部分协会执行机构召开会议的时间设定不合理,周期过长,甚至未对具体事项作出规定。这些问题必须在章程上进行回应,才能统领整个协会的运行调控。本书建议运动项目协会在体育善治理念的指导下,根据法治化、民主性、透明度、权力制衡和良好秩序理念,对章程进行审视,查找与该理念不相符合的问题,及时召开会员(代表)大会,对现有章程进行修订,尤其是自2010年之后还未进行章程修改的协会。

(2)落实协会章程

如何将"纸上章程"转化为"行动上的章程"是协会有效运行的关键问题。事实上,运动项目协会的运行调控的核心就是落实。章程制定是否规范、科学

---

[1] 黄亚玲、郎玥、郭静:《深化改革背景下全国性单项体育协会治理机制研究》,载《北京体育大学学报》2020年第2期。

和合理,将会直接影响落实的效果;但如果没有落实,则运动项目协会就没有运行调控,就是零效率。为此,首先需要坚决贯彻落实章程规范,其次才谈得上在执行中对章程规范的瑕疵作必要的实施中的调整。这就是运行调控的善之善者也,不仅执行章程规范,还自修订章程规范。这需要组织机构、全体协会成员的共同努力,需要形成全体协会成员根据章程、制度进行决策、执行、监督、解纷的"一条心"治理体系,会员(代表)大会应当积极探索并形成决策系统、执行系统、监督系统和纠纷解决系统,切实保障各个机构的职权落到实处。

(3)完善协会制度

章程所规定的内容具有原则性,需要制定配套的制度对条文内容进行细化,为协会具体决策和运行调控提供明确而具体的指引。鉴于协会内部需要建立的制度繁杂多样,因此需要类型化。根据内部治理是否急需和制度本身的重要性,将其分为必须建立和选择建立两类。对于必须建立的制度,协会应当及时制定。例如,针对人事任免问题,机构成员是协会内部治理的能动性要素,掌控内部治理的各个环节,因此需要制定民主选举制度。针对内部监督问题,是激励协会良性运行、防止内部腐败以及绝对自治的重要途径,应当及时建立民主监督制度、信息公开制度。针对重大风险问题,例如突发事件、重大活动等关乎协会、公共利益,自身职权无法解决的问题,应当及时进行报告请示,防止出现损害协会和公共利益的情形,以上内容均属于必须建立范畴,对此协会应当及时制定重大事项报告制度。另外,还包括财务制度、日常管理制度等。对于不具有紧迫性,不对内部治理具有直接重大影响的事项,可以纳入选择建立行列,等到内部治理走上正轨,可以再考虑对其进行建立。例如激励制度,如果在内外部监督、工资保障等情况下能够保障成员积极主动地行使权力,不对内部治理的良性运行产生重大影响,可以不予先行建立。此方面,中华全国总会可提供示范引领的服务,即根据中国体育协会发展的需要,立足中国体育实践、体育行业行情,同时吸收国际和外国体育行业治理经验,制定颁布协会章程、主要制度规范的示范文本。

2.运行调控的独立进行

运动项目协会本身无法独立进行运行调控的主要原因在于外部的行政影响。因此除了外部协政关系的改革厘定了行政与协会之间的关系,推进协会成立,斩断了二者内部领导任免、财务等之间的关联的问题外,协会内部也应当积极地巩固去行政化成果,切实地"存在"起来,发挥当家作主的主体使命和责任,将协会运行调控的主权牢牢地把握在自己的手中。

(1)消除体育行政部门对协会设立与退出的影响

运动项目协会的脱钩改革已经表明了去行政化的必要性,要求协会真正实现自治,这也包括协会成立与退出的自治。在协会成立上,《社会团体登记管理条例》要求必须经过业务主管单位审查同意,这在一定程度上体现了协会成立的不自主。因此,建议在制定运动项目协会组织条例时,明确规定协会的成立,依法进行登记即可,不再将经过主管单位同意作为成立条件。即便要征求相关行政机关的意见,也不能将其权限界定在审查同意的范畴,而作为一种类似的备案制即可,否则这种管理类似于一种"准生证"式的管控。在协会终止的动议上,即便是协会已被纳入拟脱钩的情况下,仍然存在行政审批情形。例如,《中国登山协会章程》第43条[①]、《中国高尔夫球协会章程》第52条之规定[②]。因此,除了立法回应之外,还需要协会及时修改章程,明确规定协会经权力机关表决通过,到登记管理机关办理注销登记手续后即为终止。简言之,在事关运动项目协会的"生死"事项上,应透彻贯彻去行政化的理念,防止行政影响投射到运动项目协会的起点和终点。

(2)巩固人事去行政化成果

在符合章程规定的换届选举条件下,应当推动协会召开会员(代表)大会,主动清退与体育行政部门存在必然联系的领导人员,落实领导选任的自主性和独立性。

(3)巩固财务去行政化成果

一个团体的自治往往需要经济上独立,同样运动项目协会的自治也应当实现财务自主及独立。可从以下几个方面着手准备:一是,协会要根据《脱钩总体方案》进行单独建账、独立核算。部分协会已经在章程中规定执行《民间非营利组织会计制度》,并且严格建立财务管理制度,由独立的审计机关进行审计。但仍有部分协会没明确规定执行该会计制度,并且《中国高尔夫球协会章程》第46条规定协会换届或更换法定代表人必须接受民政部和国家体育总局的财务审计,又进一步进行了行政交叉。因此,协会应当明确执行《民间非营利组织会计制度》,建立财务管理制度,由独立审计机关进行审计。二是,明

---

① 《中国登山协会章程》第43条:"本会终止动议须经会员代表大会表决通过,并报国家体育总局审查同意。"

② 《中国高尔夫球协会章程》第52条:"中国高尔夫球协会终止动议须经全国会员代表大会表决通过,并报国家体育总局审查同意。"

确协会资产的性质。由于协会资产长期以来由国家财政拨款,导致其办公场所等设施被认定为国有资产,产生行政控制财务与协会财务自治的矛盾。根据《中华人民共和国公益事业捐赠法》的规定,捐赠人为了公益事业发展,根据捐赠协议,将财物捐赠于从事公益事业的事业单位。由于存在捐赠协议,这表明捐赠人对财产进行了处分,自觉让渡了所有权,所有权便转移于事业单位。对于运动项目协会而言,作为从事公益事业的非营利机构,其所取得的捐助财务的所有权应当归协会所有。国家向运动项目协会拨款或其他形式的国有资产,也可以通过附条件捐助的方式交于协会,将所有权转移于协会。如果协会能够根据捐助目的,以及宗旨使用国有资产,便不会造成国有资产流失。如果协会无法按照捐助目的使用国有资产,国家可再行将所有权收回。如此,便能够解决体育行政机关与协会陷入权利与收益分配怪圈的问题。此外,有学者提出,应当设立"社团法人财权",只要资产一经登记就实现所有权转移,[①]即将协会被认定为国有资产的部分转化为协会资产,从而明确了协会资产的性质。

三、完善运动项目协会内部治理的规划建议

与国民经济和社会发展第十四个"五年规划"相匹配,在法治、体育等领域我国也相应编制了"十四五"发展规划。通过规划方式总结过去,列出问题,提出下一步解决问题的规划,这是我国具有特色和成效的建设经验。我国运动项目协会内部治理改革的内容本身比较分散、多样,作为国际经济和社会发展、法治建设以及体育强国的重要组成部分,也应强化规划,设定内部治理改革的总目标,明确改革方案落实的"时间表"和"路线图",据此对协会内部治理改革进行系统性谋划、整体性推进、有节奏地发展,使内部治理改革真正步入"规划"时代。[②] 如此,可以更好地保障改革方案的具体落实,从而提高体育治理能力和推进治理体系现代化建设。

(一)内部治理改革规划的总目标

在提出运动项目协会内部治理的时间表和路线图之前,需要首先确认中

---

① 王家宏、蔡朋龙:《全国性单项运动协会社团法人实体化改革趋向与推进的法治化路径研究》,载《体育学研究》2019年第6期。
② 马怀德:《迈向"规划"时代的法治中国建设》,载《中国法学》2021年第3期。

国特色运动项目协会内部治理改革的目标。以目标为指引,指导协会有意识、有目的,并且积极主动地落实改革方案,有助力于体育强国建设,从而达到事半功倍的效果。概括起来,我国运动项目协会内部治理总目标可明确为三个方面:第一个是直接目标,也是中观维度的目标,这就是运动项目协会的内部善治;第二个是利益保障的实质目标,也就是微观目标,运动项目协会内部治理仍然贯彻"人民至上"的理念,充分保障相关体育主体的合法权益;第三个是体育强国的长远目标,也是改革的宏观目标,通过运动项目协会内部治理的改革最终支撑体育强国的建设。

1.直接目标:实现基于善治的自治

实现善治,这是我国运动项目协会内部治理改革最直接、最根本的目标,也是实现其他目标的支点。体育协会的善治尽管存在多个评价维度,但化繁为简,就我国运动项目协会的内部善治目标的达成而言,最核心的还在于"一外一内"两个关键。这里的"外"是体育协会内部善治的重要外因,这就是外部体育行政机关与运动项目协会的关系;这里的"内"是体育协会内部善治的内因,这就是体育协会的自主自立与自强。运动项目协会内部能否实现善治、实现善治的程度,决定于体育协会的内因。

从外因来看,从协会本身出发,运动项目协会与体育行政部门脱钩便是要求行政机关"还权"于协会,退居体育协会内部治理的幕后进行宏观的监管,不介入协会内部治理的过程,这来源于国家基于宪法而通过法律的授权与许可。[1] 但是,协会自治的实现来自脱钩后实体化改革,此种自治需要以善治为指引,防止绝对自由化。有学者认为协会自治主要包含两部分内容,一是自我"制定"规范的权利,二是根据自我"制定"的规范实行自我管理的权利。[2] 也有学者将其划分为三大类,即组织管理权、规则制定权以及争端解决权。[3] 与上述内容相关联也有差异之处,本书提出了四维分析框架,自治权涵摄于、贯穿于、体现于运动项目协会内部治理的理念设置、组成机构、制度设计和运行调控中。理念上的善治自不待言,此处仅针对其他三类要素展述其目标内涵

---

[1] 张于杰圣:《中国特色社会主义法治思想视阈下体育自治的本土化路向》,载《西安体育学院学报》2020年第3期。

[2] [德]克劳斯·费维克:《德国体育法导论:协会自治与法律规制之间(上篇)——自我规制与双轨制的视角》,唐志威译,李昊校,载《体育与科学》2020年第4期。

[3] 李智、喻艳艳:《体育自治的导向:体育自治权的属性辨析》,载《上海体育学院学报》2018年第2期。

及关键点,巩固协会自治成果,从而持续提升运动项目协会内部治理自治权的实现。

(1)关于机构设置的自治与善治

从协会本身来说,其成立和注销由内部会员(代表)大会决定,必要时受党委的审查同意;与此同时,通过取消体育行政部门对其审查同意,来保障协会本身成立和注销的自决与自治。对于内部权力机构、执行机构、监督机构等机构的设置,由协会自己决定。这一自治需要人事自治予以配套,消除体育行政机关中公务人员对协会的影响,不再由这些人员通过兼职等方式担任领导,消除人事行政化,保障机构组成的自治。

(2)关于制度设计的自治与善治

从协会章程到具体规则、制度,包括但不限于决策制度、监督制度、解纷制度、人事制度、财务制度、会员制度、与赛事相关的制度,都由协会内部机构进行自我制定。通过科学、合理和完备的制度建设能够为协会自我管理提供规则支持。

(3)关于决策运行的自治与善治

此类自治要求协会内部在决策和管理的过程中,实现机构、成员之间的独立,权力制衡,权责之间互不干扰,尽可能避免出现权力交叉行使的情形。无论是外部环境改革还是内部治理改革都将以体育自治为核心内容,促进协会真正实现自治。

2.实质目标:保障多元主体的权益

推动和强化我国运动项目协会内部治理的改革,从实质目标看还是维护相关主体的合法权益,体现和贯彻"人民至上"的理念。一切改革都是从完善主体权益保护这个实质标准来进行的,把握这个改革的本质,也就正确地将运动项目协会内部治理的问题与以人为本的理念相链接。运动项目协会根据《民法典》被定性为非营利法人,除了维护协会成员利益之外,还承担维护社会公共利益、第三人利益的功能,这些利益本质上也是体育共同体的共同利益。现有运动项目协会的章程都规定了宗旨,通过内部治理改革便是要实现宗旨指向的途径和目标。在这些宗旨中,主要涉及以下几类体育主体的权益保护:

(1)从事体育活动的人民的权益

在"金牌至上"思想的指引下,我国的体育运动,特别是竞技类体育运动多将对体育的关注放在竞技能力的提升上,往往忽视群众体育的发展和人民对更美好生活的体育需求。在内部治理改革中,应促使思想的转变,将群众体育放在与商业体育同等位置,从而推动运动项目的普及和提高。党的十九大报告指出,我国社会的主要矛盾已经转化为人民日益增长的美好生活需要和不平衡不充分的发展之间的矛盾。① 党的二十大报告再次重申了我国社会的主要矛盾,并提出要紧紧围绕这个社会主要矛盾推进各项工作,不断丰富和发展人类文明新形态。具体而言,要广泛开展全民健身活动,加强青少年体育工作,促进群众体育和竞技体育全面发展,加快建设体育强国。因此,保障人民的体育权益,促进人的全面发展以及社会进步,是对人民日益增长的美好生活的回应,这也是协会内部治理改革的宗旨和目标之一。

(2)运动项目协会会员的权益

协会作为会员的自律性自治组织,其成立的初心就在于捍卫协会成员的合法权益,以身份共同体的力量和名义攥指为拳,更好地发挥权益捍卫功效,更高质量服务会员权益的保护。协会会员分为单位会员和个人会员,其会员(代表)大会由会员代表组成,协会也应当对会员利益进行回应。运动项目协会内部治理中民主性理念便在于充分发挥会员在协会中的作用,扩大会员的范围,维护会员的合法权益,帮助和扶持其发展体育运动。

(3)其他体育从业人员的权益

此处的体育从业人员包括俱乐部、运动员、教练员和裁判员等。最能够体现保障其权益的机构为解纷机构,即在这些主体之间由于竞赛、兴奋剂等发生争议时,通过协会内部独立的解纷机构,以及完备的纠纷解决机制,公平合理地解决纠纷,保障体育争议当事人的合法权益。当然,纪律委员会、竞赛委员会等机构,以及协会领导、工作人员也应当从维护体育从业人员的利益出发进行决策、管理活动。例如,《中国足球协会章程》的宗旨部分规定,要反对腐败、使用兴奋剂、操纵比赛等损害比赛和足球从业者利益的行为。

3.长远目标:实现体育强国的目标

《中华人民共和国国民经济和社会发展第十四个五年规划和2035年远景目标纲要》对2035年的远景目标进行了展望,对体育领域提出了建成体育强国、实现健康中国的总体目标。而运动项目协会作为管理运动项目、推进会员建设、管理或承办体育项目竞赛、培养运动项目竞技和管理人才、普及体育项目、推广体育文化、开展国际交流等业务的自治性组织,在体育行政与体育民

---

① 习近平:《决胜全面建成小康社会 夺取新时代中国特色社会主义伟大胜利》,载《人民日报》2017年10月28日,第001版。

间之间起着承上启下的关键作用,对体育强国战略目标的最终落实具有积极的推进作用,其内部治理情况与体育强国建设呈正相关发展。可以在一定意义上这样陈述,有什么样的运动项目协会,就有什么样的体育治理秩序;有什么样的体育治理秩序,就有什么样的体育强国。当前进行的体育协会内部治理改革,不论是外部有关协会治理的法律法规体系的完备,行政监管职能的重组,司法审查和诉讼环境的完善,国际体育治理理念的"引进来"和国内体育治理理念的"走出去",还是协会内部重构治理理念、完善组织机构、形成规则健全、权责明确、制衡有效、监督有力的治理体系,都在于促进体育治理体系中具有细胞功能的各体育社会组织的健康发展,促进其在良性运行的过程中实现协会宗旨,为体育强国战略推进提供良好的组织基础,奠定体育组织的磐石。这也正是《体育强国建设纲要》的战略目标与追求。因此,从国家层面讲,通过运动项目协会内部治理的改革,促进在新时代下我国体育由大转强的大变革,参与国际体育治理,符合体育强国战略的具体要求。

(二)内部治理改革规划的时间表

此时间表在于明确运动项目协会内部治理改革落实的各个时间节点,促使外部环境和内部治理所涉及的改革主体能够在规定的时间内完成改革工作,从而提高内部治理改革的效率。通过考察《中华人民共和国国民经济和社会发展第十四个五年规划和2035年远景目标纲要》《法治中国建设规划(2020—2025年)》《法治政府建设实施纲要(2021—2025年)》《法治社会建设实施纲要(2020—2025年)》《体育强国建设纲要》的共性,以及实践中各运动项目协会行政脱钩进展和发展程度差异,可以将内部治理改革至善治的时间段确定在10~15年,时间节点分为2025年、2030年和2035年。

1.总体考量

(1)政—协联手,推动拟定运动项目协会内部治理改革的时间表

改革的进程需要有时间指引,我国国民经济和社会发展、法治中国建设等都有明确的时间表提供方向指引。我国运动项目协会内部治理改革作为体育强国战略的一部分,也同样需要根据体育国情、行情制定时间表。但是反观现有全国性单项体育协会改革,顶层设计中时间规划的节奏和进度还需要进一步明晰。即便是《中国足球改革发展总体方案》也只规定了实施"三步走"战略的近期、中期和远期目标,没有指明相对应的时间范围,这也导致了协会改革进度缺乏时间参照,从而在进度把握上有待明晰。直到2020年,《中国足球协

会关于进一步推进足球改革发展的若干措施》明确了2021年、2022年和2023年应当完成的任务,但这属于近期或中期目标行列,没有进一步指明远期目标应当在未来何时完成何种改革任务。不仅如此,这里的时间表也主要是相对于足球协会的整体改革而言,并非专门针对足球协会的内部治理改革而言的。因此,面对运动项目协会内部治理改革缺乏较为明晰的时间表的情况下,需要由各运动项目协会以"规划""纲要""计划"的形式制定各自的时间进程,毕竟这也是属于运动项目协会内部治理的重要组成部分,在这个方面,各运动项目协会而非体育行政机关肩负着主体责任。不过,鉴于我国存在几十个全国性单项体育协会,且体育行政机关也具有宏观规划与政策引领的功能,因此采取由体育行政机关牵头拟定运动项目协会内部治理改革的示范性、指引性的时间表,在这样的时间参照下由各运动项目协会发挥主体作用,自行推进内部治理机制的改革,无疑是结合了上位指引、协会自治的协作优势,一方面避免体育行政机关的干预,另一方面也控制运动项目协会的自治惰性和改革主动性,让人人参与的民主性和自治性在运动项目协会中得到贯彻,真正实现运动项目协会的共商共建共享的治理格局。

(2)各运动项目协会应充分发挥主体性,在10~15年时间内实现从脱钩自立开始至内部善治的"三步走",确立时间表

其合理性在于上述提出的外部环境和内部治理的改革方案均可涵摄于前述各个规划当中,已经存在明确的政策和行政支持。例如,从法律环境改革看,协会内部治理需要相关的、完备的法律法规作立法支持,尤其是《体育法》,以及需要另行制定的运动项目协会组织法等配套法律。《法治中国建设规划(2020—2025年)》明确了2025年、2035年应该完成何种法律、法治任务。从政—协关系改革看,协会自治要求行政机关禁止不当干预,实现与协会在机构、职能、人员、财务和党事上的分离。这对行政机关完善相关立法,例如《社会团体登记管理条例》,建立体育权责清单制度、形成服务型政府等内容提出了要求,并且《法治政府建设实施纲要(2021—2025年)》也明确了在2025年,职责明确、依法行政的政府治理体系日益健全等内容。从内部治理改革看,《体育强国建设纲要》也分别规定了2020年、2035年、2050年战略目标,这些目标都或多或少地与运动项目协会内部治理方案存在密切联系。

2.时间段的考量

结合上述内容,深度推进运动项目协会内部治理改革的时间表应在2035年前完成,理由如下:一方面,运动项目协会是我国体育强国建设的重要组织

细胞,其内部治理改革关系到其功能发挥和角色地位,没有治理良好的运动项目协会,就不会有健康的运动项目协会;没有健康的、具有活力的运动项目协会,就难以支撑体育强国大厦的建设。因此,运动项目协会的内部治理改革必须在体育强国建设之前完成,并尽可能给予体育强国建设以时间上足够长的支持。另一方面,也要考虑到当前运动项目协会的发展现状和改革实践,在短期内,如此多的运动项目协会是很难完成转型的,更别说在短期内就形成自主自决自立的意识和能力。意识观念的转变,行政脱钩的实质化推进,以及从不成熟到成熟的治理理念形成、治理措施采取和治理效果的彰显,这些都需要长时间去解决。据上,考虑到我国规模庞大、类型较多、发展幅度和级次差别大的运动项目协会的发展现状,以及体育强国目标建设的周期,将运动项目协会内部治理发展到善治的基本要求的时间段确定在10~15年内是满足实践理性的,有现实基础和理想追求,符合适度从快的原则。

3.时间点的考量

在时间节点的考量方面,应当纳入这样一些考虑因素:第一,完全脱钩的时间考量,这是对各运动项目协会外部脱钩的现状及预期进展的判断;第二,形式自治确立的时间考量,这是对各运动项目协会内部治理从附属、依赖到基本独立自治的进度状况的判断;第三,实质自治确立的时间考量,这是对各运动项目协会从基本的独立自治到完全的、相对成熟的独立自治的进度状况的判断;第四,臻于善治的时间考量,这是对各运动项目从实质的、真正和成熟的自治发展到充分自治的标准状态的进展判断。据此,各时间点可作如下安排:

(1)2025年作为脱钩完成的形式自治点

从相对保守也是给各运动项目协会最终完成脱钩改革留足时间,从更为现实可行的角度看,最迟在2025年完成所有运动项目协会的脱钩,以此作为运动项目协会形式自治的建立时点。

(2)2030年作为实质自治完成点

自2025年至2030年,用五年时间给予运动项目协会完成从形式自治到实质自治的过渡和发展,在这个过程中,运动项目协会应当从意识、观念到行动和效果上实现真正的独立自治,与体育行政机关之间保持合理的关系,体育行政机关主要起着指导、监督和引领的作用,不再从人事、财政、资产、决策、行动等途径对运动项目协会进行干预;运动项目协会也通过内部治理的改革,初步形成法人治理机制,实现了相关机构和职能的分离与制衡,与外部的社会环境、司法环境和国际环境形成正常、良性的共生关系。

(3)2035年作为充分自治完成点

从2030年开始至2035年的五年时间内,各运动项目协会不仅实现了真正的独立自治,而且不断完善其内部治理结构,不断细化职能分工,同步强化各职能部门之间的合作关系,在各内部治理指标上都至少达到良好的水准。如果套用上文提到的综合指标体系及其量化评价结果,形式自治对应的内部善治度的得分数应达到60%;实质自治对应的内部善治度的得分数应达到75%～85%;充分自治对应的内部善治度的得分数应达到86%～100%及以上。

总而言之,通过对已经存在的各种规划进行分析,依托这些规划,结合我国运动项目协会内部改革的总要求和发展进展情况,可以作出具有可操作性的、节奏合理的时间表。如此,不仅能够加快推进改革进程,也能够与国民经济和社会法治、法治中国、体育强国的建设实现同频共振、同向而行。

(三)内部治理改革规划的路线图

该路线图在于明确内部治理主体应当在各时间段内完成何种具体改革工作,从而促进整个运动项目协会内部治理善治改革方案的完成,致力于改革规划总目标的实现。该路线图主要解决以下三个问题:路线方式、路线范围以及路线图设计。

1.明确路线方式

概括起来,就是同步实施、一体推进的路线方式。该方式旨在表明外部环境和内部治理之间的分工和合作,即采取顺序还是同时落实的方式。顺序落实方式要求按照先外部环境改革、再内部治理改革的方式进行,在协会内部按照"理念重构—组织机构—制度设计—运行调控"的顺序进行。此方式能够将所有改革方案进行串联,保持落实的一致性,但是存在浪费时间的成本缺陷,而且许多改革内容彼此交叉关联,需要配合进行。同时落实方式不仅要对外部环境和内部治理同时推进改革,也要求内部理念、机构和制度以及运行方案同时推进、一体改革。该方式虽然能够降低时间成本,但是需要行政机关、司法机关、仲裁机构、协会机构等主体进行合作对接。

纵观中共中央、国务院制定的各种规划和纲要,基本上都采用了同时落实的方式,规定了在一定时间段内,各主体应当完成哪些具体目标。例如,《法治中国建设规划(2020—2025年)》规定了2025年党、立法、行政和司法应当分别实现的目标,并且到2035年实现法治国家、法治政府、法治社会基本建成等目标。单独从《法治政府建设实施纲要(2020—2025年)》看,该纲要规定的2025年、2035年应当实现的目标需要各个行政机关及其公务人员的通力合作,而不是按照先行将政府行为纳入法治轨道,再行健全政府治理体系的顺序。因此,为了推动协会内部治理改革进度,实现相关治理主体的分工合作,并且与国民经济和社会发展、法治建设、体育强国建设的规划相契合,应当采取同时落实、一体推进的改革路线方式,这就要求建立起内部治理与外部环境的衔接机制,以保障改革内容的合作协调,并保持同步性。

2.划定路线范围

概括起来,就是法治推进、多线整合的路线图。这一路线范围是对涉及内容元素分散、多样的内部治理改革方案进行整合,从而有助于路线设计的周延性和科学性,保障总体目标的实现。运动项目协会内部治理作为国家治理体系的重要组成部分,应当按照法治化治理路线进行改革。具体可分为以下几个部分:

(1)体育法律法规体系

该体系要求及时制定与内部治理改革相关的法律,完善我国《体育法》《仲裁法》《社会团体登记管理条例》,考虑新设《全国单项体育运动项目协会组织条例》等,以及配套的关于运动项目协会内部治理改革的指南、规范和标准,等等,使治理活动有章可循、有法可依、循着指标等要素精准推进。

(2)体育法治实施体系

这主要包括行政、司法和治理经验的国内外转化方案。从行政角度讲,涉及体育工作的行政机关以及公务人员应当依法行政,在《宪法》《民法典》等法律支持协会自治的情况下,依法监管体育活动,建立服务型政府,真正实现在机构、人事、职能、财务和党事、外事工作上与协会的分离。从司法角度讲,司法机关在依法尊重协会解纷自治的基础上,发挥司法最终解决原则的作用,在司法诉讼和审查上支持协会内部治理,并且建立体育纠纷解决平台,实现内部解纷自治和外部调解、仲裁以及诉讼的衔接。在治理经验的国内外转化上,要积极发挥服务型政府的作用,努力为协会与国际组织搭建信息交换桥梁。

(3)体育法治监督体系

该体系要求政府和社会积极发挥对协会内部治理的监督作用,积极拓宽监督渠道,对依法治体、依法自治的协会活动进行有效监督。

(4)体育法治保障体系

前述改革方案的落实需要党组织、立法人员、行政人员、司法人员和国际单项体育协会相关人士、制度的保障和支持,为改革提供人才支撑。此外,解纷平台的建立、网络监督的实现都需要科技支持。

多线整合的意思是,从内部治理改革讲,主要包括四类内容,并进行整合性改革推进。第一,内部治理理念。基于善治的自治理念为协会改革提供指导原则,是一种软法构建,[①]能够使协会有意识、有目标地跟着规划推进内部治理。第二,内部治理结构体系。这是组织机构改革要求的体现,要求协会内部建立起权力机构、执行机构、监督机构和解纷机构等,完善内部组织框架。第三,内部治理规则体系。协会及时修订章程、制定完备的规则和制度,不仅是具体的改革方案,也是依法治体的应有之义。第四,内部治理管理体系。通过加强内部会员(代表)大会、理事会、监事会/监事的建设,促进决策权、执行权和监督权合理的协调制约,落实章程和内部制度、规则,推进协会形成健康的管理体系,这也是协会内部改革方案的重要内容。总之,我国运动项目协会内部治理改革方案的路线范围大致包括上述内容。如此划分范围不仅能够与四维分析框架保持一致,还能够将上述所有改革方案进行涵摄。

3.设定路线图

该路线图旨在将时间表和路线范围进行对接,明确在何时应当完成什么改革任务与目标。这一设定过程需要将总目标、时间表、路线范围以及各个规划的总体目标进行综合考量。

(1)现阶段至2025年的改革任务和目标

此阶段应当在法治国家、法治政府、法治社会建设过程中推进体育法律法规体系更加完备,依法治体的政府治理体系更加完善,与内部解纷机制、外部仲裁制度相衔接的司法权运行机制更加科学有效,推进体育法治体系初步形成。各运动项目协会脱钩完成,形式自治得以确立。此外,在《体育强国建设纲要》的指导下,通过协会内部治理促使全民族身体素养和健康水平持续提高。

(2)2025—2030年的改革任务和目标

此阶段应当在法治中国建设过程中推动体育法治体系基本形成,在《体育强国建设纲要》的指导下,使协会内部治理达到实质独立阶段,其改革步伐应适应体育发展新格局,实现体育治理体系和治理能力现代化,全民健身更亲

---

① 韩慧、郑家鲲:《新中国成立70周年我国体育社会组织发展:历程回顾、现实审思与未来走向》,载《体育科学》2019年第5期。

民、更便利、更普及等体育强国建设战略目标,并且以内部治理改革助力体育强国建成。

(3)2030—2035年的改革任务和目标

此时,在体育法治体系基本形成的情况下,表明协会内部治理的外部环境基本上处于良性状态,各协会内部治理也达到良法善治的水准。此时,协会内部治理改革任务的安排应当适配全面建成社会主义现代化体育强国的战略目标,以协会内部治理推进人民身体素养和健康水平、体育综合实力以及体育的国际影响力居于世界前列。

总之,以上时间表和路线图的设定只是一种学术参考,在具体时间节点和路线设置方面均可根据客观实际进行适度调整。它们从宏观层面为各运动项目协会内部治理的改革提供具有一定现实基础和可操作性的指引。各个参与协会内部治理的主体可以根据上述发展规划,结合各个运动项目协会的行情特色,拟定适合协会自身发展的具体规划。通过内部治理改革的发展规划,在基于善治的自治理念下保障运动项目协会的健康、有活力、可持续发展,高质量推动我国体育由大转强的变革,强力提升体育治理体系和治理能力的现代化法治化,促进体育经济成长为支撑中华民族伟大复兴的增长新动能和新质生产力,并从更高质量的体育供给侧结构性改革角度积极回应人民群众日益增长的对美好体育生活的需要。